JN011184

新 図説
中国近現代史〔改訂版〕

日中新時代の見取図

田中 仁・菊池一隆・加藤弘之・
日野みどり・岡本隆司・梶谷 懐 著

法律文化社

は し が き

　2018年は日中平和友好条約締結40周年にあたる。この間，両国のヒト・モノ・カネ・情報の交流は不可逆的に拡大したが，中国は改革開放政策への転換から全面的市場化を経て，今日，グローバル大国としての実態を獲得しつつある。21世紀中国の実態（活力と歪み）についてのバランスの取れた理解とともに，日中関係を通時的に捉えそれを多面的に考察することによって有意な関係を構想することが望まれる。その際，中国近現代の歴史的射程に関わる確かな理解は，現代日本の立ち位置を凝視し，20世紀の日中関係，さらには21世紀の東アジア地域秩序と国際社会に関わる今日的課題群をめぐる私たちの有意な思考を担保するという点で，きわめて重要である。

　本書は中国近現代史の始点を清朝の斜陽（1800年）におき，21世紀にいたる200年の過程として描写する。第1編「東アジアの転換」は，清朝黄金時代の終焉と内憂外患の頻発，西洋列強との交際の恒常化，日清戦争と東アジア変貌の過程を概観する。第2編「両大戦と中華民国」は，北洋軍閥の時代から国民党の時代にいたる中華民国時代（1912-1949年）を，2つの世界大戦によって特色づけられる20世紀前半期国際政治の一部として論じる。第3編「現代中国の軌跡」は，1949年に成立した中華人民共和国の歩みを，2つの転換（資本主義から社会主義への転換，社会主義から市場経済への転換）として跡づける。

　また「序章　近代世界と中国」では，中国近現代の歴史を学ぶことの意味を中国史の文脈から解説し，「終章　日中新時代の見取図」では，日中経済，政治改革，「個」のレベル，歴史認識，経済のイノベーションという視点から，今日の日中関係を展望する。

　　2019年10月

執筆者一同

目　次

第2編　両大戦と中華民国

第1章　北洋軍閥政権 ———————————————————— 74

第2章　「南京の十年」———————————————————— 88

第3章　重慶政権と「八年抗戦」———————————————— 108

第3編　**現代中国の軌跡**

近代世界と中国

北京故宮の太和殿，かつて中国皇帝の権力の象徴だった。ここに導く正門の天安門が，中華人民共和国のシンボルであるから，今も昔も紫禁城が中国を代表しているわけである。

1 中国史のみかた

1 現代と歴史

現代の中国　日本と一衣帯水の位置にある中国。それほどに近い中国は，しかしながら，日本列島に暮らす日本人の想像をはるかに超えた存在である。いちいち比べてみると，よくわかる。日本は37万 km² の島国だが，中国はその25倍以上の厖大な大陸国家である。人口は少子化のいわれる日本も，それなりに少なくはない。1億3000万足らず。ところが向こうは13億で，約10倍の人々が住んでいる。民族もそれだけ複雑である（→220頁）。日本は決して単一民族の国家ではないが，それでも中国に比較すれば，民族の構成はあっけないほど単純である。

要するに，中国は規模からしても，人からしても，日本など及びもつかないほど，大きく複雑な隣国なのであり，それだけでも，この国を知らなくてはならない。しかもその隣国は経済的・軍事的・政治的な存在感を増した大国である。最近でこそ鈍化したとはいえ，なお連年の経済成長を続け，アメリカに次ぐ世界第2位の GDP を誇る。軍事力も増強の一途をたどっていて，わかるだけでも国防費の伸びは相当なものだ。それにともなって，国際政治の舞台でも発言力を強め，超大国のアメリカと並ぶかのような地位を築きつつある。いよいよ知らずにすませられなくなっているわけである。

現代理解のために　現代を理解する，というのは，現状を知ることと同義ではない。たとえば旅行を考えてみると，よくわかる。何も知らずに観光地を訪れただけでは，眼前の光景しか見えないし，そのかぎりの感興しかわかないだろう。なぜそこが観光地になったのか，どのようないわれがあるのか。そういうことをあらかじめ知っておくと，同じ事物でも，受ける印象がずいぶん違うはずだし，その重要さも理解できよう。だから現状のデータを見て納得するだけでは，薄っぺらな知識にとどまり，それだけでは，将来への展望に結びつく確かな認識にはなりえない。

現代中国を理解するのも同じ。現状は当然知らなくてはならない。だが，それとともに，現状をもたらした過去のいきさつをも，あわせ知ることがいっそう大切なのである。その最もよい方法は，中国の歴史を学ぶことである。

しかし，中国の歴史は長い。短く数えても，ざっと2000年以上はある。もちろん，それを洗いざらい学ぶにこしたことはない。けれども現実に，半年や1年でそれをやるのは，ちょっと無理な話である。そこで最も簡便な方法としては，現代の中国に直接つながるところから始めればよい。それならいったい，どこまでさかのぼればよいのだろうか。

1-❶　中国の民族構成と人口（2000年人口センサスによる）

	民族名	人口(万)	居住地域名		民族名	人口(万)	居住地域名
ツングース系	エヴェンキ族	3.1	内モンゴル, 黒龍江	ミアオ・ヤオ系	ミ ア オ 族	894	貴州, 雲南, 湖南, 広西
	オロチョン族	0.8	内モンゴル, 黒龍江		コーラオ族	58	貴州
	満　　　族	1068	遼寧, 東北河北地域		ヤ　オ　族	264	広西, 湖南, 雲南, 広東, 貴州
	シ　ボ　族	19	新疆, 東北地域		ショー族	71	福建, 浙江
	ホジェン族	0.5	黒龍江		ワ　　　族	40	雲南
	朝　鮮　族	192	吉林, 黒龍江, 遼寧		トーアン族	1.8	雲南
モンゴル系	モンゴル族	581	内モンゴル, 河北地域		プーラン族	9.2	雲南
	ダフール族	13	内モンゴル, 黒龍江		高　山　族	0.4	台湾, 福建
	トンシャン族	51	甘粛		リ　　　族	125	広東, 海南島
	ボウナン族	1.7	甘粛	ターイ系	チ ワ ン 族	1618	広西
	トゥー族	24	青海, 甘粛		キ　ン　族	2.3	広西
トルコ系	ウイグル族	840	新疆		プ ー イ 族	297	貴州
	サラール族	10	青海		ト　ン　族	296	湖南, 貴州, 広西
	ユーグ族	1.4	甘粛		ス　イ　族	41	貴州, 広西
	ウズベク族	1.2	新疆		マオナン族	11	広西
	カザフ族	125	新疆		ムーラオ族	21	広西
	タタール族	0.5	新疆		タ ー イ 族	116	雲南
	キルギス族	16	新疆, 黒龍江				
	タジク族	4.1	新疆				
	オロス族	1.6	新疆				
	回　　　族	982	寧夏, 甘粛, 青海, 新疆				
チベット系	チベット族	542	チベット, 青海, 甘粛, 四川, 雲南				
	メ ン パ 族	0.9	チベット				
	ロッパ族	0.3	チベット				
	チ ア ン 族	31	四川				
	プ ー ミ 族	3.4	雲南				
	チ ノ ー 族	2.1	雲南				
	チ　イ　族	776	四川, 雲南, 貴州, 広西				
	リ　ス　族	63	雲南, 四川				
	ナ　シ　族	31	雲南, 四川				
	ハ　ニ　族	144	雲南				
	ラ　フ　族	45	雲南				
	アチャン族	3.4	雲南				
	ペ　ー　族	186	雲南				
	トウチア族	803	湖南, 湖北				
	チンポー族	13	雲南				
	トゥールン族	0.7	雲南				
	ヌ　ー　族	2.9	雲南				

＊以上55少数民族の合計人口は, 1億643万人。漢族は11億5940万人である。2010年の人口センサスによれば, 大陸のみの総人口は13億3972万人余りで, うち少数民族は1億1397万人余りで, 8.49％を占めている。

2　中国史と近現代史

中国史の捉え方

歴史には各国それぞれの個性があるものだが，中国史の場合，特にそれはきわだっている。歴史の流れを大づかみにみるとき，ヨーロッパでも日本でも普通に，古代とか中世とかいう用語を使う。そういわれれば，どんな時代か，イメージがわくようになっている。たとえば，古代は律令制の時代，貴族の時代，中世は封建制の時代，武士の時代のように。ところが中国史では，これが通用しない。日本や西洋のモデルでははかれない，独自の歴史をたどってきたからである。

　中国史で最も一般的なのは，漢代とか唐代とか，王朝・政権の名前で時代を呼ぶやり方である。これは日本で平安時代・鎌倉時代というのに似ていて，便利は便利なのだが，かなり勉強しないと，その時代の内容がイメージしにくいし，またそれがどのくらいの範囲に及ぶのかもわからない。たとえば漢と唐とをならべると，字面から受ける印象のかぎりでは，あまり違いがないようだが，じつは大きさも中身もずいぶん異なっている。だから時代が近づき，世の動きがめまぐるしくなると，別の方法を用いざるをえない。

中国近現代史の捉え方

日本史では，近代は黒船来航・開国から始めるのが普通である。西洋列強と直接の交渉，関係をもったことが重大だからである。こうした見方は，長らく中国も同じで，中国の近代は19世紀の半ば，イギリスと戦ったアヘン戦争から説き起こしてきた。そこから「帝国主義」列強の抑圧が進み，中国はその「半植民地」になってゆく，というのである。そして「現代」も，そんな境遇を克服する動き，すなわち「革命」運動が顕著になる20世紀の初めから始める場合が少なくなかった。

　このような「帝国主義史観」「革命史観」は，特に中国大陸で用いられる。けれども最近の日本の学界では，あまり使われなくなってきた。「革命」を成し遂げた中国共産党が政権を握ったばかりのころは，確かにそれでも通用した（→136頁）。共産党の「革命」を理解すれば，当時の中国が説明できたからである。しかし今はそうはいかない。「改革・開放」以後，変化の著しい現代の中国を理解するのに，それでは明らかに不十分であろう。

現代中国の起源

現代の日本を知るには，応仁の乱以降を知れば足りる，といったのは，日本の中国史学の創始者，内藤湖南（1866-1934）である。これはあらゆる面で100％正しいとはいえないだろうが，政治・経済・文化の大づかみな歴史的推移をみるかぎり，ほぼ鉄案だといってよい。その趣旨は中国にもあてはまる。つまり，現代の中国を歴史的に理解するためには，15世紀の末以後を知ればよい，ということである。なぜか。そのあたりの事情をみていくことにしよう。

1-❷　中国の王朝交代
概略図

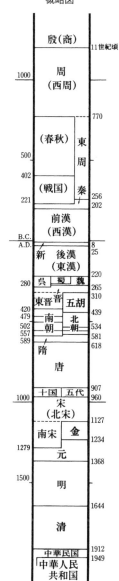

1-❸　歴代王朝の版図

1-❹　旧来の中国近現代史時期区分

	1840 50 60 70 80 90 1900 10 20 30 40 50 60
李新 1983.8	近　　　　　　代　　　　　　　現　代 1 2 3 4 5 6 7 8 9 10 11 12 1 2 3 4 5
劉大年 1959.10	近代：一旧民主主義革命期　二新民主主義革命期　現　代
趙徳馨 1957.3	近代：一農民的反帝・反封建闘争期　二旧民主主義革命期　三新民主主義革命期　現　代 1 2 3 1 2 3 1 2 3 4
章開源 1957.3	近　　　　　　代　　　　　　現　　代
来新夏 1956.10	近代：一旧民主主義革命期　二新民主主義革命期　現　代 1 2 3 4
栄孟源 1956.8	近代：一旧民主主義革命期　二新民主主義革命期　現　代 1 2 3 4
范文瀾 1955.2	近代：一　二　三　四　現　代 1 2 3 1 2 3 1 2 1 2 3
胡縄 1954.1	近　　　　代　　　　　　現　　代 1 2 3 4 5 6 7
	1840 50 60 70 80 90 1900 10 20 30 40 50 60

＊いずれも「帝国主義」「革命」を前提とした共産党の史観であり，その第１の特徴は，1840年を「近代」の起点とし，1949年を終点とすること，いまひとつは1919年の五・四運動を「現代」の起点とすることである。

2 | 大航海時代と東アジアの統合

1　近代の幕開け

大航海時代　16世紀の世界は，いわゆる「大航海時代」である。その影響は単に，新大陸・インド航路など，ヨーロッパ人による地理上の「発見」にとどまらない。もっと重要なのは，それまでとは世界の経済構造，およびその及ぶ範囲がまったく変わってしまったことである。新大陸が世界の一部となり，そこで産出された銀が大洋の航路に乗って世界中をかけめぐった。ヨーロッパの「価格革命」「商業革命」は有名であるが，それに類する事象は世界中でみられる。もちろん日本・東アジアも例外ではない。世界のつながりが地球規模で緊密になったのは，このときが初めてであり，それこそ近代の幕開けにほかならない。現代の「グローバル化」の原点も，ここにある。

明朝の崩壊　時に中国は，明朝の時代である。明朝は14世紀の末，主として漢人の居住地域がモンゴル帝国から独立してできた国家だったから，漢人の統合を維持することが何より重要であった。そのためには，漢人を異民族と厳重に隔離して，人と財の移動をもたらす商業を制限し，貿易を禁じる政策をも，あえて辞さなかった。

しかし世界が大航海時代に入るころ，中国内でも生産が増大，産物の商品化が進んでくる。社会は貨幣需要を高めて，海外から入る銀を欲し，貿易の禁止を苦痛に感じた。貿易に従事する人々は，それを阻止する官憲に抵抗して，明朝の治安は悪化の一途をたどる。16世紀のこうした事象を「北虜南倭」，北方の遊牧民（韃虜）と南方の倭寇の脅威といい，日本も深く関わっていた。要するに，禁令に背いて漢人と異民族とが一体となり，辺境で貿易を行う武装集団が多数あらわれ，その勢力を伸ばしていった，ということである。

清朝の興起　このうち，最も東北の遼東地方にあったのが，ジュシェン（女真）人のヌルハチ（1559-1626）率いる集団である。初め100人の兵士しかもたなかったヌルハチは，自分の部族を統一して，毛皮・人参の交易で急成長，16世紀の末年には，明朝の当局を脅かす勢力となった。自らの集団を満洲と称し，1616年には元号を定めて自立，3年後，サルフの戦いで明朝軍をやぶって，名実ともに独立する。あとを継いだ息子のホンタイジ（1592-1643）は，1635年に隣接するモンゴル諸部族をあわせ，翌年，皇帝に即位し清朝を建てた。つまり清朝は，満洲人・漢人・モンゴル人という多種族の武装貿易集団が政権化したものであって，漢人と異民族とを隔離する明朝の政策とはまったく逆行する存在なのである。それはとりもなおさず，次代を担う大航海時代の落とし子でもあった。

2-❶　17世紀初頭の世界貿易

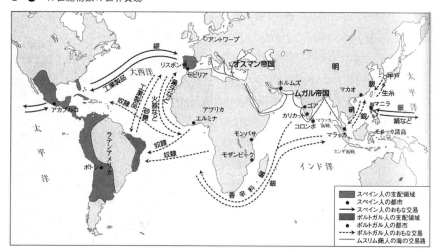

＊大航海時代に「発見」された遠隔地航路に沿って，各地の特産品の交易が盛んとなり，世界は緊密に結ばれるようになった。

2-❷　17世紀初頭の銀の流れ

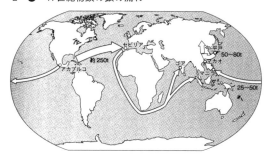

＊❶から銀の流れをとりだしたもの。新大陸と日本から産出された銀が世界をかけめぐって，やがてインド・中国に吸い込まれていくことに注目したい。

2-❸　17世紀初頭の遼東地方

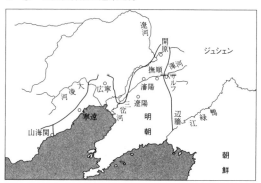

＊ここを舞台に満洲・モンゴル・漢人が角逐した。東方のジュシェンが勃興して，南の明朝の領土を併呑し，西方のモンゴルを服属させて清朝を建設，さらに朝鮮をも属国とした。まもなく万里の長城の東端・山海関を突破，北京に入って中国にも君臨する。

2　明清交代と清朝の拡大

明朝の継承と対外開放

　1644年，明朝が内乱のため滅亡すると，清朝はまもなく山海関をやぶって北京に入り，明朝の後継者として君臨した。それからおよそ40年をかけて，明朝皇室の末裔が南方で再起を図った南明政権，もと明朝軍でありながら清朝に寝返り，後に華南の割拠勢力になった呉三桂（1612-78）らのいわゆる「三藩」など，残存勢力を掃討する。そのうち最も頑強に反抗したのは，鄭氏政権であった。倭寇勢力の末裔にして日本人との混血児の鄭成功（1624-62）は，廈門に拠って台湾に勢力をのばし，海上を制覇して大陸の清朝を脅かし続ける。清朝はそれに対抗するため，貿易禁止に加え，一種の大陸封鎖さえ断行しなくてはならなかった。日本でも国姓爺合戦として著名な鄭成功の反清活動は，三代にわたって続く。鄭氏政権が清朝に降服したのは1683年，台湾も清朝の版図に属したが，台湾が中国の王朝政権の統治を受けるのは，史上初のことである。貿易もまもなく開放され，華人の海外渡航も外国人の来航もできるようになった。それを管理して財源とするため，新しく海関（税関）という機関も設置され，貿易は平和的に発展していく。16世紀以来の懸案であった東南沿海の秩序再建と治安維持は，こうして解決した。

内陸アジアの制覇

　この17世紀の後半，清朝は明朝の旧領経営ばかりしていたわけではない。清朝の皇帝は満洲人の君主であるが，それと同時に，モンゴル人の君長，大カーンでもあった。ところが，西方では新しい勢力が勃興しつつあった。ジュンガルである。ジュンガルの英主ガルダン（1644-97）は，モンゴル高原を席巻し，万里の長城近くに迫った。清朝の名君康熙帝（1654-1722）はこの事態を坐視できず，自ら三たびモンゴル高原に出征して，ガルダンをやぶった。以後も清朝最大の敵は，一貫してこのジュンガルだったから，その北隣にあったロシアとは，和平的な関係を保たねばならない。ネルチンスク条約・キャフタ条約を結んで国境を画定したのも，そうした動機からである。またチベットも重大だった。ガルダンが急速に勢力を拡大できたのも，モンゴル人の精神的な拠りどころがチベット仏教で，かれ自身その高僧だったからである。そこで清朝は，大檀越としてチベットを保護して結びつきを強めた。その後，ようやく18世紀の半ばに，ジュンガル最後の根拠地・東トルキスタンを陥れて，最終的な勝利をつかむ。この新たな征服地は新疆と命名され，清朝は東アジア全域をおおう史上未曾有の広大な版図となった。

　この版図と現在の中華人民共和国の領域はほぼ等しい。つまり巨大な多民族国家中国は，ここから出発した。250年の間，版図・領域の外郭があまり変化しなかった一方で，その内実は急激に変わっていく。それが本書で述べる中国の近現代史にほかならない。

2-❹　鄭成功に関係する沿海地図

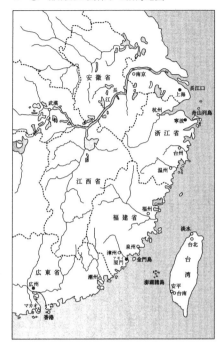

2-❺　広州の外国商館

＊海関の近くにあった西洋諸国の商館。19世紀初めの絵画。

＊鄭成功は海上から大陸に攻撃を加え，一時は南京近くにまで迫った。その活動に手を焼いた清朝は，沿海での交易・漁業を禁じたのみならず，住民を海岸線から内陸に強制移住させる遷界令まで発した。鄭氏降伏ののち，遷界令は撤廃され，海上貿易も公認された。黒点が海関の所在地。

2-❻　清朝の最大版図

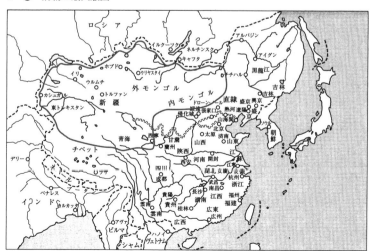

＊□□がジュンガルの最大勢力圏。モンゴル・チベットが清朝との争奪の対象になり，ジュンガルを討滅したことで，清朝の版図が最も拡大したことがわかる。

第 1 編

東アジアの転換
——19世紀の清朝と東アジア・中華民国の成立——

　本編は19世紀の東アジアとその変貌の過程を概観する。

　18世紀に東アジア世界を統合した清朝は，繁栄の極に達し，黄金時代を迎えた。しかしそれは永続せず，19世紀に入ると暗転する。繁栄がもたらした中国の人口増加とそれにともなう移住・開発・紛争の増大は，従来の支配体制が治めきれる許容量〔キャパシティ〕を超過し，その結果，内憂と外患が頻発するようになった。

　とりわけ19世紀半ばには，西洋列強との交戦・条約の締結，および太平天国〔たいへいてんごく〕などの内乱が相ついで起こり，清朝の支配体制は再編を余儀なくされる。列強との交際は恒常化し，軍事権・財政権を地方が掌握し，武装の近代化も始まった。李鴻章〔りこうしょう〕（1823-1901）が中心となって進めたこの再編で，1870年代にようやく小康状態を保った清朝だが，まもなく日本の台頭で，新たな段階に入る。

　急速に近代化した日本は，朝鮮の国際的地位をめぐり清朝と対立して，日清戦争を引きおこした。これに敗れた清朝は，列強の利権獲得競争の舞台と化して，「瓜分」〔かぶん〕の危機に陥る。それに対し，中国では従来の支配体制を変革して，西洋的な近代国家をつくり，亡国を救おうとする動き，すなわち愛国主義が主流となった。そのなかで漢人の人心を失った清朝は滅亡して，中華民国が誕生する。けれどもそれは，政治の混迷・他民族の分離など，重大な問題を抱えたままの船出であった。

清朝時代の略年表 (1616-1912)

年	中　　国	年	世　　界
1616	ヌルハチ（清太祖），ハンに即位	1618	三十年戦争
29	李自成の反乱（～45）		
36	ホンタイジ（清太宗），皇帝に即位，大清国を建てる	39	日本の鎖国
44	明朝の滅亡，清朝の中国支配始まる	42	イギリス革命
61	鄭氏台湾に拠り，清朝に抵抗	48	ウェストファリア条約
67	康熙帝即位，海禁の実施		
	三藩の乱（～81）		
83	鄭氏の降服，台湾の帰属――84　海禁解除		
89	ロシアとネルチンスク条約締結	89	イギリス名誉革命
1704	典礼問題おこる――23　キリスト教布教を禁止		
27	ロシアとキャフタ条約締結		
57	ジュンガル平定	1756	七年戦争
	イギリスの貿易を広州一港に限定	57	プラッシーの戦い
		76	アメリカ独立宣言
82	『四庫全書』完成	89	フランス革命
93	イギリス，マカートニー使節団を派遣		
96	白蓮教徒の反乱（～1804）		
		1802	ベトナム阮朝成立
		04	ナポレオン帝政
1816	イギリス，アマースト使節団を派遣	14	ウィーン会議（～15）
34	イギリス東インド会社の中国貿易独占廃止	34	ドイツ関税同盟
39	林則徐，広州にてアヘン処分		
40	イギリス，中国へ遠征軍派遣	48	アメリカ，カリフォルニアを領有
42	南京条約	53	クリミア戦争
51	太平天国（～64）	54	日米和親条約
56	アロー号事件	57	インド大反乱
58	天津条約，アイグン条約	58	ムガル帝国滅亡
60	英仏連合軍の北京侵入，北京協定		
61	総理衙門の設立	61	アメリカ南北戦争（～65）
64	新疆大反乱，ヤークーブ・ベク政権（～77）	68	明治維新
70	天津教案		
71	日清修好条規	71	ロシア，イリ地方を占拠
74	台湾出兵――75　北洋海軍建設開始	74	ベトナム，フランスとサイゴン条約を締結
79	琉球処分	76	日本，朝鮮と江華条約を締結
	ロシアとリヴァディア条約を締結	77	西南戦争
81	ペテルブルグ条約，イリ地方の返還		インド帝国成立
82	壬午軍乱	83	ベトナム，フランスとフエ条約を締結
84	清仏戦争（～85）――85　清仏天津条約		
	新疆省の設置		
	甲申政変――85　日清天津条約	87	仏領インドシナの成立
94	日清戦争（～95）――95　下関条約		
95	三国干渉	95	日本軍，台北を占領
96	露清密約		
97	ドイツ宣教師殺害事件――98　ドイツ膠州湾・ロシア関東州・イギリス威海衛租借	97	大韓帝国の成立
98	戊戌変法，戊戌政変	98	米西戦争
		99	アメリカ，門戸開放宣言
1900	義和団事変――01北京議定書		
01	新政開始	1902	日英同盟
05	同盟会の結成	04	日露戦争（～05）
	五大臣憲政視察	05	ロシア第一革命
06	預備立憲の詔		日本，韓国を保護国化
08	憲法大綱の発布		
10	ダライラマ，インド亡命	10	日本の韓国併合
11	辛亥革命	11	モンゴル「独立」宣言
12	中華民国の成立		

一九世紀の清朝

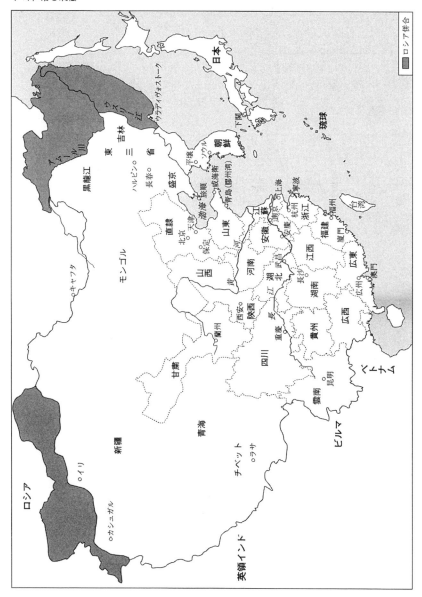

ロシア併合

ロシア

英領インド

カシュガル
イリ

新疆

チベット
ラサ

甘粛
蘭州

青海

モンゴル

四川
重慶

雲南
昆明

ビルマ

貴州

広西

湖南
長沙

湖北
武昌

陝西
西安

山西

河南

安徽

江西

福建
厦門
福州

浙江
杭州
寧波

江蘇
上海

台湾

広東
広州
汕頭

ベトナム

黒龍江

吉林

奉天
盛京

直隷
北京
天津
保定

山東

旅順
威海衛
渤海
青島(膠州湾)

朝鮮
平壌
ソウル

長春
ハルビン

キャフタ

アムール川
ウスリー江

ウラディヴォストーク

サハリン

日本

下関

琉球

黄河

長江

第1章　清朝の斜陽

1 ｜ 繁栄と平和

1　政治体制

五族の支配　すでに述べたとおり，清朝は東アジア史上空前の版図を広げた。建国当初の満洲人・漢人・モンゴル人に加え，ダライ・ラマが支配する祭政一致のチベットをその保護下に入れ，さらに東トルキスタンのトルコ系ムスリムをも支配した政権である。大きなものだけでもこの5つの種族，少数のものを加えれば，数えきれない。清朝の皇帝はこれら多様な種族を一身で統治する存在であった。そうである以上，1つの種族に対する統治が失敗したら，別の種族にもそれが波及して，統治体制全体が揺らぎかねない。だから清朝皇帝のなすべきは，ひとえに被支配民の支持を獲ることにあった。そのためには各々の種族，誰にとっても前代を受けつぐに足る君主であることを示し，納得させなくてはならない。さもなくば，自身の滅亡に直結しかねないのである。

　したがってその君臨・統治も，自ずから原則が定まってくる。それは各々の種族を治めるにあたり，それぞれ前代の制度・慣行を尊重して，在地在来の秩序にはなるべく手をふれない，しかも前代に優越する政治を実現する，ということである。その事情はモンゴルもチベットも漢人もムスリムも同じであり，清朝が300年近くもの間つづいた，ということは，おおむねそれが成功していたことを物語る。その典型例はやはり，最も人口が多く，生産力が高く，そのために最も治めにくい漢人地域であろう。

漢人の統治　そこで，漢人に君臨した清朝の歴代君主は，心血を注いで統治にあたり，伝統的な中華皇帝の模範となろうとした。清朝は明朝の正統を引きつぐ，というのがその統治の前提であるから，明朝の官僚制をほぼそっくり踏襲し，全面的に漢人を登用すると同時に，地域の有力者・郷紳が指導するその社会秩序に手をふれない形で支配を行った。いわゆる「漢を以て漢を治む」である。

　しかし明代の弊政まで受けつぐつもりはなかった。現状にあわない制度は改廃し，綱紀を粛正し，秩序の回復に努めた。とりわけ重要だったのは，堕落していた官僚の統制である。中央官庁では満漢併用制をしき，満洲人に実務者の漢人を傍から監視させた。地方の政治は一省を司る総督・巡撫に一任し，その下の地方官におおむね漢人を登用したが，かれらに対する統制は徹底していた。実地の情報をもれなく皇帝のもとにあげ，的確な指示をそれぞれに与えつつ，地方をあずかる総督・巡撫を皇帝直属の代理人とした。これで中華的伝統的な皇帝独裁制は，究極まで押し進められた観がある。

1-❶　五族の支配

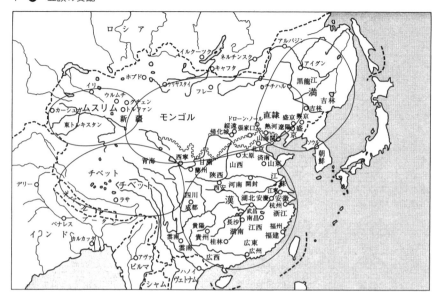

1-❷　清朝の系図

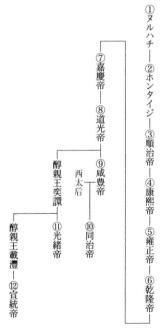

1-❸　漢人に対する統治機構

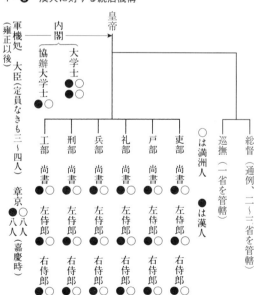

＊中央政府と地方督撫はそれぞれ皇帝に直属する。漢人以外に対する統治機構は、まったく別に考えなくてはならない。

2 文化と経済

思想統制と文化事業　清朝が漢人を統治するにあたって，最も手を焼いたのが，知識人の華夷思想である。かれらからすれば，自分たち漢人こそ天下に君臨すべき中華であって，満洲人・清朝というのはそれに服従すべき夷狄にすぎない。だから知識人のなかには清朝の支配を喜ばず，それに抵抗する者も多かった。清朝がそうした抵抗勢力・華夷観念を弾圧したため，盛んになってきたのが，イデオロギー色の希薄な考証学である。

考証学は古典を正しく読むために，それが書かれた時代に最も近い資料を集めて，文字の誤りなどを訂正していく，すこぶる科学的な学問である。それは漢人の抵抗力を弱めるという点では，清朝の支配にとって有利であったが，しかししばしば，考証のための考証になって，実用からは遊離していった。

清代最大の文化事業といえば，18世紀後半の四庫全書編纂である。中国中のありとあらゆる書籍を網羅して調査収集し，1つの叢書として編集刊行する国家事業で，当代一流の学者が動員されて，考証学の発展隆盛にも寄与した。その反面，これは攘夷思想の濃厚な，清朝の支配に有害な図書を捜査摘発し，発禁にする処置でもあった。

四庫全書はじめ，資料を徹底的に収集対照する考証学のような学問方法は，厖大な時間と金銭がかかるものである。18世紀はそれを可能にした社会状態にあった。優秀な学者たちは政府・商人から援助を受けて，思いのままに考証学に打ちこむことができた。それは世がたいへんな好景気だったからである。

不況から好況へ　清朝の全盛時代を俗に康熙・乾隆（こうき・けんりゅう）という。いずれも60年続いた治世であり，康熙は17世紀の後半，乾隆は18世紀後半の時期だと理解すればよい。それぞれの世情を簡単にまとめると，前者は不況，後者は好況の時代だったといえる。

中国は大航海時代以来，貿易に依存する経済構造になっていた。ところが，17世紀半ばから鄭成功の海上勢力の攻撃に対抗して，沿海交通を極端に制限せざるをえなかった（→8頁）ため，貿易が衰退し，デフレ不況に陥った。鄭氏勢力を下し，貿易を再開して，デフレの底を打ったのは，ようやく1680年代のことである。康熙帝の時代は，どん底までいった景気が回復していく局面にあった。それから100年，18世紀の半ばには貿易はますます盛んになり，出超が続いて銀が流入し，物価は急騰して，未曾有の好景気をもたらした。考証学が盛大になり，反抗的だった知識人も，清朝の支配を謳歌する。18世紀の後半，乾隆時代は繁栄のきわみであった。世はさながらバブル，奢侈の風潮が広がり，絢爛たる文化が栄えたけれども，その背後では容易ならざる事態が進行していたのである。

1-❹ 四庫全書

＊欽定四庫全書に収録されている『子夏易伝』の提要と本文。

文溯閣の額面

＊四庫とは，文淵閣（北京），文源閣（円明園），文津閣（熱河），文溯閣（奉天）を指すが，図は文溯閣で，6間3層である。

1-❺ 清代の主な考証学者

名と字	生卒と出身地	主 な 業 績
閻若璩 えんじゃくきょ （百 詩）	1636-1704 山西太原人	『古文尚書疏証』8巻を著わし，『古文尚書』25篇が後世の偽作であることを証明し，清朝考証学の開拓者となった。『四書釈地』6巻，『潜邱劄記』6巻
恵 棟 けい とう （定 宇）	1697-1758 江蘇蘇州人	博引旁証を主とする考証学＝呉（蘇）派の祖といわれる。とくに漢代の経説を至上とする「漢学」の代表者とされ，易学の研究に業績をあげ，一生仕官しなかった。『周易述』23巻，『易漢学』7巻，『左伝補注』6巻，『後漢書補注』24巻
戴 震 たい しん （東 原）	1723-77 安徽休寧人	法則を立てて論断する考証学＝皖派の祖，音韻・文字学にすぐれ，朱子学の理中心の立場を批判し，気一元論の哲学を展開した。『孟子字義疏証』3巻
銭大昕 せんたいきん （暁徴，辛楣）	1728-1804 江蘇嘉定人	考証学的史学の創始者とされ，諸子・金石・地理などに業績を残し，博学を以て有名。『二十二史考異』100巻，『十駕斎養新録』20巻
段玉裁 だんぎょくさい （若 膺）	1735-1815 江蘇金壇人	文字・音韻・訓詁にすぐれ，『説文解字注』30巻は名著といわれる。『六書音韻表』5巻

1-❻ 清代の物価変遷（米100リットルあたり銀グラム。10か年平均の数値）

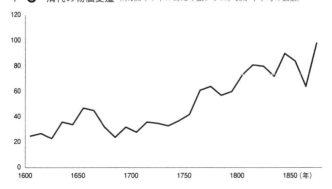

2 | 19世紀の到来

1 繁栄のひずみ

人口の爆発　17世紀の中国は，明末の内乱に始まる戦乱，そして続く不況にみまわれた時代である。そのため人口も減少し，1億前後で停滞した。18世紀の前半は康熙の末年から雍正年間にあたり，清朝の支配が安定して平和と生産が回復した。ここで人口は増加に転じ，好況の持続と拡大はこの傾向を助長した。18世紀の半ばには人口は前世紀の3倍，3億に達し，なおも増加を続け，19世紀には4億を突破する。このように，爆発的ともいうべき増加を示したのち，19世紀を通じて，停滞が続き，4億5000万前後で推移する。

こうしたパターンになった直接詳細な因果関係は，なおはっきりしない。けれども，戦争と平和・不況と好況の動きにあっていることだけは確かである。特に注意したいのは，18世紀の爆発的な人口増加であって，それは当時の貿易黒字の増大と銀の流入，それによる需要の喚起，それに刺激された生産の増加で支えられていた。

移民と開発　しかしその生産の増加は，既存の耕地と作物だけでは不可能であった。そこで土地からあぶれた人々は，なお未開だった江西・湖北・湖南・広西・四川の山地に移住した。当時は新大陸原産の，傾斜地でも栽培可能な新たな作物，煙草・トウモロコシ・甘藷が普及しており，後二者は主穀の代わりになる作物であった。山あいの地で，山林を伐採して木材を生産する，あるいは耕地に代えて煙草などの商品作物をつくるかたわら，トウモロコシ・甘藷で飢えをしのぐ。このような生活が人口の増加を根底で支えていた。

移住民の生活は，決して楽ではなかった。山林を切り開いて焼畑とする略奪的な農法では，収穫は安定しないし，自然環境を破壊して災害のリスクも高まる。また先住民のいる地域では，かれらとの軋轢も生まれる。生存競争は激化し，既成社会での成功はいよいよむずかしくなっていった。前途に失望した人々が，既成社会とは違う規範や秩序をつくろうとしたのも，当然のなりゆきである。18世紀の後半から半世紀続いた「乾隆の盛世」，インフレ好況と空前の繁栄の裏側には，このように生存ギリギリであえぐ人々がおびただしくいた。それを感得して，警鐘を鳴らした知識人もいる。洪亮吉（1746-1809）は18世紀の末に，耕地の増加が人口増加のスピードに追いつけず，社会が全体として貧困化し，治安の悪化をもたらしかねないことを指摘し，龔自珍（1791-1841）は余剰人口のはけ口として，新疆への入植をとなえた。その憂慮はまもなく現実のものとなり，繁栄の18世紀は危機の19世紀に一転するのである。

2 - ❶　中国の人口（1600-1950年）

（100万）

＊50年ごとの鳥瞰。18世紀の急伸と前後の世紀とのコントラストに注目。

2 - ❷　欧米諸国との貿易（1764-1833年毎年平均数）

（単位＝銀両）

年　度	欧米諸国の対中国輸出						中国の対欧米諸国輸出					
	総額A	イギリス		アメリカ			総額D	イギリス		アメリカ		
		総額B	$\frac{B}{A}$%	総額C	$\frac{C}{A}$%			総額E	$\frac{E}{D}$%	総額F	$\frac{F}{D}$%	
1764	1,908,704	1,207,784	63.3				3,637,143	1,697,913	46.7			
1765～69	1,774,815	1,192,915	67.2				4,177,909	2,190,619	52.4			
1770～74	2,094,336	1,466,468	70.0				4,362,676	2,119,058	48.6			
1775～79	1,995,913	1,247,471	62.5				4,725,989	1,968,771	41.7			
1780～84	1,994,617	1,301,931	65.3	27,290	1.4		5,008,263	2,083,346	41.6	15,864	0.3	
1785～89	4,489,527	3,612,763	80.5	123,164	2.7		8,454,720	5,491,508	65.0	325,988	3.9	
1790～94	5,876,663	5,007,691	85.2	181,096	3.1		7,348,420	5,843,714	79.5	440,978	6.0	
1795～99	5,908,937	5,373,015	90.9	374,124	6.3		7,937,254	5,719,972	72.1	1,399,680	17.6	
1800～04	8,727,364	7,715,556	88.4	828,326	9.5		10,391,797	7,556,473	72.7	2,036,448	19.6	
1805～06	12,348,319	11,474,509	92.9	767,775	6.2		11,168,783	7,400,223	66.2	3,391,560	30.4	
1807～16												
1817～19	9,053,298	7,646,777	84.5	1,184,551	13.1		13,770,740	8,060,371	58.5	5,710,469	41.5	
1820～24	7,952,488	6,525,201	82.1	1,427,287	17.9		14,678,252	9,816,066	66.9	4,862,186	33.1	
1825～29	9,161,314	7,591,390	82.9	1,534,711	16.7		14,390,108	10,215,565	71.0	4,116,182	28.6	
1830～33	9,192,608	7,335,023	79.8	1,766,692	19.2		13,443,641	9,950,286	74.0	3,321,296	24.7	

＊1780年代後半からの急伸に注目。

2 白蓮教徒の乱

結社と反乱　18世紀の人口急増を支えた移住民の生活は厳しかった。かれらが拠りどころにしたのが，いわゆる秘密結社である。既成の社会秩序から逸脱した，一種のアウトローが結成した団体であり，既成社会を擁護する勢力や権力と対立したため，反政府的な色彩を帯びた地下組織となって，武装して弾圧に対抗した。移民が多かった湖北・湖南・広西・四川にこうした組織がおびただしくでき，活動も活発であった。

　四川・湖北・陝西3省の境界地域は山岳地帯で，主として湖北・湖南からの移住民が多く入植，居住していた。そこに白蓮教信仰とそれを紐帯とした結社が広まった。白蓮教（びゃくれんきょう）は世の終末の到来を説き，無生老母を信じることで救済される，との教えである。清朝政府はこれを邪教とみなしていたから，それを信仰する人々は弾圧を受けることになった。追いつめられた信者たちは，ついに1796年，当局に反抗して蜂起にいたった。これが白蓮教徒の反乱である。

反乱の平定　反乱は社会不安に乗じて大規模になった。清朝政府はその平定に苦しみ，10年近くを費やさねばならなかった。もともと清代中国の治安維持は，八旗と緑営という2系統の軍隊が担っている。前者は少数の要所に集中して駐屯し，後者は多くの地点に少数ずつ散在していた。これらの常備軍と秘密結社以外はたいした武装をしていなかったが，それがこれを機に変わることとなる。

　この反乱鎮圧のため，清朝政府は数千万両の財政支出を強いられ，それまでに蓄えた銀はほとんど尽きてしまう。しかし常備軍だけでは，反乱を平定できなかった。各地の緑営は役に立たず，派遣された八旗も役に立たなかった。100年以上の平和に慣れて，武力として使い物にならなくなっていたのである。そこで現地の住民自身に防御をはからせることにした。少数の反乱軍なら対抗，撃退できるように，武器をもたせ，訓練をほどこし，一種の自警団・義勇兵を結成させた。これを「団練」という。これによって，反政府的な秘密結社だけではなく一般の民衆も武装し，民間社会がこぞって軍事化したのである。極端にいえば，戦場になった地域は，その地元民が殺し合うという様相を呈した。

　対策は功を奏して1804年に反乱の終結が報告された。しかしこれ以後，中国は明らかに，新しい時代に入っていく。白蓮教徒の反乱は，それまで繁栄のもと蓄積されてきた社会の矛盾が爆発し，しかも従来の政治体制では対処できなくなった事態をしめすものだった。だから，それを収拾するために始まった民間社会の軍事化も，このときだけでは終わらない。その拡大が以後の歴史の重大な要因となっていく。

2-❸　白蓮教徒の反乱関連地図

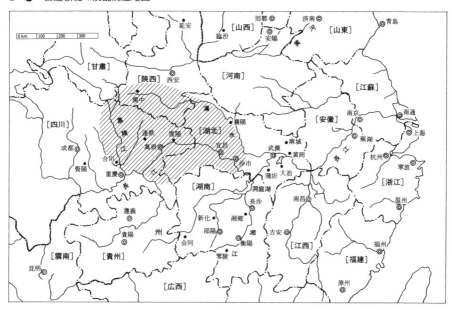

＊ [///] は乱の及んだ主要な地域。

2-❹　嘉慶帝（かけいてい）（在位1796-1820）

＊即位まもなく白蓮教徒の反乱がおこった。
1799年に父の乾隆帝が逝去し，親政を始め
る。反乱の対処のみならず，父の寵臣和珅（わしん）
を断罪するなど，綱紀のひきしめをはかっ
た。「乾隆の盛世」のあとしまつに追われ
る治世だったといえる。

3 西力東漸

1 西洋の衝撃

貿易の隆盛と西洋　　上述した康熙時代のデフレ不況は，明末まで主要な貿易相手にして銀の供給国だった日本との貿易が衰退したことが大きな原因である。17世紀の後半から日本の銀鉱が涸渇したからである。にもかかわらず，中国は貿易を再開したら，不況を脱し空前の好況になっていった。それは日本に代わって，日本以上に銀を供給してくれる相手が新たに見つかったからである。それが西洋諸国であった。

　　貿易再開から18世紀の半ばまで，中国にとって最も重要な貿易相手は，東南アジアとインドであった。イギリスなど西洋諸国の貿易商人は，17世紀の末から広州に来て貿易を営み始める。その量は当初，東南アジアとは比較にならないくらい少なかった。ところが18世紀の後半に入ると，大きく購買を増やした。その商品は生糸・陶磁器など中国の特産物で，とりわけ注目されるのは茶である。イギリスでは喫茶の習慣が定着し，また1784年に減税法 commutation act が施行され，100％以上だった茶の輸入税率を10分の1に引き下げたことで，大量の茶を消費するようになった。しかも，西洋諸国には中国の需要に応える物産がなかったから，茶の対価としておびただしい銀が中国に流入する。この銀流入で，中国は未曾有の好況となって，乾隆の全盛時代を現出させたのである。

世界市場の形成とアヘン貿易　　しかし時あたかも，産業革命の時代である。国内での資金需要が高まったイギリスでは，茶の対価として大量の銀をもちだす貿易のやり方に，批判が高まった。そこで目をつけたのが，植民地化を進めていたインドに産出する麻薬のアヘンである。これを中国にもちこんだところ，売り上げが伸び，茶の支払いを相殺できるようになった。つまり，インド・中国貿易はインドの黒字，中国・イギリスの貿易はイギリスの赤字で，それらを結び合わせて相殺する三角貿易が成立した。

　　さらに19世紀に入って，イギリスの産業革命が加速し，綿工業が興隆すると，綿花をはじめ，アメリカからいよいよ多くの輸入が必要となった。そこでその支払いをも，アヘン輸出の黒字でまかなえるような貿易構造をつくりあげ，最終的にロンドンの国際金融市場に集約されるグローバルな多角的決済網が成立した。つまり，産業革命が進めば進むほど，より多くのアヘンが中国に入る，というしくみであり，これが当時の世界市場形成の重要な一環をなす。アヘン貿易がなくなったら，産業革命のイギリス経済のみならず，世界経済もたちゆかない。そこにアヘン戦争が起こらざるをえない必然性があった。

3-❶ 中英貿易の概況

(単位＝銀両)

年　度	中国より輸出 A	欧米より輸入 B	中国の輸出超過 A－B*	アヘン輸入 C	欧米よりの総輸入 B＋C	$\frac{C}{B+C}$ %	中国からの銀流出 (A－B)－C**
1817～18	11,910,183	10,449,605	1,460,578	3,008,520	13,458,125	22.4	1,547,942
1818～19	14,415,017	10,002,162	4,412,855	3,416,400	13,418,562	25.5	－ 996,455
1819～20	14,987,020	6,708,128	8,278,892	4,172,400	10,880,528	38.3	－4,106,492
1820～21	13,374,090	7,173,709	6,200,381	6,048,576	13,222,285	45.7	－ 151,805
1821～22	15,567,652	8,639,688	6,927,964	6,351,840	14,991,528	42.4	－ 576,124
1822～23	15,150,148	6,896,615	8,253,533	5,752,080	12,648,695	45.5	－2,501,453
1823～24	13,877,022	7,869,570	6,007,452	6,224,114	14,093,684	44.2	216,662
1824～25	15,422,345	9,182,859	6,239,486	5,707,800	14,890,659	38.3	－ 531,686
1825～26	16,707,521	9,710,322	6,997,199	5,477,904	15,188,226	36.1	－1,519,295
1826～27	13,734,706	10,284,627	3,450,079	6,957,216	17,241,843	40.4	3,507,137
1827～28	13,784,148	8,380,235	5,403,913	7,506,137	15,886,372	47.2	2,102,224
1828～29	13,901,480	8,505,107	5,096,373	9,899,280	18,704,387	52.9	4,802,907
1830～31	13,316,534	8,462,825	4,853,709	9,895,680	18,358,505	53.9	5,041,971
1831～32	14,215,836	8,192,732	6,023,104	9,468,000	17,660,732	53.6	3,444,896
1832～33	15,988,204	9,498,107	6,490,097	10,240,056	19,738,163	51.9	3,749,959
1833～34	10,253,991	10,616,770	－ 362,779	9,272,304	19,889,074	46.6	9,635,083

＊A－B欄の－は中国の輸入超過。
＊＊（A－B）－C欄の－は中国への銀流入。

3-❷ 三角貿易と多角的貿易決済網

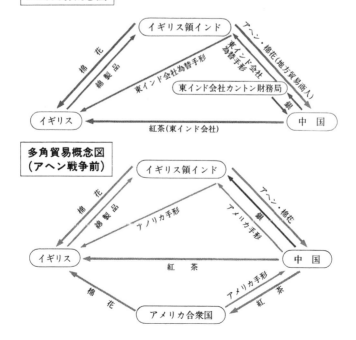

三角貿易概念図

イギリス領インド
棉花 / 綿製品
東インド会社為替手形
アヘン・棉花(地方貿易商人)
東インド会社
為替手形
東インド会社カントン財務局
銀
イギリス
中　国
紅茶(東インド会社)

多角貿易概念図（アヘン戦争前）

イギリス領インド
棉花 / 綿製品
アメリカ手形
アヘン・棉花
銀
アメリカ手形
イギリス
中　国
紅　茶
棉花
アメリカ手形
紅茶
アメリカ合衆国

2　条約関係

アヘン戦争と南京条約
　もちろん清朝政府は麻薬のアヘンを禁制品にしていたから，その輸入は密輸である。にもかかわらず，アヘンの輸入は急増し，治安の悪化とともに，吸引と中毒をはびこらせ，さらには中国内の銀を流出させて不況を引きおこし，18世紀末に顕在化を始めていた社会不安をいっそう深化させた。1830年代に入って，さすがに坐視できなくなった道光帝（1782-1850）は，1838年末，有能な官僚・林則徐（1775-1850）を起用して，広州に来航する外国商人からアヘンを取り上げ，焼毀させた。

　アヘンを没収されたイギリス商人は，本国政府を動かして遠征軍を派遣させることに成功し，アヘン戦争が始まった。戦闘はイギリス側の優勢に進み，1842年7月，長江をさかのぼって大運河を封鎖，南京の攻撃を通告すると清朝も屈し，8月，南京条約を締結した。

　この南京条約およびその後の協定は，中英両国の合意のもとに，新たに開港場を開き，領事裁判権・最恵国待遇や協定関税をとりきめた，外国商人にとって有利な，いわゆる不平等条約である。そのため中国の対外関係が新たな段階に入った，と考えるのも，あながち誤りではない。けれども，清朝側の対外的な体制や制度，あるいは姿勢は，それ以前とほとんど変わらなかった。外国に対する清朝側の態度は，対等な交際をしない，貿易取引の場所や相手を制限する，という西洋の国際関係・自由貿易の体制とは相容れないもので，それは南京条約締結後も続いたのである。

第2次アヘン戦争
　とりわけアヘン戦争開戦の場になった広州では，排外運動が激しく起こって，対立が続いた。業を煮やしたイギリス側は，1856年，清朝当局によるアロー号という船の臨検と英国旗引きおろしを口実に，再び戦争をしかける。イギリスは広西省で宣教師を殺害されたフランスと共同出兵し，広州を占領して北上し，首都北京に近い天津に迫った。そこで清朝側も和平交渉に応じて，1858年に天津条約を締結した。ところがその後，清朝の側で主戦派の力が強くなり，再び戦闘が始まって，英仏連合軍は1860年，北京に侵入した。史上悪名の高い円明園の掠奪・破壊が行われたのも，この時である。

　咸豊帝（1831-61）は北京から熱河に逃れ，弟の恭親王奕訢（1832-98）が代わって，英仏と交渉し北京協定を結んで，ようやく戦争は終結した。天津条約と北京協定は賠償金の支払いや開港場の増加，内地旅行権，キリスト教の布教権，アヘン貿易の合法化，税率の引き下げに加え，外国使節の北京常駐を定めた。いっそうの不平等条約であると同時に，西洋的な国際関係を清朝政府に強要したものであり，清朝は否応なく西洋近代と正面から向き合わなくてはならなくなる。

3-❸　両次アヘン戦争

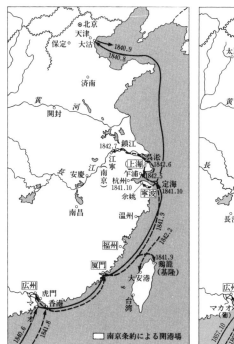

3-❹　英仏軍に焼毀された円明園

3　香港の形成

香港島の割譲
1842年に調印された南京条約で，清朝からイギリスへ香港島が割譲された。イギリスは中国に到来して以来，ポルトガルがマカオという事実上の植民地をもっていたことに羨望を禁じえなかったし，また現実にもそのマカオを拠点として，貿易を営まざるをえなかった。そこで中国の近海で貿易根拠地を求め続けていた。18世紀末，中国に使し，乾 隆 帝（1711-99）に謁見したマカートニー（1737-1806）も，絹や茶の山地に近い島の獲得を求めたし，19世紀初頭のナポレオン戦争中，フランスの脅威から保護するという名目で，二度にわたりマカオの占領を試みたこともある。1819年シンガポールを手に入れると，いよいよその希求をつのらせた。その長年の夢が南京条約で実現したのである。

初期の状態
南京条約で中国市場が開放されたとみたイギリスの商社は，こぞって香港に進出した。しかし香港はもともと岩山の多い険しい地形で，当時の人口もわずか7500足らずだった。その後10年間，貿易は伸び悩み，港も発展せず，その役割はなお密輸扱いだったアヘン取引の中継地，海賊の根拠地にすぎなかったのである。

　こうした情況に変化が起きるのは，1850年代のカリフォルニア・オーストラリアのゴールドラッシュとそれにともなう華人移民の増加，さらに時を同じくする中国貿易の構造変化をきっかけとする。主に労働力として，誘拐同然に海外へ連れ去られることもあった移民は，広州近辺の人々がとりわけ多かったため，香港がその中継地となり，ここから住民も増大し，したがってその生活を支えるため，貿易取引も増えてくる。またそれまで最大の貿易港であった広州は，排外運動とそれに続く第2次アヘン戦争とで荒廃し，また後述する中国南方の内乱の影響を受けて，輸出品が調達できなくなった。その貿易港の地位は上海に奪われる一方で，従来の貿易機能は香港が吸収した。第2次アヘン戦争を終結させた北京協定の第6条で，イギリスは九龍半島を獲得した。対岸と一体となったイギリス領香港植民地の建設が始まって，いよいよ本格的な発展の時期に入る。

発　　展
こうして1860年代に入ると，香港は様相を一変させた。イギリス政府が派遣する香港総督が治める直轄植民地の香港は，何よりもまずイギリスの政治的基地である。しかし同時に，その住民のほとんどは華人であり，中国に近接する自由港・中継貿易港として，その経済的な役割を担った。欧米の貿易金融の拠点として，ジャーディン・マセスン商会をはじめとする外国商社のみならず，香港上海銀行はじめ，外国銀行も多く進出した。また，東南アジア・アメリカの海外移民，いわゆる華僑からの送金窓口としての役割も大きい。シンガポールとともに，東アジアの金融センターとして成長することになる。

3-❺　香港島

＊1842年，割譲当時の香港島。

＊1860年代の香港。左と比較すると，発展の跡がわかる。

3-❻　香港の人口

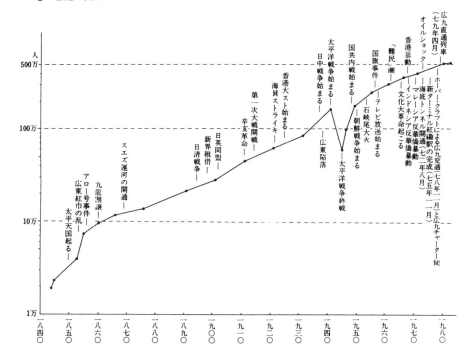

第2章　世界秩序の変動

1 洋務の時代

1 内乱の拡大と平定

太平天国
1851年初め，広西省の山間部，桂平県金田村で上帝会が蜂起した。上帝会は広東省の客家出身の洪 秀 全 (1814-64) が，キリスト教の伝道書をもとに創始した上帝教を信奉する武装教団である。金田村一帯に多くいた客家は新来の移住民で，言語・習慣が異なる土着民に虐げられていた。上帝を崇拝すれば天国にいける，という上帝教がかれらに浸透し，しかもその「天国」を地上につくろうとする政治的な運動も始まる。そのため官憲に弾圧され，清朝打倒・「太平天国」建国を宣言，反乱を起こした。

初め1万人程度の規模だった太平天国は，北上し湖南省の支持勢力を吸収して，長江の流域に達したころには，兵50万の大勢力になった。その間わずか1年，長江中流の要衝である武漢を陥れ，長江を下って1853年3月に南京を占領，ここを本拠と定めて天京と改称した。このとき太平軍の数は200万にのぼったと伝えられる。北京攻撃は成功しなかったが，前後14年続き，中国18省のうち17省が巻き込まれる一大騒乱となった。

湘軍と淮軍
このとき起こった騒乱は太平天国だけではない。各地で系統・性格の異なる暴動・反乱が連鎖的に継起した。18世紀の繁栄と人口急増で蓄積された矛盾が爆発した現象だといってよい。1860年代の末にいたるまで終息せず，死者7000万ともいわれる。

各地の官僚・有力者は，白蓮教徒の乱のときと同じく，団練を組織して内乱を防ごうとした。そのなかできわだっていたのが，曾国藩 (1811-72) がつくった湖南の義勇軍である。高名な学者官僚の曾国藩は，服喪帰郷していたところ，団練の統率を命ぜられた。かれは在来のバラバラな団練組織に安住せず，自分の友人・弟子などを将校として指揮系統を整え，未曾有の規模の義勇軍を編成した。これを 湘 軍という。曾国藩は太平天国の勃興を中華文明・儒教の「開闢」以来の危機だと断じ，各地の有力者に協力を呼びかけた。

この新しい軍事力が太平天国を圧倒し滅ぼした。曾国藩の勢威は絶大なものとなり，以後の活躍する官僚人材は，ほとんどかれとの関係から登用された。その最たる人物が李鴻章 (1823-1901) である。かれは曾国藩の弟子であり，1861年の末，蘇州・上海近辺で太平軍を防ぐ別動部隊の編成と指揮を任ぜられた。そこで湘軍にならって，李鴻章の故郷安徽省で結成されたのが淮軍である。太平天国の滅亡後，淮軍がほかの中国の内乱を平定し，湘軍に代わる主力軍隊となって，さながら国防軍の地位をしめた。

1-❶ 太平天国

太平天国の支配領域（前半期）

1855年以後の黄河道
1855年以前の黄河道

太平軍の進路
北伐軍の進路
同援軍の進路
石達開の西走路

1-❷ 洪秀全(上)・李秀成(下)

＊李秀成は太平天国の末期に忠王として，指導的役割を果たした。上の2つの絵は，いずれもその李秀成に従ったイギリス人リンドレーの著作によるもので，実像を伝えているとは限らない。

1-❸ 曾国藩

＊湖南省湘郷県の人。諡は文正。清朝中興の名臣とされたが，「革命史観」からは敵視され，評価は長く定まらなかった。

2　清末の政治体制

幼君と西太后　　1850年代を内乱の発生・拡大の時代だとするなら，60年代はその平
　　　　　　　　定・終息の時代である。これを当時，年号をとって「同治中興」と呼
んだ。中興とは衰えたものが復活し盛んになるという意味だが，この場合はまったく元ど
おりの復活ではなかった。

　それまで清朝の歴代皇帝は，自ら臣下・官僚を指揮統率した名君であった。ところが
1850年代の咸豊帝を境に，以後の同治・光緒・宣統の3帝はいずれも統治能力のない幼君
となる。これは何を意味するのか。

　19世紀は多事多難，内憂外患の時代となり，それだけに統治の負担も増大した。皇帝が
成人なら，否応なく皇帝独裁が求められるが，もはや旧来のやり方では行き届かなくなっ
ていた。そこで皇帝の一身に集中する権威・権限を分業分担して効率化を図ることにした
わけである。北京中央では，幼少の同治帝が即位したため，母后の西太后（1835-1908）が
代わって君臨し，権威と責任を分担した。実地の統治は多くを地方の裁量に委ね，中央の
負担を軽減した。西太后自身も強力なリーダーシップを発揮する能力も意欲もなく，おお
むね事情に通じた当局の処置にまかせている。それがまた時勢にあっていたのである。

督撫重権　　　　そもそも清朝の中国支配は「漢を以て漢を治む」であって，実地の統治は
　　　　　　　　以前から総督・巡撫に一任していた。だから統治コストの増大は，まず現
地の総督・巡撫が痛感した。悪化していく管轄地の治安を維持するには，個別に自らの裁
量で，新しい施策を打ち出し，増強した軍事力とその維持に必要な収入とを掌握しなくて
はならない。そのため団練・湘軍・淮軍などの新軍隊の指揮・維持は総督・巡撫の権限と
なって，それが増大したコストをまかなう役割を果たしたのである。元来の軍事力で清朝
皇帝に忠実な八旗も，1850年代の内憂外患で打撃を受けて，その勢威は著しく低下したた
め，義勇軍を率いる漢人の総督・巡撫の発言権が，相対的に重くなった。この現象を「督
撫重権」と称する。そのなかで随一の地位に就いたのが，李鴻章（1823-1901）である。

　かれは淮軍を結成し，中国で最も産業が発達した江南デルタに転戦し，貿易に対する関
税や国内流通に課せられる厘金など，豊富な財源を手にした。また，かれがまず進駐した
上海は外国貿易の中心地であるから，外国との円滑な交際も欠かせない。軍事・財政・外
交と当時の中国が直面していた重大な問題すべてにおいて，李鴻章はすぐれた能力を発揮
した。なくてはならない存在だと西太后が頼りにしたのも，無理はない。かれは1870年，
北京に近い直隷省の総督に任命され，以後四半世紀もの間，淮軍もろとも首都周辺に根を
おろした。こうして，督撫の拡大した裁量とそれを容認した中央の君臨とが，バランスを
保って噛み合ったのである。

1-❹ 西太后

＊咸豊帝の妃。実子の同治帝が即位すると，
以後40年間にわたり，北京朝廷を主導した。
写真は20世紀に入ってからのもの。

1-❺ 李鴻章

＊安徽省合肥県の人。諡は文忠。日
清戦争の敗戦で勢威を失うも，北
京議定書の交渉・調印（→50頁）に
携わるなど，逝去まで活躍した。

1-❻ 各地の内乱

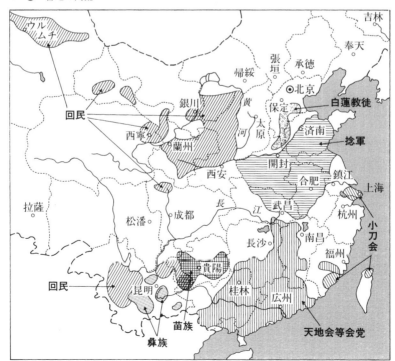

3 「洋務運動」

武装の近代化 中国史では俗に，1860年あたりから1894年の日清戦争までを，「洋務運動」の時代と呼びならわす。「洋務」というのは，貿易はもちろん，通交など直接の接触・交渉のほか，科学技術の導入や思想・教育など，およそ西洋に関わる事物全体をさす。その導入を図った「運動」というわけだが，それは失敗に終わった，やり方がまちがっていた，という意味合いが濃厚に含まれている。

そのなかでも最も重要なものとして，軍備の近代化，軍需工業およびその関連事業の創設推進があげられる。当時のスローガンは「自強」であって，それと関連が深かったからである。日本人の連想でいえば，明治維新の「富国強兵」「殖産興業」にあたる。

こうした「洋務」事業は李鴻章が主導した。かれは上海で太平天国と交戦中に，外国人の軍隊と協力した際，西洋式・近代的な装備・兵器の威力を目のあたりにし，武装の近代化を志したからである。義勇軍の維持増強は「督撫重権」の範囲内であるから，「洋務」の事業は地方大官の主導で進められた。上海の江南製造局や南京の金陵機器局など，1860年代の官営兵器工場の設立は，李鴻章（1823-1901）の発案による。

関連事業の展開 こうした武装の近代化事業が，福州船政局のように造船と技師養成の施設もあったけれども，たぶんに国内向けであり，内乱の鎮圧・治安の維持を主な目的としていた。その性格づけが転換するのは，中国内の騒乱もほぼ収まった，1870年代に入ってからのことである。軍需工業が勃興すれば，当然それに関連する産業も必要になり，民需部門の産業も次第に増えてきた。汽船会社の輪船招商局や紡織工場の上海機器織布局が上海に設置されたのは，その代表例である。これらは外国汽船の中国航路進出や機械製綿製品の輸入に対抗しようとするねらいがあった。さらには，鉱山の開発や電信の導入・鉄道の敷設などが実施され，事業の範囲はいよいよ広がっていく。外国の商品や企業と競争する中国の近代工業が，ここに始まったのである。

しかし，工業運営の近代化はなかなか成果が上がらなかった。この「洋務運動」で広く行われたのは，「官督商辦」という官僚主導の経営方法である。当時の中国社会においては，民間だけで十分な資金の調達や経営権の掌握ができなかったから，大規模な近代的な工場を創業経営するには，避けられないやり方だった。ところがこの方法では，官の干渉を免れないために経営効率は悪く，業績は伸び悩んだ。19世紀も終わりになると，そうした情況に対する反省から，企業経営に自由な民間資本の活動を模索する気運が生まれてくる。

1-❼　工場設立一覧表 (1861-95年)

年	兵器関係工場	鉱山と製煉所	繊維工場	そ の 他
1861	安慶内軍械所(曾国藩)			総理各国事務衙門
62	上海洋炮局(李鴻章)			京師同文館(奕訢)
63				外国語言文学館(李鴻章)
				容閎を米に派遣(曾国藩)
64	蘇州洋炮局(李鴻章)			広方言館(瑞麟)
65	江南製造総局(曾国藩・李鴻章)			
	金陵機器局(李鴻章)			香港上海銀行
66	福州船政局(左宗棠)			発昌機器廠(方挙賛)
67	天津機器局(崇厚)			
69	西安機器局(左宗棠)			
70	福建機器局(英桂)			上海—香港電線
72	蘭州機器局(左宗棠)		広東継昌隆繰子廠(陳啓源)	輪船招商局(李鴻章)
				留学生30名を米に派遣(曾国藩・李鴻章)
74	広州機器局(瑞麟)			
75	広州火薬局(劉坤一)	基隆炭礦		
	山東機器局(丁宝楨)			
76	湖南機器局(王文韶)	広済興国炭礦		留学生7名を独に派遣(李鴻章)
77	四川機器局(丁宝楨)	安徽池州炭礦		留学生30名を英仏に派遣(李鴻章)
78		開平礦務局(李鴻章)	蘭州機器織布局(左宗棠)	天津機器磨坊(朱其昂)
79				天津—太沽電線(李鴻章)
				汕頭豆餅廠
80		山東中興炭礦		天津水師学堂(李鴻章)
		広西賀県炭礦		天津電報総局(李鴻章)
81	吉林機器局(呉大澂)	承徳銅礦	上海興和永繰糸廠(黄佐卿)	
	金陵火薬局(劉坤一)			
82		湖北臨城礦務局	上海機器織布局(李鴻章)	均昌機器船廠(李松雲)
				広州造紙廠
83	浙江機器局(劉秉璋)	江蘇利国駅炭礦		源昌機器五金廠(祝大椿)
	神機営機器局			
84	雲南機器局(岑毓英)			
	山西機器局(張之洞)			
85	広東機器局(張之洞)			天津武備学堂(李鴻章)
86	台湾機器局(劉銘伝)	貴州製鉄廠(潘霨)	広州繰糸廠(張之洞)	天津自来火局
87		淄川鉛礦	寧波通久源軋花廠(厳信厚)	広東水陸学堂(張之洞)
				広州鋳制銭局・銀元局(張之洞)
88				北洋艦隊成立
				唐山—天津鉄道
89		漠河金礦	広州織布局(張之洞)	盧漢鉄道
				威海衛水師学堂
90	湖北槍砲廠(張之洞)	漢陽製鉄廠(張之洞)	湖北織布廠(張之洞)	上海燮昌火柴公司
			上海機器織布局(鄭観応)	
			上海紡織新局(李鴻章)	
91		湖北王三石炭礦	上海華新紡織新局(唐松岩)	台北—基隆鉄道
		湖北江夏馬鞍山炭礦, 大冶鉄山		
92			武昌紡織官局(張之洞)	
93				武昌自強学堂(張之洞)
				大冶—長江岸鉄道
				北京機器磨坊
94			上海華盛紡織総局(盛宣懐)	定武軍を編制(李鴻章)
			上海裕源紗廠(栄宗度)	唐山—山海関鉄道
			湖北紡紗局(張之洞)	聚昌燐寸廠
			湖北繰糸局(張之洞)	盛昌燐寸廠
			湖北製麻局(張之洞)	
95			上海裕晋紗廠, 上海大純紗廠	

2 「辺境」の危機

1 イリ問題

新疆の再征服　18世紀の半ば，最も遅く清朝の版図に帰した新疆は，トルコ系ムスリムの多い社会で，支配は不安定だった。そして中国の内乱の影響で，1864年に大反乱が起こり，清朝の権力は崩壊，西隣のコーカンドの有力者ヤークーブ・ベク（1820-77）が，カシュガルに入って天山南路に独立政権をたてた。天山北路でもイリ地方に独立政権ができたが，境を接するロシアが1871年，これを打倒し，イリを占領する。

　清朝政府内では1874年，新疆を討伐するか，東南沿海の防衛に重点をおいて放置するか，という塞防・海防の論争が起こる。陝西省・甘粛省の反乱を鎮圧した陝甘総督の左宗棠（1812-85）は断固，新疆を回復すべし，と主張し，裁可された。

　左宗棠は有利に軍事行動を進め，1877年になると，天山南路の入口にあたるトルファンを奪取した。同じ年にヤークーブ・ベクが逝去すると，その勢力も瓦解し，左宗棠はまもなく新疆のほとんど全域を再征服し，残すはロシアが占領するイリ地方だけとなった。

　左宗棠は新疆を攻略するなかで，より強力なムスリム社会の掌握の必要を感じ，中国内地と同様の省制度を設置するよう建言した。それを受け，1884年，新疆省が新設されて，かれの部将の劉錦棠（1844-94）が初代巡撫に就任した。これは在地社会の自治を否定するもので，清朝の統治原則の一大転換を意味する。以後の新疆は，中国内地と連動した政治過程をたどり，民国には漢人軍閥が支配する地域となった（→154頁）。

中ロ国境の画定　清朝とロシアとの関係は上にも述べたとおり，それ以前から始まっている。貿易と境界画定を定めた17世紀末のネルチンスク条約，18世紀前半のキャフタ条約で，平和的な関係が続いていた。ところが19世紀の後半に入ると，再び東方に進出してきたロシアは，内憂外患の清朝からアムール川流域と沿海州を割取し，中央アジア方面でも有利に国境線をとりきめた。そこに起こったのが新疆の大反乱である。ロシアはイリ地方を占領したまま，ヤークーブ・ベク政権の独立を認めつつ形勢を観望していたが，予想外に早く左宗棠が新疆を再征服したため，イリの帰属をめぐって緊張が高まった。

　1879年，崇厚（1826-93）が全権大使としてロシアに派遣され，リヴァディア条約を結んだ。イリの返還とあわせ，境界地域の割譲やロシアの通商特権を定めた，清朝に不利な内容だったので，清朝政府は強く反発する。崇厚は処罰を受け，駐英仏公使の曾紀澤（1839-90）がペテルブルクで再交渉にあたり，左宗棠も兵を動かしてロシアに圧力をかけた。ロシアも妥協し，ペテルブルク条約が結ばれ，現在の中ロ西方の国境線も確定する。

2 - ❶ ヤークーブ・ベク

*「聖戦」をとなえて，新疆に10年あまり独立政権を維持した。イギリス・ロシアと通商条約を結んで，国際的な支持も受けたが，政権基盤は弱く，その逝去とともに政権は瓦解した。

2 - ❷ 左宗棠（左）・曾紀澤（右）

*湖南省湘陰県の人。曾国藩と協力して，浙江・福建方面で太平天国の平定にあたった。のち曾国藩とその高弟李鴻章と対立する。塞防・海防論争もその一環である。

*曾国藩の長子。1877年，父の一等毅勇侯を襲う。西洋式の教育もうけ，1878年に渡欧して，ロンドン・パリに駐在する。清仏戦争（→36頁）においても，強硬論をとなえた。1886年に帰国して，総理衙門大臣となり，外政を担当した。

2 - ❸ 中国とロシアの国境画定（19世紀末まで）

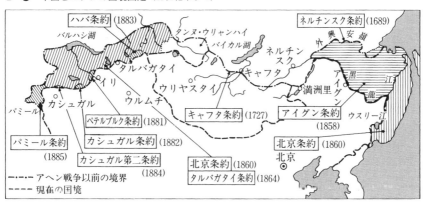

2　ベトナム問題

中国とベトナム　清朝は19世紀後半になって，西洋諸国と新しい条約関係をとりむすんでも，そのほかの周辺国とは旧来の関係を保っていた。そのうち朝鮮・琉球・ベトナム・ビルマ・タイなどとは朝貢の関係にある。これは周辺国が中国に貢ぎ物をもたらして臣礼をとることだが，清朝と一種の上下関係になりながらも，清朝はその内政外政に原則として干渉しない慣例であった。

　地続きで南隣するベトナムは古来，中国王朝との関係が深かった。10世紀以降は独立王朝の時代となり，中国はしばしば一方的に軍事介入し，ベトナムはそれを退けて朝貢する，という歴史を繰り返してきた。19世紀初め，フランス人の援助を受けた阮朝が，全ベトナムを統一し，清朝に朝貢して越南国王に封ぜられた。

フランスの侵略　19世紀の後半になると，カトリックの布教活動が盛んとなり，ベトナムでも摩擦を起こして，宣教師の弾圧が峻烈になった。フランス軍はこれに保護を加えて軍事行動を起こす。フランスは1860年代に，ベトナムが朝貢国としていたカンボジアを保護領とし，隣接するベトナム南部地方を併合した。

　しかしフランスはそれにあきたらず，ハノイ周辺の北部ベトナムにも進出し，そこで清朝と衝突する。フランスは1874年，阮朝ベトナムとサイゴン条約を締結して，全ベトナムをその保護下に入れようとしたが，1880年代になって清朝がこれに強い難色を示し，清軍も国境を越えて活動を始めた。ベトナムは清朝の朝貢国＝属国であるので，その保護権も清朝が有する，という主張で，隣接する地域を勢力圏として確保しようと望んだのである。フランス側はもちろん反発して，清仏の間で軍事的な緊張が高まった。

清仏戦争　そこで破局を回避しようと，外交交渉が繰り返される。1882年には北京駐在公使ブーレ（1838-1914）が天津で北洋大臣李鴻章（1823-1901）と北部ベトナムに対する清仏の勢力圏画定で合意に達したが，フランス政府はこれを拒否，ベトナム政府と直接にフエ条約を結び，ベトナムを正式にフランスの保護国とした。清朝側は態度を硬化させたが，会戦に敗れたため，再び李鴻章が和平を画策する。フランス海軍中佐フルニエ（1842-1934）と協定を結んだものの，その実施で手違いが重なり，全面的な戦争状態に入った。海戦で劣勢を強いられた清朝は1885年6月，フルニエとの協定を焼き直した天津条約を結んで講和した。清朝はベトナムに対する保護権をあきらめ，ベトナムの植民地化が決定的になる。

　以上は周辺国に列強が進出してきた場合，清朝がいかなる行動をとるかを考えるうえで興味深い。旧来の朝貢という関係は，ベトナムに限らない問題だからである。

2-❹ 阮朝ベトナム（1835年）

2-❺ フランス軍に徴募されたベトナム兵

2-❻ 劉永福（1837-1917）

*太平天国に参加，ベトナムに移り，黒旗軍を編成してフランスの進出に抵抗して清軍に協力，また日本の台湾領有や21か条要求にも反対。

2-❼ 清仏戦争

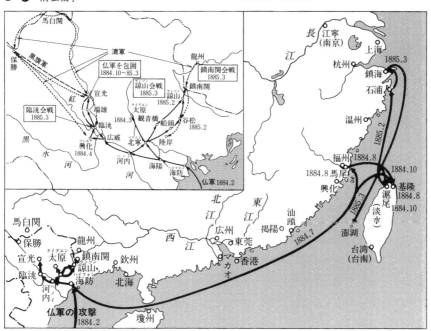

3 | 日中関係の始まり

1 条約の締結と琉球問題

日清修好条規　江戸時代は日清間に正式の国交はなく，華人商人が長崎にやってきて貿易を行うだけの関係だった。しかし日本が1850年代に開国して以来，多くの華人が渡来居留するようになり，また明治維新で外交体制を一新した日本政府は，隣国と西洋的な国際関係を構築する必要もあった。そこで1870年，柳原前光（1850-94）を長とする使節団を天津に派遣し，日清間の国交樹立と条約締結を申し入れた。面会協議した直隷総督の李鴻章（1823-1901）が賛意を示し，北京朝廷に強く勧めたため，清朝でも日本と条約を締結する方針が定まる。翌年，伊達宗城（1818-92）を全権とする使節団が再び李鴻章と交渉し，9月13日に日清修好条規が調印された。この日清修好条規は最恵国待遇条項がなく，領事裁判権も相互に認め合うなど，双方が対等の関係で結んだ条約である。

とはいえ，清朝側のねらいは別にあった。第1条に定める「所属邦土」の相互不可侵・第2条の相互援助がそれを最もよく表している。第1条は日本が清朝の属国・版図，特に地政学的に重要な朝鮮半島に侵攻しないことを，第2条は欧米に対抗する日清の攻守同盟を企図したものであり，要するに，日本が清朝に敵対しないようにするための条約締結であった。しかし，日本はその意図を見抜けなかった。ここから日清の対立が始まる。

台湾出兵と琉球処分　日清修好条規調印の2か月後，琉球の漂流民54名が台湾の先住民「生蕃」に殺害される事件が起こった。清朝政府は「生蕃」には統治が及ばず，責任を負わないとしたため，日本は自ら「生蕃」の責任を追及するとの理由で，1874年，台湾に出兵した。日清間に高まった危機は，大久保利通（1830-78）の北京交渉でどうにか回避され，琉球の遭難民を「日本国属民」と認める合意がなされた。日本はこれに乗じ，かねてより進めていた琉球の内地化を加速させる。1875年，琉球の清朝に対する朝貢を停止，軍隊をも駐屯させ，79年に首里城を接収して沖縄県をおいた。清朝側はこの一連の動き，いわゆる琉球処分に対し，朝貢国を一方的に滅ぼしたと反発した。アメリカ元大統領のグラント（1822-85）の仲介で，沖縄列島を南北に分割し，その見返りに日清修好条規を改定する「分島改約」の交渉も行われたが，合意にはいたらず，日清戦争まで決着はもちこされる。

清朝からみれば，台湾出兵も琉球処分も，自らに属する「邦土」への侵略であり，日清修好条規にそむく行為であった。そのような日本に対抗すべく，「海防」の気運が高まり，北洋海軍の建設が始まる。それまで国内の治安維持を主としてきた「洋務運動」も，対外的な「海防」に転換し，とりわけ日本を標的，仮想敵国とするものになったのである。

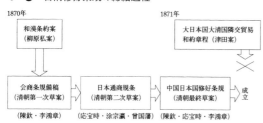

3-❶ 日清修好条規の締結過程

1870年　　　　　　　　　　　　　　　　　1871年

和漢条約案
（柳原私案）

大日本国大清国隣交貿易
和約章程（津田案）

会商条規備稿
（清朝第一次草案）
（陳欽・李鴻章）

日本通商規条
（清朝第二次草案）
（応宝時・涂宗瀛・曾国藩）

中国日本国修好条規
（清朝最終草案）
（陳欽・応宝時・李鴻章）

成立

＊清朝側・李鴻章のイニシアチブで交渉がすすんだことがわかる。

3-❸ 琉球の位置

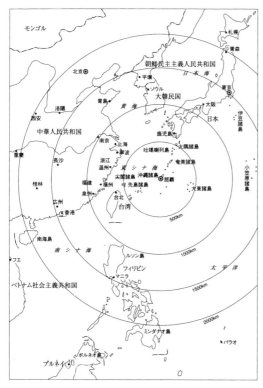

3-❷　日清修好条規（抜粋・漢文和文テキストを併記）

同治十年辛未七月二十九日・明治四年七月二十九日（1871年9月13日）締結

同治十二年癸酉二月十一日・明治六年三月九日（1873年3月9日）批准

第一条　嗣後大清国・大日本国倍敦睦誼，与天壤無窮。即両国所属邦土，亦各以礼相待，不可稍有侵越，俾獲永久安全。（此後大日本国ト大清国ハ弥和誼ヲ敦クシ天地ト共ニ窮マリ無ルベシ。又両国ニ属シタル邦土モ各礼ヲ以テ相待チ聊侵越スル事ナク永久安全ヲ得セシムベシ）

第二条　両国既経通好，自必互相関切。若他国偶有不公及軽藐之事，一経知照，必須彼此相助，或従中善為調処，以敦友誼。（両国好ミヲ通セシ上ハ必ス相関切ス。若シ他国ヨリ不公及ヒ軽藐スル事有ル時其知ラセヲ為サバ何レモ互ニ相助ケ或ハ中ニ入リ程克ク取扱ヒ友誼ヲ敦クスベシ）

第三条　両国政事禁令，各有異同，其政事応聴己国自主，彼此均不得代謀干預，強請開辦。其禁令亦応互相助為，各飭商民，不准誘惑土人違犯。（両国ノ政事禁令各異ナレバ其政事ハ己国自主ノ権ニ任スベシ。彼此ニ於テ何レモ代謀干預シテ禁シタル事ヲ取リ行ハント請ヒ願フ事ヲ得ズ。其禁令ハ互ニ相助ケ各其商民ニ諭シ土人ヲ誘惑シ聊違犯有ルヲ許サズ）

第八条　両国指定各口，彼此均可設理事官，約束己国商民。凡交渉財産詞訟案件，皆帰審理，各按己国律例核辦。両国商民彼此互相控訴，倶用稟呈。理事官応先為勧息，使不成訟。如或不能，則照会地方官，会同公平訊断。其窃盗逃欠等案，両国地方官只能査拿追賠，不能代償。（両国ノ開港場ニハ彼此何レモ理事官ヲ差置キ自国商民ノ取締ヲナスベシ。凡ソ財産業訴訟ニ干係セシ事件ハ都テ其裁判ニ帰シ何レモ自国ノ律例ヲ按シテ乱辦スベシ。両国商民相互ノ訴訟ニハ何レモ願書体ヲ用フ。理事官ハ先ツ理解ヲ加ヘ成丈ケ訴訟ニ及バザル様ニスベシ。其儀能ハザル時ハ地方官ニ掛合ヒ双方出会シ公平ニ裁断スベシ。尤盗賊欠落等ノ事件ハ両国ノ地方官ヨリ召捕リ吟味取上ケ方致ス而已ニシテ官ヨリ償フ事ハナサベルベシ）

2　朝鮮問題

江華条約　徳川時代の日朝関係は，朝鮮通信使が不定期に来日して将軍と国書の交換を行い，日常的な貿易通交を対馬藩が独占的に担当する，というものだった。したがって，幕藩体制がなくなると，その関係は変わらざるをえない。しかし朝鮮側は関係の再編を望まず，日本が送った王政復古を通知する文書の受理を拒み続け，日朝の対立が続いた。業を煮やした日本側は軍艦による武力示威で事態の打開を図り，1875年9月ソウルに近い江華島で砲撃事件を起こし，翌年2月に江華条約（日朝修好条規）を締結した。この条約は第1条に朝鮮を「自主の邦」と定めた，日本に有利な不平等条約である。日本はこれで日朝関係を西洋近代の規準に合う国際関係としたつもりだった。だが，朝鮮とそれを朝貢国とする清朝はそう考えず，本格的な対立はここから始まる。

朝鮮政策の転換　清朝は北京に近い朝鮮半島への日本の侵攻を恐れていた。日清修好条規もそれを防ぐために結んだものだったが，琉球処分で「所属邦土」不可侵の約束が，朝貢国保持に役立たないことを思い知らされて，朝鮮に西洋列強と条約を結ばせることにした。日本は列強をはばかって，朝鮮に手出しできなくなる，との企図による。1882年5月，李鴻章の仲介で，米朝間で条約が結ばれた。このとき朝鮮国王は「朝鮮は清朝の属国で，内政外交は朝鮮の自主である」と声明を出した。清朝との朝貢関係を確認した文面だが，清朝は朝鮮を確保するため，その「自主」を名目化し，内政外政に対する干渉を強める方針に転じた。それを実行した事件が，1882年夏の壬午軍乱と1884年12月の甲申政変である。

壬午軍乱・甲申政変　壬午軍乱は朝鮮旧軍の暴動に端を発し，朝鮮国王の生父・大院君李昰応（1820-98）が政府の実権を掌握したクーデタである。これに清軍が介入して，大院君を拉致し旧軍を討伐し，クーデタを鎮圧した。清軍は引き続きソウルに駐留して朝鮮政府の後ろ盾となったが，こうした干渉を快く思わない金玉均（1851-94）らの党派は，日本の勢力を頼って親清政権打倒のクーデタを図った。これが甲申政変で，金玉均らは新政府樹立に成功したものの，袁世凱（1859-1916）率いる清軍の攻撃を受け，3日にして新政府は崩壊した。以後，袁世凱は清朝の代表として朝鮮に駐在し，干渉を強めていく。

　清軍はクーデタに与した日本公使館も攻撃したから，日清の緊張はにわかに高まった。そこで日本は，伊藤博文（1841-1909）を天津に派遣し，1885年4月，李鴻章と交渉の末，朝鮮から双方の軍隊を撤退させることで合意した。天津条約の締結である。この条約は，武力の発動に相互に抑止をかけるため，朝鮮への再出兵には各々事前の通知を要する，と定めた。それはおよそ10年間，機能し続ける。

3-❹　甲申政変時のソウル

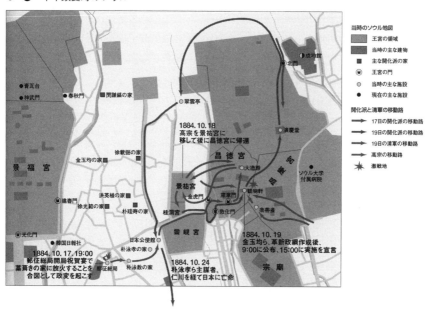

当時のソウル地図
- 王宮の領域
- 当時の主な建物
- ■ 主な開化派の家
- ⊕ 王宮の門
- ○ 当時の主な施設
- ● 現在の主な施設

開化派と清軍の移動路
- ⟶ 17日の開化派の移動路
- ⟶ 19日の開化派の移動路
- ⟶ 19日の清軍の移動路
- ⟶ 高宗の移動路
- ✳ 激戦地

1884. 10. 18
高宗を景祐宮に
移して後に昌徳宮に帰還

1884. 10. 19
金玉均ら、革新政綱作成後、
9:00に公布、15:00に実施を宣言

1884. 10. 17. 19:00
郵征総局開局祝賀宴で
藁葺きの家に放火することを
合図として政変を起こす

1884. 10. 24
朴泳孝ら主謀者、
仁川を経て日本に亡命

3-❺　大院君（左）・金玉均（右）

＊慶尚道安東の人。号は古愚，古
筠。1072年，文科に合格。1882
年2月，日本にわたり，福沢諭
吉・井上馨らと交流し，壬午軍
乱後は日本の援助獲得をめざし
た。そののち，急進的な政府改
革を企て，1884年末，甲申政変
をおこすも失敗して日本に亡命。
1894年，上海におびき出されて
朝鮮政府の刺客洪鍾宇に暗殺さ
れた。

3-❻　伊藤博文

3　日清戦争

日清開戦　李鴻章は天津条約を結んでからは，部下の袁世凱を使って，朝鮮の従属化を押し進め，イギリスと接近しながら，同時にロシアとも和解して，1888年には北洋艦隊を編成し，朝鮮半島における清朝の優位を確固たるものとする。日本はこれに対し，せめて清朝にひけをとらない軍備だけは整えようとした。こうした優勢な清朝と劣勢の日本のにらみあいに転機が訪れるのは1894年春，朝鮮で新興宗教を奉じる秘密結社の東学が蜂起したことによる。

　朝鮮政府はその鎮圧に手こずり，清朝に援軍派遣の依頼を行った。李鴻章はこれにこたえて約3000の兵力を派遣する。天津条約を忘れたわけではない。清朝が軍隊を朝鮮に入れれば，日本も出兵する可能性があった。にもかかわらず，出兵にふみきったのは，日本は国内で政府と議会が対立して，とても軍隊を出す余裕はないとみこしてのことである。ところが日本の迅速な出兵を招いたのは，李鴻章の大きな誤算だった。

　そこでロシアなどの調停干渉を頼って，日本との戦いを避けようとしたが，清朝中央政府では李鴻章に反感をもつ主戦派が台頭して，避戦の動きを妨げ，また日本は外相陸奥宗光（1844-97）の指揮で，外国の干渉を退けつつ，朝鮮の王宮を占領して強引に開戦にもちこんだ。戦わずに撤兵しては，日本の劣勢が増すだけだったからである。

日本の勝利　7月25日，豊島沖で清朝の艦隊と交戦して戦端が開かれ，29日に成歓・牙山で陸戦が戦われた。8月1日に両国は宣戦布告，9月16日平壌の戦い，17日の黄海海戦で日本側は大勝し，10月24日，鴨緑江を渡って清朝の領内に入り，11月21日に北洋海軍の根拠地，旅順の軍港を占領した。翌年1月，山東半島に上陸し，やはり北洋海軍第2の軍港威海衛の砲台を占拠，2月11日，北洋艦隊をひきいる丁汝昌（1836-95）は自決し，艦隊は翌日降服した。さらに日本は，休戦交渉中の3月23日，台湾の獲得をめざして澎湖列島を占領し，講和を有利に進めようとした。

　日本が強引に戦争をしかけたのは，軍事的に互角以上に戦えるとみての挑戦だったものの，戦ってみれば，北洋海軍は意外に脆かった。戦争前の1886年と1891年，北洋艦隊が日本を訪問した際，日本人はその威容に圧倒された。しかしそれから，日清開戦にいたるまで，日本では小規模ながらも，規律ある機動性の富む軍備となったのに対し，清朝側は装備が更新されず，綱紀も緩んでいた。旧態依然の社会態勢による近代化の限界である。こうして清朝内外の国防を支えてきた淮軍と北洋海軍が潰滅した。意想外の日本の大勝が，日清関係のみならず，中国そのもの，さらには東アジア全体の変貌をもたらすことになる。

3-❼ 陸奥宗光

3-❽ 丁汝昌

*安徽省廬江県の人。李鴻章のもと, 淮軍に属して捻軍と戦った。1877年以降, 北洋海軍の創設に参画し, 1882年の壬午軍乱では, 大院君を天津に連行した (→40頁)。88年以後, 海軍提督として北洋艦隊を指揮する。

3-❾ 日清戦争

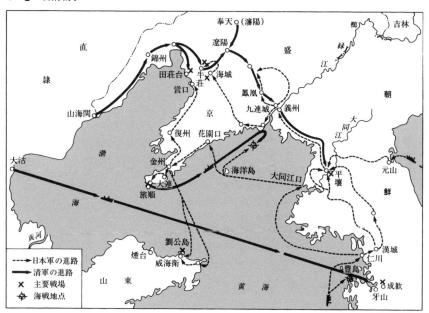

4　下関条約

講　和　日清戦争の講和交渉は1895年3月20日，下関の春帆楼で始まった。清朝側の全権代表は李鴻章，それを補佐する息子の李経方(りけいほう)（1855-1934）や英語に堪能な外交官伍廷芳(ごていほう)（1842-1922）らがいた。日本の代表は伊藤博文首相・陸奥宗光外相である。3月24日，小山豊太郎が李鴻章を狙撃するという事件があったが，交渉は中断せず，30日にまず休戦で合意，4月17日，講和条約の調印にいたった。

　この下関条約第1条は，朝鮮の国際的地位を「完全無欠」の独立国であると認め，清朝が朝鮮従属化の拠りどころとした「属国」，朝貢関係を完全に否定し，日本が進出する足がかりを提供するものだった。第2条で遼東半島・澎湖列島・台湾を日本に割譲することが定められる。また第4条で賠償金2億両を支払うこととされた。これは清朝政府の歳入の2.5倍もの額である。日本はさらに最恵国待遇を獲得し，沙市・重慶など新たな開港場を開放させ，開港場での「自由ニ各種ノ製造業ニ従事スルコト」をも認めさせた。これは中国に対する列強の工場建設，資本輸出が盛んになるきっかけとなった。

台湾の割譲　下関条約で日本に割譲が決まった台湾は，面積3万6000km²，1895年当時の人口は約280万人。清朝は日本の台湾出兵の後，台湾への支配を強化し，1885年，福建省の一地方だったのを改めて，独立した台湾省に昇格させ，李鴻章(りこうしょう)（1823-1901）の部下だった劉銘伝(りゅうめいでん)（1836-96）を巡撫に任命し，直接統治を進めた。同じ時期に新疆も省になっており（→34頁），辺境支配の転換を示すものである。台湾は日清戦争中も戦場にならなかった。

　そのため台湾割譲のニュースは，驚きとともに大きな憤激を引きおこした。台湾支配層の「士紳」たちは，清朝の「棄地」「棄民」を批判し，巡撫代理の唐景崧(とうけいすう)（1841-1903）をおしたてて日本の領有に抵抗する。1895年5月23日，台北を首都とし，唐景崧を総統とする「台湾民主国」の建国が宣言された。しかし同月29日，日本軍の上陸作戦が開始されると，翌月早々に唐景崧は逃亡して大陸に去った。6月下旬，台南を拠点に態勢の挽回を図り，日本の「鎮定」に激しい抵抗を続けた。だが10月21日，日本は台南を占領し，「台湾民主国」は4か月の短い歴史の幕を閉じた。

　日本政府は5月10日，海軍大将樺山資紀(かばやますけのり)（1837-1922）を台湾総督に任命し，台湾の「接受」と統治にあたらせた。6月6日，日本軍は台北に入城し，17日，始政式を行って統治を開始した。10月末の台湾「平定」までに投入された日本の兵力は8万，現地人の死者は1万人といわれる。樺山以後，主に現役の大将・中将が総督に就任し，「土皇帝」と呼ばれるほど巨大な権力を行使した台湾の植民地支配は，日本の「帝国」統治の原型をなした（→138頁）。

3-❿ 台湾地図

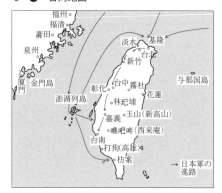

3-⓬ 歴代の台湾総督と台湾総督府

代	総　　督	文・武	就任年月
1	樺　山　資　紀	海・大	1895. 5
2	桂　　太　郎	陸・中	〃96. 6
3	乃　木　希　典	〃・〃	〃.10
4	児　玉　源太郎	〃・〃	〃97. 2
5	佐久間左馬太	〃・大	1906. 4
6	安　藤　貞　美	〃・〃	〃15. 5
7	明　石　元二郎	〃・中	〃18. 6 〃19. 8
8	田　　健治郎	(文官)	〃19.10
9	内　田　嘉　吉	(〃)	〃23. 9
10	伊　沢　多喜男	(〃)	〃24. 9
11	上　山　満之進	(文官)	1926. 7
12	川　村　竹　治	(〃)	〃28. 6
13	石　塚　英　蔵	(〃)	〃29. 7
14	太　田　政　弘	(〃)	〃31. 1
15	南　　　　弘	(〃)	〃32. 3
16	中　川　健　蔵	(〃)	〃32. 5
17	小　林　躋　造	(予・海・大)	〃36. 9
18	長　谷　川　清	海・大	〃40.11
19	安　藤　利　吉	陸・大	〃44.12

＊第8代～17代までは文官総督，海・大＝海軍大将

3-⓫ 下関条約（抜粋）

1895年 4 月17日調印

1895年 4 月20日批准

第一条　清国ハ朝鮮国ノ完全無欠ナル独立自主ノ
　　国タルコトヲ確認ス因テ右独立自主ヲ損害スヘ
　　キ朝鮮国ヨリ清国ニ対スル貢献典礼等ハ将来全
　　ク之ヲ廃止スヘシ

第二条　清国ハ左記ノ土地ノ主権並ニ該地方ニ在
　　ル城塁，兵器製造所及官有物ヲ永遠日本国ニ割
　　与ス

　一　左ノ経界内ニ在ル奉天省南部ノ地

　二　台湾全島及其ノ附属諸島嶼

　三　澎湖列島即英国「グリーンウィチ」東経百
　　十九度乃至百二十度及北緯二十三度乃至二十
　　四度ノ間ニ在ル諸島嶼

第四条　清国ハ軍費賠償金トシテ庫平銀二億両ヲ
　　日本国ニ支払フヘキコトヲ約ス

第六条　日清両国間ノ一切ノ条約ハ交戦ノ為メ消
　　滅シタレハ清国ハ本約批准交換ノ後速ニ全権委
　　員ヲ任命シ日本国全権委員ト通商航海条約及陸
　　路交通貿易ニ関スル約定ヲ締結スヘキコトヲ約
　　ス而シテ現ニ清国ト欧州各国トノ間ニ存在スル
　　諸条約章程ヲ以テ該日清両国間諸条約ノ基礎ト
　　為スヘシ又本約批准交換ノ日ヨリ該諸条約ノ実
　　施ニ至ル迄ハ清国ハ日本国政府官吏商業航海陸
　　路交通貿易工業船舶及ヒ臣民ニ対シテ最恵国待
　　遇ヲ与フヘシ清国ハ右ノ外左ノ譲与ヲ為シ而シ
　　テ該譲与ハ本約調印ノ日ヨリ六箇月ノ後有効ノ
　　モノトス…後略

＊庁舎は現在，総統府として使用されている。

第3章　革命と中国の出発

1 　変法運動

1　瓜　分

利権獲得競争　日清戦争における日本の圧倒的な勝利は，清朝の無力を白日のもとに
さらした。下関条約で割譲した遼東半島も，1895年11月，ロシア・フ
ランス・ドイツの「三国干渉」によらなくては取り戻せなかったし，巨額の賠償金を日本
に支払うため，列強からの借款を余儀なくされた。また日本に対抗するため，翌年ロシア
と密約を結び，東三省を横断する中東鉄道の敷設・経営を認めざるをえなかった。

　列強はすでに帝国主義の段階を迎えている。弱小国に対する進出は，それまでの通商と
市場の拡大のみにとどまらず，資本の輸出にまで及んだ。清朝に対する借款に列強が応じ
たのもそのためであって，ロシア・フランス，あるいはイギリス・ドイツは，1895年から
98年までに繰り返し，累計庫平銀3億両もの借款を供与した。さらには，直接に資本を投
下して製造業を起こしたり，鉄道の敷設や鉱山の開発を行うための利権を追求した。ロシ
アの中東鉄道がすでにそうであり，ほかの国々も争って利権の獲得をめざした。

租借地と勢力範囲　1897年11月，山東省鉅野県でドイツ人宣教師2名が殺害されたこ
とを口実に，ドイツはただちに軍艦を派遣して膠州湾を占拠し，
翌年3月，そこを租借地として認めさせた。清朝と同盟国だったはずのロシアも，これに
乗じて，97年12月，旅順・大連を奪い，やはり98年3月に租借した。これに対抗してイギ
リスは，対岸山東省の威海衛，および香港の新界を租借する。フランスも1899年11月に広
州湾を租借して，それぞれ租借地を中心に勢力範囲を画定した。日本も清朝に対し，植民
地台湾の対岸福建省の不割譲宣言を出させるなど，その動きに加わった。こうして中国の
分割，いわゆる「瓜分」の危機感が高まってくる。

門戸開放と「支那保全論」　この動きに乗り遅れたアメリカは，列強の政府に対し，
1899年9月初めに「門戸開放宣言」を申し入れた。特定
国が勢力範囲での利益を独占しない趣旨で，各国も同意するとの意向を示すが，後発のア
メリカが割り込みを企てたものである。日本では1898年11月，東亜同文会が結成され，清
朝を援助し，中国との関係を強化して，日本の国際的地位の向上を図る動きが活発になっ
てくる。当時となえられたのが「支那保全論」であり，中国分割への危機感と中国の変革
に対する期待が高まった。これが中国国内での変革の動きと共鳴して，史上まれにみる日
中関係の親密化につながる。

1-❶ 時局図

*トラ＝英
熊＝ロシア
ガマ＝仏
太陽＝日本
ソーセージ＝独
鷹＝アメリカ

1-❸ 福建不割譲に関する交換公文

　1898年4月24日，総理衙門より日本国公使へ
　本衙門按スルニ福建省内及沿海一帯ハ均シク中
国ノ要地ニ属スルヲ以テ何レノ国タルヲ論セス中
国ハ断シテ之ヲ譲与又ハ貸与セサルヘシ依テ茲ニ
貴公使ニ及回答候間右貴国政府ニ御転達相成度此
段回答得貴意候

1-❹ 東亜同文会の綱領

一　支那を保全す。
一　支那および朝鮮の改善を助成す。
一　支那および朝鮮の時事を討究し実行を期す。
一　国論を喚起す。

1-❷ 勢力範囲図

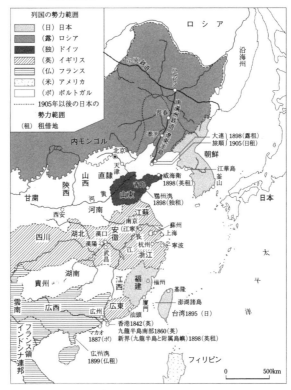

列国の勢力範囲
（日）日本
（露）ロシア
（独）ドイツ
（英）イギリス
（仏）フランス
（米）アメリカ
（ポ）ポルトガル
‥‥‥ 1905年以後の日本の
　　　勢力範囲
（租）租借地

ロシア
沿海州
朝鮮
日本
内モンゴル
北京　天津
直隷
山西
陝西
甘粛
河南
黄河
山東
江蘇
西安
四川
湖北　安徽
漢口　南京（江寧）
漢陽　武昌
湖南
貴州
江西
福建
浙江
雲南
広西
広東
広州
汕頭
廈門
福州
基隆
澎湖諸島
台湾1895（日）
太平洋
フィリピン

大連　1898（露租）
旅順　1905（日租）
江華島
釜山
威海衛
1898（英租）
膠州湾
1898（独租）
蘇州
上海
杭州　寧波

香港1842（英）
九龍半島南部1860（英）
マカオ　新界（九龍半島と附属島嶼）1898（英租）
1887（ポ）
広州湾
1899（仏租）
フランス領
インドシナ連邦

0　　　500km

2 変 法

康有為の思想　清代に中国を風靡した学問は考証学である。考証学は古典の正確な読解をめざす学問だったが，瑣末な字句の詮索に流れて，実用から離れたものとなっていた（→16頁）。19世紀に入ると，これを反省して，目前の課題に応えようとする学問が盛んになってくる。そのなかでもとりわけ尖鋭的だったのが，それまでの正統的な儒教の経典の解釈を改めて，孔子は制度の改革者である，とする学派である。この学説を大成し，『新学偽経考』『孔子改制考』などを著して，さらに政治的な実践に及ぼそうとしたのが，康有為（1858-1927）という人物である。

　康有為は広東省南海県（広州）の人，1888年に光緒帝（1871-1908）への最初の上書を行って，軍備にとどまらない内政・制度の変革，すなわち「変法」を主張した。明治日本の変革にも言及している。かれはすでに高名な学者であったが，科挙の最終試験にはまだ合格しておらず，1895年北京でその試験の際，下関条約調印の知らせが届くと，1000名をこえる受験者に呼びかけて，停戦に抗議し，富国強兵，「変法」を訴える上書を行った。ここから「変法」の運動が始まる。

運　動　康有為の主張は主に明治日本をモデルにした立憲君主政体の樹立であり，それを正当化するため，孔子を改革者とした。これ自体，未曾有の構想である。しかもそれを広める運動の方法にも，従来の政治運動とは際立った違いがあった。「変法」を宣伝するため，各地に「強学会」「保国会」などの政治結社を結成し，『強学報』や『時務報』といった機関紙を発行した。下級官僚と読書人一般をターゲットにした結社とジャーナリズムの形成をともなった活動であり，これに尽力したのが，かれの高弟の梁啓超（1873-1929）だった。

百日維新　1898年に入って，度重なる上書のかいあって，康有為は光緒帝の指示で中央政府高官の前で「変法」を述べる機会を与えられた。これは前年来より激化しつつあった「瓜分」に対する危機感と無関係ではない。これ以後，政府内部にかれの主張が広まり，1898年6月11日，「国是の詔」が下されて，正式に「変法」が開始された。この年の干支が戊戌なので，「戊戌変法」「戊戌維新」といいならわす。

　光緒帝自らイニシアチブをとり，康有為の構想を次々と実施に移すよう命じた。制度局の設置・科挙の改革・京師大学堂の設置・宗室王公の外国視察・中央地方の行政改革・守旧派官僚の弾劾と「変法」派少壮官僚の抜擢など，9月の中旬まで矢継ぎ早に命令が下った。主眼は人材の養成・登用，行政機構の改革であるが，1つ1つが巨大な事業であって，その連発に官界は中央でも地方でも一種のパニックに陥らざるをえなかったのである。

1 - ❺ 『強学報』

＊1896年1月に上海強学会の機関紙として発行され，
変法を鼓吹し，議会の開設を提唱したが，第3期ま
で出したところで，嫌疑を恐れた張之洞（1837-
1909）により発禁とされた。

1 - ❻ 康有為とその著述

1 - ❼ 光緒帝

1 - ❽ 京師大学堂の額

＊戊戌変法の改革プランの中
で，実現した数少ないもの
の1つが京師大学堂の設立
であった。のちの北京大学
の前身である。

3 反　　動

戊戌政変　「戊戌変法」の急激な改革に反発する人は少なくなかった。かれらは光緒帝の命令に従わず，改革はほとんど実行されることがなかった。そればかりではない。反対派は少しずつ勢力を増し，西太后をおしたてて，改革の動きを牽制していた。いらだちを強めた康有為の側は，北京周辺で軍隊の指揮権を握っていた袁世凱の勢力を抱きこんで，反対派を武力で圧倒しようとした。しかし袁世凱が同調せず，西太后の側につくと，反対派はただちに反撃を始める。1898年9月，西太后は権力を奪って光緒帝 (1871-1908) を宮中に幽閉し，「変法」を進めていた官僚たちを弾圧した。その多くは捕えられ，死刑・流刑に処せられた。康有為 (1857-1927)・梁啓超 (1873-1929) らは外国公使館に救出されて日本に亡命した。この政変で「戊戌変法」は3か月，「百日」で破綻し，ほぼすべて白紙に戻った。改革の空気は一転，反動に変化する。

　列強は自らに近い，より好ましい交渉相手を生み出すものとして，「変法」の動きを評価していたため，この政変に失望し，光緒帝と改革派に同情を隠さなかった。康有為らの亡命を助けたのも，その一例である。戊戌政変の後，光緒帝の廃位も画策されたが，これも列強の働きかけで阻止された。このため西太后とその周辺は，列強に対する反感を強めていったのである。

義和団事変　列強に対して反感をつのらせたのは，北京朝廷だけではなかった。列強が新たに勢力を伸ばした華北で，排外の気運が高まって，教会や宣教師たちへの襲撃事件が相ついだ。特にドイツの侵略にあった山東省で活動していた秘密結社の義和団がこうした人々を組織し，「扶清滅洋」のスローガンを掲げて一大勢力となった。北京政府はこの義和団と結びついて，外国に対する攻撃に転じる。

　義和団は1900年，天津・北京に入って，線路・駅舎・電柱など西洋のものを破壊，外国人・外交官を殺害し，清朝の正規軍と連合して外国公使館を包囲攻撃した。6月21日，北京政府は列強に宣戦布告，8月15日，列強の8か国連合軍が北京を占領し，西太后・光緒帝らは西安に蒙塵した。長江流域の各省督撫はこの宣戦布告に従わず，列強と相互不可侵のとりきめをした。これを東南互保という。清朝朝廷の権威はまったく失墜したのである。

　1901年9月7日，北京議定書 (辛丑和約・北清事変に関する最終議定書) が調印された。当時の人口1人あたり銀1両，総額4億5000万両という天文学的な額の賠償金，北京周辺の指定区域における列強の駐兵権を含む，懲罰的なとりきめである。中国の従属的な国際的地位は，ここに確定した。

1 - ❾ 義和団 (左から少年兵士, 兵士, 「紅燈照」の少女隊員)

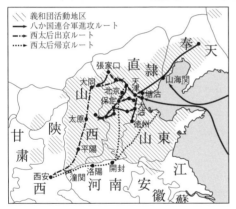

義和団活動地区
八か国連合軍進攻ルート
西太后出京ルート
西太后帰京ルート

奉天
直隷
山海関
張家口
大同
北京
保定
天津
塘沽
大沽
山西
太原
徳州
山東
平陽
陝西
甘粛
西安
潼関
洛陽
開封
河南
安徽
江蘇
西

1 - ❿ 連合軍の兵士

＊左から英・米・露・英印・独・仏・墺・伊・日の順。

1 - ⓫ 北京議定書 (抜粋)

1901年 9 月 7 日, 北京に於て調印

第六条 清国皇帝陛下は千九百一年五月二十九日の上諭 (附属書第十二号) を以て列国に四億五千万海関両の償金を支払ふことを約諾せられたり。(中略)

清国は右金貨債額に年四分の利子を附し, 別紙償還表 (附属書第十三号) に示せる条件に従ひ, 三十九箇年を以て其の元金を支払ふべきものとす。

第七条 清国政府は各国公使館所在の区域を以て特に各国公使館の使用に充て, 且全然公使館警察権の下に属せしめたるものと認め, 該区域内に於ては清国人に住居の権を与へす, 且之を防禦の状態に置くを得ることを承諾したり。(中略)

清国は千九百一年一月十六日の書簡に添附したる議定書を以て, 各国が其の公使館防禦の為めに公使館所在区域内に常置護衛兵を置くの権利を認めたり。

第八条 清国政府は大沽砲台竝に北京と海浜間の自由交通を阻碍し得へき諸砲台を削平せしむることを承諾したり。而して右に関する措置は実施せられたり。

2 | 民族主義の勃興

1 国際関係

世界観の転換 清朝は満洲人が建てた政権であるから，前の明朝のような華夷思想は
もっていなかったし，漢人の支配においても，そうした思想は弾圧し
ている（→16頁）。しかし18世紀の後半以降，とりわけ西洋諸国に対し，華夷的な世界観を
強め，外国に対等な関係を認めようとはしなかった。そうした世界観が両次アヘン戦争の
一因ともなり，敗れて条約を結んでも容易に払拭されなかった（→24頁）。それが転換を始
めるのは，日清戦争の敗戦からである。たとえば，1895年に康有為が科挙受験生とともに
行った上書では，「一統」から「並争」への変化の必要が説かれている。「一統」とは卓越
した中華が夷狄を統合している状態，「並争」とは独立した列国の競争状態であり，儒教
的な「華夷」の世界観は，近代国際関係を前提としたナショナリズム的な観念に転化し始
めた。

「変法」は，清朝中国をそうした国際関係の構成要素となる近代国家につくりかえる試
みであった。1897年に始まる列強の利権獲得競争の本格化が，「戊戌変法」を導いたこと
をみても，国際的な要因はきわめて大きい。にもかかわらず，従来の世界観はなお強固で
あった。湖南省で「変法」に激しく抵抗した保守派の学者・葉徳輝（1864-1927）は，「い
かに地球が丸くとも，中国が世界の中心である」と主張している。「変法」の失敗は，こ
うした保守思想が社会に根強く，その抵抗が強かったことを主因に数えるべきだろう。

韓国の独立 それでも現実の対外政治の場では，否応なく近代的な国際関係に適応せ
ざるをえない情況になっていた。その典型的な事例が朝鮮である。明代
以来の朝貢関係に基づいて「属国」だった朝鮮は，下関条約で「完全無欠」の独立を承認
され，清朝から離脱する動きを強めた。しかし清朝は朝鮮に対し，対等の関係を認めよう
とせず，1897年に国王高宗（1852-1919）が皇帝に即位し，大韓帝国と国号を改めても，な
お清朝側は態度を変えなかった。それが変化したのは，1898年に入ってからである。「戊
戌変法」が進展するにしたがい，韓国への対応も一変し，ここでようやく旧来の「属国」
を「友邦」とみなすようになる。こうした態度は，戊戌政変で「変法」が頓挫しても動か
なかった。大韓帝国となっていた既成事実を追認して，1899年，韓国と対等に通商条約を
結んだのである。

このように，外政で少しずつ国際関係への転換が始まったものの，上に述べたように，
西洋列強との関係では排外運動が高まって，義和団事変と北京議定書の破局にいたった。
そこで国内体制も含めた世界秩序の転換が，あらためて必要となる。

2-❶ 『翼教叢編』

*蘇輿編『翼教叢編』（光緒24年序）は，湖南省で起こった「変法」派と守旧派の論争を，後者の立場から記録したものである。湖南省の郷紳・王先謙（1842-1917）・葉徳輝らは，康有為・梁啓超らのとなえた民権・平等などの言説が，儒教の倫理・秩序をみだすものだとみなして，激しく批判した。書名の「翼教」とは，正統の儒教を守る，という意味である。

2-❷ 高宗

*大院君李昰応（→40・41頁）の子。12歳で即位し，父が摂政として権力をふるった。1873年から親政。「自主」維持のため，清朝・日本・欧米諸国と対立・依存を繰り返した。1907年，日本の韓国保護国化政策に反対し，ハーグ平和会議に密使を送った事件で退位。日本の韓国併合後，1919年1月に死去すると，日本人による毒殺説がひろまり，三・一独立運動の契機となった。

2-❸ 迎恩門（左）・独立門（右）

*迎恩門は清朝の使節を迎え入れるための門で，いわば朝鮮が「属国」たることのシンボルであった。それを破壊した跡地に独立門が建てられた。竣工は1897年11月20日。もちろん今もソウルにある。独立門の写真では，とりこわされた迎恩門の柱も見える。

2 主権の概念

一体性の追求 「瓜分」に対する危機感は，義和団の結末によって極点に達した。この破局をもたらしたことで，清朝の権威・勢威が最終的に失墜し，これまで知識人をしばっていた既成観念そのものに懐疑と批判が向けられる。もはや華夷の「一統」は遠く過ぎ去った歴史にすぎない。眼前にあるのは列国「並立」の国際関係で，自らも世界の一国だという世界観があたりまえになる。課題はそうした国際競争のなかで，自らがいかに生き残るか，「亡国」を救うことにあった。

「瓜分」とは1つの瓜を切り分けるわけだから，それがたとえる分割の対象は，もともと一体のものを意味している。つまり，清朝の版図は一体不可分の国土だという意識ができ，危機感がつのるとともに，その意識も高まってきた。同時に，その一体の国土を守るには，もはや清朝政権は頼りにならない，とする考え方も広がる。こうした新たな思想をもつ人々は，自らを清朝治下の人間であることを拒否して，自らの国を「支那」と呼んだ。それは旧体制をつくりかえて，統一した近代国家の形成をめざす意思表示でもあった。

モンゴルとチベット 清朝の統治体制は，上述のように在地在来の慣例を尊重するものだったから，その支配の形態や強弱はまちまちであった。そのために，支配の弱いところに，列強の侵略が迫ってくる，と考えられたのである。

しかし清朝自身がまったく手をこまねいていたわけではない。すでに版図内の新疆・台湾では，実際にロシア・日本の侵攻があったため，直接統治に切り替えて新疆省・台湾省としていた。それでも台湾は日本に奪われた。「属国」だったベトナム・朝鮮はいうまでもない。そうした経験から20世紀に入ると，もと漢人以外の種族の住地に対する「主権」を主張して，支配を強化するようになる。国土の一体性追求の実践であり，この点では清朝政権も，それを否定する人々も共通の志向をもっていた。

1907年，満洲族の故郷東三省に総督がおかれ，中国内地と同じ体制になった。その住民はすでに大多数が漢人移民だったこともあって，この移行に対する抵抗は大きくなかったけれども，ほかはそうはいかない。モンゴルとチベットである。それぞれ満洲族清朝の皇帝には従っても，漢人とは直接に政治的な交渉や関係はなかった。そのため両者とも，自らを中国内地と同じ体制にするような支配強化策につよく反発して，北京政府の「主権」から離脱を図ろうとする。隣接するロシア・英領インドも，大きな利害関心をもっていたため，積極的に介入した。その結果，民国になると，外モンゴルとチベットはそれぞれ英露の助力を得て「自治」を達成し，前者は後に独立を実現する（→152・156頁）。それは中国の「主権」に背くことであった。

2-④ 『新民叢報』創刊号表紙

*梁啓超が健筆をふるった『新民叢報』の表紙。一体となるべき「中国」の範囲が一色で塗りつぶしてあって，国土の概念が明示されている。

2-⑤ チベット（上）・モンゴル（下）独立の記事

北京電報（廿九日着）

西蔵の叛乱

西蔵頼嘛は全部叛乱し拉薩に在りたる清國官吏は総て捕勝こなり更に印度に出づる沿道各地郡って同地独立

*『神戸又新日報』1911年12月1日の記事。

蒙古諸王の決議

北京電報（二十六日）

*『神戸又新日報』1911年12月28日の記事。

2-⑥ ダライ・ラマ13世（1876-1933）

*ダライ・ラマとは「海のように広く深い功徳を施す高僧」の意で，チベット仏教の長であることはもちろん，チベットにおける世俗的な最高権力者でもあった。またチベット仏教を信奉するモンゴルにも強い影響力をもっていた。

3 国家と国民の創出

「中国」という国家 　先に述べたとおり，20世紀に入るころ，自らの一体であるべき国を「支那」と呼んだ知識人は少なくなかった。「支那」は当時の日本人が使っていた語であり，China と同じ語源であるから，要するに外国語である。これには，2つの意味がある。1つは，現王朝である清朝を拒絶しようという意思，いま1つは，自国語で自国を表す言葉がない，という事実である。漢や唐，明も清も王朝とその名前であって，国家でも国名でもない。こうした問題を系統的に提出して，「中国」という国家の概念を人々に与えたのが，梁啓超（1873-1929）である。

　梁啓超は中国史上最初にして最大のジャーナリスト，この時期の活躍が最もめざましい。かれは康有為（1858-1927）の弟子で「変法」，立憲君主制の樹立をめざしたけれども，変革を宣伝するため，あえて極端な議論を示して，若い知識人たちに絶大な影響を与えた。かれも初めは「支那」という語を使っていたが，1901年の「中国史叙論」という文章で，中国にはずっと国名がなかったこと，その国家・国土を「支那」などの外国語ではなく，「中国」という語で表現しようと呼びかけた。翌年に発表した「新史学」では，国家があるのを知らない，社会があるのを知らない，と旧来の歴史書を断罪した。過去に国名・国家がなかったという自覚はとりもなおさず，これから国家を形成していこうとする意思の現れである。

　中国とは元来，文明の中心という普通名詞であって，固有名詞ではなかった。それが20世紀の初めに，「支那」に代わって国家・国土をさす名称として定着したのである。したがって中国という言葉の解釈には，十分に注意しなければならない。

国民の創出 　国土の一体意識，国家の観念ができれば，残るはそこで暮らす国民の創出である。梁啓超は「新史学」に先だって，「新民説」という大論文の発表を始めた。「中国」の人々は「新たな民」，国民にならねばならない，との主張である。

　「……中国の民はつねに自国を天下となしていたから，天下の人となる資格はあっても，一国の国民たるべき資格がなかった。しかるに今は列国並立・弱肉強食・優勝劣敗の時代であるから，国民としての資格がなければ，世界に自立することはできない。」

もはや王朝の支配する天下ではない。中国という一国の国家であるから，それにふさわしい国民でなくてはならない。その国民に必要な資質は何か。最も重要なのは，亡国を救い，国土と国民の分裂を防ぎ，国家の自立と主権の保持をめざす愛国主義である。

　この愛国主義が以後の歴史を動かす原動力の1つとなる。というのも，それと相反する客観的情勢が厳然としてあったからである。

2-❼　梁啓超

2-❽　「中国史叙論」

第二節　中國史之範圍

（甲）今世之著史者，必於闊係國史爲中心點，雖日本泰西各國無不皆然，而獨我國史籍浩繁，所謂相因相果五項之勢治史爲繁紀、姓之勢力間不可見，即專評一端者，亦幾無之所，然所謂政治史之實爲紀、姓之勢力間不足見爲政治之眞相，欲著通史非惟無爲審之可勉，即搜求本材料於古籍之中，亦復片鱗碎甲而不易易。

（乙）中國史與泰東史。泰東史者，東亞諸邦之歷史也。日本人所謂東洋史殆其近似。東洋史者，日本近世新編之題目也。然以所欲其主點多在中國民族，故中國史與泰東史亦有可合者也，強有力之國，雖其社會之區也，遂點於此，乃將舉泯其可今日中國史之範圍則固不待言。

第三節　中國史之命名

吾人所最慚愧者，莫如我國無國名之一事。尋常通稱，或曰諸夏，或曰漢人，或曰唐人，皆朝代之名也。外人所稱，或曰震旦，或曰支那，皆非我所自命之名也。以夏、漢、唐等名吾史，則失名從主人之公理，曰震旦、支那等名吾史，則失名從主人之公理也，三者俱失之，與其名之不雅馴，毋寧從吾人所自命也然。以中華、中國、華夏等名，諸多驕泰自尊自大之習，爲循國民之日，猶嫌其驕，全世界所不然而自命所取也。於三者俱失之中，從俗。吾輩，雖稍驕泰，亦所不辭也。

第四節　地勢

中國史所轄之地域，今分爲五大部，一中國本部，二新疆，三青海西藏，四蒙古，五滿洲，東半球之脊實爲帕米爾高原，中國稱爲蔥嶺，蔥嶺以西之山脈，曰大山脈，一幹也，亦謂世界屋脊也，此兩幹之名吾欲名之，山脈復分爲三，其一一向東南，南嶺山脈也，一向東北，遼瀋嶺山脈也，一向正東，經渭水之上流，春延於陝西南部之北嶺，所謂南嶺者也，一向東北，沿黃河，山嶺所謂北嶺，城南嶺之東部，西入於西伯利亞東部，面入於西伯利亞東部，山嶺之間鬱然蔥鬱，嶺縱橫臺亞之東部，面入於西伯利亞東部，山幹者爲崑崙山脈，蔥嶺乃中國在亞洲之中割然自成一大部，其大界有二，而皆發自帕米爾高原，其實皆蔥嶺山也，一界於南者爲喜馬拉耶山，東使我中國在亞洲之中割然自成一大都者也。

中國史敍論

飲冰室文集之六

2-❾　「新民説」

第四節　就優勝劣敗之理以證新民之結果而論及取法之所宜

在民族主義立國之今日，民族消影響之繁，殆形影響諭，應變易豈毫不容借情者，今請驗地球世界上萬事莫不外乎大主義，一則守舊取，乙則進取之新我民之道，不可不深思也，以實我發曾源也，故使補形本無以新我民之道，不可不深思也，起源相衝突，或補者並存面圖則必得面，一來有競立者也，而利必先調和衝突，或補者並存面圖則必得面圖，一足立以一是行，足以一是立，合之物以一則以一，故苟所謂新民也，欲以吾國之所謂萬民之大羣然合之以醇化羣，求伍於泰，及求伍於泰民族之大勢列焉，表由論其所以迭代而，曩抱此數千年之道德學術風俗以求伍於泰，儻抱此數千年之道德學術風俗以求伍於泰，及面地球，是由論其所以迭代之由。

飲冰室專集之四

民族
（甲）冠子民族，
（乙）源色民族，
（丙）源色民族，
（丁）白色民族，
　（イ）拉丁民族（Latin）拉丁語諸族
　（ロ）斯拉夫民族（Slavonian）俄羅斯諸族
　（ハ）條頓民族（Teuton）英德荷諸族
　（ニ）盎格魯撒遜民族（Anglo Saxon）英美諸國

凡一國之立於世界，必有其國民獨立之特質，上自道德法律，下至風俗習慣文學美術，皆有一種獨立之精神，祖父傳之，子孫繼之，然後羣乃結合，而國乃成立，此實民族主義之根柢源泉也，我同胞能數千年立國於亞洲大陸，必其所具特質有宏大高尚完美，厥絕異於他族者，吾人所當保守勿失墜也，雖然，保之云者，非任其自生自長，而漫曰我保之，我保之云爾也，譬諸木然，非有繼長增高之機，則其枯可立待，譬諸水然，非有迭代新陳之質，則其腐可立俟，今吾所謂保種云者，非以保吾數千年之腐敗之舊法也，新之義有二，一曰淬厲其所本有而新之，二曰採補其所本無而新之，二者缺一，時則不可，譬之吾欲保存古物，而使旦月風其塵垢，則無時而不損，是故新之一字，吾人所當三反也，淬厲其所固有，採補其所本無，二者缺一，時則不可，今論者於吾家國國民之立於世界，其有能立於此優勝劣敗之林而自立自強者，即我國民之資格，一人之資格，合之則爲一國之資格，不欲摧吾數千年之道德學術風俗，而自立之道也，我中國數千年，必有其所以能自立之道也，然則吾今日所爲之保守我數千年之舊而取補我之所無者，以今日之新而補之，采我之所無者，以今日之新而補之，以補我數千年之所未有者，亦無非所以自立自強也，此則吾所謂新民之泒洄而彼波流。

新民説

3 立憲と革命

1 日露戦争の衝撃

開戦と終結　中東鉄道を掌握していたロシアは，義和団事変が起こると，その波及を理由に，17万に及ぶ大軍を東三省に入れて，事実上の占領状態においた。朝鮮半島を勢力下におきたい日本とロシアの南下を嫌うイギリスは，これに脅威を感じ，1902年1月に日英同盟を締結して，圧力をかけた。そのため清朝はロシアと同年4月，東三省撤兵条約を結んで，ロシアは18か月以内に東三省から撤兵することに同意する。さらに日英は，ロシアに撤兵の実行を迫ったが，1903年4月に予定されていた第2次撤兵を履行しなかった。その一方で，シベリア鉄道の建設を進め，中東鉄道の完成，旅順総督府の設置など，東三省での拠点建設に努めていた。日本は撤兵と朝鮮半島での利害調整を求めたが，ロシアが拒否して妥結せず，1904年2月7日，日本軍の旅順攻撃で日露戦争が勃発した。

　およそ1年半にわたる戦争は，奉天の占領と日本海海戦の勝利で，日本のやや優勢で終わり，講和条約が結ばれる。アメリカの仲介で締結されたポーツマス条約は，清朝政府の承認を得たうえで，旅順・大連の租借権，中東鉄道の長春・旅順間の支線（南満洲鉄道，いわゆる満鉄）と関連権益を日本に譲渡することを定めた。また日本は開戦にあたって，韓国に強要し，朝鮮半島における日本軍の行動の自由を認めさせ，戦後の1905年11月には，列強の支持をとりつけ，武力を背景に，第2次日韓協約を結んで韓国を保護国とした。

中国の立場　清朝政府は日露開戦に際して，局外中立を宣言した。しかし現実には，遼河以東の地域を戦場として認めさせられた。多くの被害を受けながらも，日本とロシアが相争い，傷つけ合うことは，自らに決して不利ではなかった。さらに日本の敗北が大方の予想だったので，清朝は日本に好意的ですらあった。日露相下らない戦争の結果，清朝の東三省における主権も確保できたのである。しかしロシアの有していた権益を日本が継承するのは納得がいかなかった。ポーツマス条約を結んだ小村寿太郎（1855-1911）外相が，自ら北京に乗りこみ，高圧的にそれを認めさせたことは，折しも高まっていた中国人の愛国主義を刺激した。以後の日中の不幸な歴史は，直接にはここから始まるといってよい。

　しかし，強国ロシアに日本が勝利した，という事実の影響も大きかった。とりわけ中国においては，有識者の間に，ロシアの皇帝専制が日本の立憲制に敗れた，というイメージで捉えられ，すでに始まっていた改革の動きを加速させる大きな要因となる。日本への留学生も激増し，いよいよ日中は不可分の関係をもつようになった。

3-❶ 日露戦争

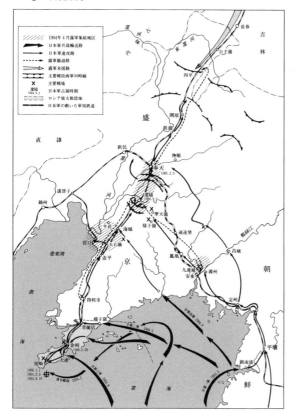

```
〰〰  1904年4月露軍集結地区
▶━━  日本軍兵員輸送路
━━  日本軍進攻路
‐‐‐‐  露軍撤退路
〰〰  露軍来援路
━━  主要戦役両軍対時線
✕  主要戦場
遼陽  日本軍占領時期
1904.9.1
▨▨  ロシア旅大租借地
━━  日本軍の敷いた軍用鉄道
```

3-❷ ポーツマス条約（抜粋）

1905年9月5日記名

1905年11月25日批准書交換

第五条　露西亜帝国政府ハ清国政府ノ承諾ヲ以テ旅順口，大連並其ノ領土及領水ノ租借権及該租借権ニ関聯シ又ハ其ノ一部ヲ組成スル一切ノ権利，特権及譲与ヲ日本帝国政府ニ移転譲渡ス露西亜帝国政府ハ又前記租借権カ其ノ効力ヲ及ホス地域ニ於ケル一切ノ公共営造物及財産ヲ日本帝国政府ニ移転譲渡ス

両締約国ハ前記規定ニ係ル清国政府ノ承諾ヲ得ヘキコトヲ互ニ約ス

第六条　露西亜帝国政府ハ長春（寛城子）旅順口間ノ鉄道及其ノ一切ノ支線並同地方ニ於テ之ニ附属スル一切ノ権利，特権及財産及同地方ニ於テ該鉄道ニ属シ又ハ其ノ利益ノ為メニ経営セラルル一切ノ炭坑ヲ補償ヲ受クルコトナク且清国政府ノ承諾ヲ以テ日本帝国政府ニ移転譲与スヘキコトヲ約ス

両締約国ハ前記規定ニ係ル清国政府ノ承諾ヲ得ヘキコトヲ互ニ約ス

3-❸ 日清満洲ニ関スル条約（抜粋）

1905年12月22日調印，

1906年1月9日批准，1906年1月23日批准書交換

第一条　清国政府ハ露国カ日露講和条約第五条及第六条ニヨリ日本国ニ対シテ為シタル一切ノ譲渡ヲ承諾ス

第二条　日本国政府ハ清露両国間ニ締結セラレタル租借地並鉄道敷設地ニ関スル原条約ニ照シ努メテ遵行スヘキコトヲ承諾ス将来何等案件ノ生シタル場合ニハ随時清国政府ト協議ノ上之ヲ定ムヘシ

2　新　政

新政の開始　義和団事変に敗れた清朝は，2年前に挫折させた「変法」の方向に向かうしかなかった。1901年1月末に西太后は制度変革の方針を打ち出し，上からの改革が次々に実施されていく。まず科挙の試験内容に変更が加えられ，旧来の型にはまった文章に代わって，新語をふんだんに使った梁啓超の文体がその雛型となった。かれの思想・主張が急速に広まった原因でもある。また各省から留学生が派遣され，また留学で試験に代えることも決まったため，特に近隣の日本に留学する青年が増えた。各地には西洋式の学校が設立され，京師大学堂を頂点とする学校体系の整備が進んだ。1905年，1000年以上続いた科挙の廃止が宣言され，近代的な教育が本格的に始まる（→146頁）。

　ついで中央・地方の官制が改められた。中央政府には列強の要求によって，外交をつかさどる新しい外務部ができた。また冗官が整理され，たとえば，総督と同じ都市に駐在する巡撫が廃止されたりした。政府の指導で実業を振興する体制も整った。とりわけ袁世凱が総督となった直隷では，軍隊の近代化や警察制度の導入など，瞠目すべき成果を上げた。

預備立憲　こうした改革は，日露戦争の影響でいっそう進展することになった。1905年10月，載澤（さいたく）（1868-1928）・徐世昌（じょせいしょう）（1855-1939）ら五大臣を憲政視察のため，日本・アメリカ・ヨーロッパに派遣した。各国を歴訪した五大臣は意見書を提出し，清朝を維持するため立憲制の導入を進言した。そこで翌年9月に「預備立憲」，立憲の準備が宣言され，まもなく中央政府の行政機構改革が行われた。唐代以来続いた六部の制度が廃止され，代わって外務部・吏部・度支部など11の部ができ，また満漢併用（→14頁）をとりやめて長官1名のみがおかれることとなった。翌年には，中央に資政院・各省に諮議局をおく命令が下された。議会開設の準備機関である。1908年，憲法大綱が上申され，憲政準備の詔が発せられた。この憲法大綱は明治憲法をモデルとしたものである。

　このように1905年以後に加速した改革は，もちろん立憲制・近代的な国家体制への移行をめざすものだったが，その反面，皇帝・中央政府の権限を強化して，清朝の支配を維持していこうとする意図も含まれていた。そのため満洲人が多く新設の顕職に就いて，漢人の官僚・知識人の不満が高まり，改革が進むにつれ，反発する輿論が盛んになるのも避けられなかった。1909年に各省で開設された諮議局には，多くの地方エリートが集まり，その翌年に北京で資政院が開かれると，議会制度の充実，国会と責任内閣制度の導入を求める声が高まった。これは清朝首脳の考え方とは逆行しており，元来の清朝の中国統治体制を近代国家体制につくりかえることが困難であった事情を表すものである。

3-❹ 旧来の科挙の答案

3-❺ 憲政視察団

＊中央にいるのが、「五大臣」の戴鴻慈（？-1910）と端方（1861-1911）。

3-❻ 憲法大綱（抜粋）

君上大権
- 一 大清皇帝統治大清帝国，万世一系，永永尊戴。
- 一 君上神聖尊厳，不可侵犯。
- 一 欽定頒行法律及発交議案之権。凡法律雖経議院議決，而未奉詔命批准頒布者，不能見諸施行。
- 一 召集・開閉・停展及解散議院之権。解散之時，即令国民重行選挙新議員，其被解散之旧員，即与斉民無異，倘有抗違，量其情節以相当之法律処治。
- 一 設官制禄及黜陟百司之権。用人之権，操之君上，而大臣輔弼之，議院不得干預。
- 一 統率陸海軍及編定軍制之権。君上調遣全国軍隊，制定常備兵額，得以全権執行。凡一切軍事，皆非議院所得干預。
- 一 宣戦・講和・訂立条約及派遣使臣与認受使臣之権。国交之事，由君上親裁，不付院議決。
- 一 宣告戒厳之権。当緊急時，得以詔令限制臣民之自由。
- 一 爵賞及恩赦之権。恩出自君上，非臣下所得擅専。
- 一 総攬司法権。委任審判衙門，遵欽定法律行之，不以詔令随時更改。司法之権，操諸君上，審判官本由君上委任，代行司法，不以詔令随時更改者，案件関係至重，故必以已経欽定為準，免渉分岐。

（中略）

附臣民権利義務（其細目当於憲法起草時酌定）
- 一 臣民中有合於法律命令所定資格者，得為文武官吏及議員。
- 一 臣民於法律範囲以内，所有言論・著作・出版及集会・結社等事，均準其自由。
- 一 臣民非按照法律所定，不加以逮捕・監禁・処罰。
- 一 臣民可以請法官審判其呈訴之案件。
- 一 臣民応専受法律所定審判衙門之審判。
- 一 臣民之財産及居住，無故不加侵擾。
- 一 臣民按照法律所定，有納税・当兵之義務。
- 一 臣民現完之賦税，非経新定法律更改，悉仍照旧輸納。
- 一 臣民有遵守国家法律之義務。

3　革命派の勃興

同盟会　孫文（1866-1925）は広東省香山県（現在中山市）の出身，1879年，12歳のときハワイに渡り，兄の仕事を手伝うかたわら，学校に通った。帰国後，香港の西医書院で医学を学んだが，1894年11月ホノルルで華僑を集めて興中会を結成し，清朝打倒の活動を開始した。95年10月，広州蜂起を計画して失敗，日本，欧米で亡命生活を送り，97年8月，再び横浜に来て宮崎滔天（1871-1922）らと交わり，在日華僑に革命思想を広めた。1900年には，広東・広西の独立計画や恵州蜂起を指導した。

　広東人・華僑を基盤とする興中会に対し，1904年には黄興（1874-1916）・宋教仁（1882-1913）ら湖南省出身者は華興会を，陶成章（1878-1912）・章炳麟（1869-1936）・蔡元培（1868-1940）ら浙江省出身者は光復会を結成した。前者は1904年の長沙蜂起に失敗し，後者は1903年，満洲排斥と革命を主張した『蘇報』事件で，ともに日本に活動拠点を移していた。

　このころから，清朝政府にあきたらない気運がようやく高まり，清朝の打倒をめざすそれぞれの革命団体も交流が密になってきた。ヨーロッパに渡っていた孫文が1905年7月に日本へ戻ってくると，8月20日，赤坂の坂本金弥邸で中国同盟会が結成された。出身地で固まっていた諸団体が大同団結したもので，宮崎滔天ら日本人の支援者の斡旋も大いにあずかって力があったと思われる。孫文が総理，黄興が執行部庶務長に選ばれ，東京に本部を，中国内外の9か所に支部をおいた。1905年末までの入会者は450人あまり，甘粛省以外の17省から参加していたが，中心は湖南・湖北・広東の3省の出身者であった。

『民報』　同盟会は「駆除韃虜，恢復中華，建立民国，平均地権」の4大綱領を掲げた。満洲族の支配を覆し，漢人の政権を取り戻し，共和国を樹立するという意味で，後の「三民主義」の原型になる。さらに「軍法」「約法」「憲法」の順序をふんで「国民革命」を完成する構想を打ち出した。そして機関誌『民報』を発行して革命を宣伝した。

　この『民報』は発行当初，異常な反響を呼んだ。すでに論壇で指導的な地位にあった梁啓超が主宰する『新民叢報』（→56頁）と論争を繰り広げたからである。梁啓超（1873-1929）はいかに過激な議論を唱えても，清朝の存続を前提とした立憲君主制への変革を目標としていたのに対し，同盟会・『民報』は清朝の存在を否定するのだから，両者が相容れるはずはない。汪精衛（兆銘）（1883-1944）・胡漢民（1879-1936）・章炳麟らが梁啓超に挑んだ論戦は，目標実現の方法・満漢関係・変革の前途・内外の情勢に及び，1907年にいたるまで激しい応酬を続け，多くの日本留学生や青年たちを変革に導いた。同盟会はその後，内紛によって分裂状態に陥るが，変革への動きはいよいよ高まっていくことになる。

3-❼　留学生数

年	留学生数	年	留学生数
1896	13	1917	?
97	9	18	3,000
98	18	19	2,500
99	202	20	1,500
1900	?	21	2,000
1	280	22	2,246
2	500	23	1,000
3	1,000	24	?
4	1,300	25	?
5	8,000	26	?
6	8,000	27	1,924
7	7,000	28	2,480
8	4,000	29	2,485
9	4,000	30	3,049
10	?	31	2,972
11	?	32	1,421
12	1,400	33	1,357
13	2,000	34	3,000
14	5,000	35	(6,500)
15	?	36	5,662
16	4,000	37	5,934

＊留学の主たる目的は，日本で濾過された「洋学」を吸収することにあった。

3-❾　宮崎滔天

3-❽　革命派の人々

【興中会】

孫文

【科学補習所】

劉静庵　湖北潜江人
（りゅうせいあん）

【華興会】

黄興　湖南長沙人

【華興会】

宋教仁　湖南桃源人

【光復会】

章炳麟　浙江余杭人

【光復会】

蔡元培　浙江紹興人

鄒容　四川巴県人
（すうよう）

陳天華　湖南新化人
（ちんてんか）

秋瑾　浙江紹興人
（しゅうきん）

＊鄒容（1885-1905）の『革命軍』，陳天華（1875-1905）の『猛回頭』は革命思想を広めるうえで，大きな役割を果たした。宮崎滔天の『三十三年之夢』（1902年）は，孫文関係部分が漢訳され，これにより，孫文の経歴と主張が中国人の間に広く知られるようになった。秋瑾（1875-1907）は革命派の女性で，1907年処刑された。

4 辛亥革命

1 新政の帰趨

立憲派　1906年に始まる「預備立憲」は立憲派の歓迎を受けた。当時の立憲派を，勃興しつつあった資本家の多くが支持している。20世紀初頭の中国では，南方を中心に繊維業・製粉業・精米業・搾油業などの分野で，従来の官主導の洋務企業とは異なる民間資本家が経営する企業が成長していた。その典型例が張謇（1853-1926）である。かれは1894年実施の科挙の首席合格者だったが，官途には就かず，故郷の江蘇省南通で「実業救国」に専念した。大生紗廠という綿紡績工場の操業を成功させたばかりでなく，日本を実地に視察して，その開発事業をモデルに地域の振興に力を尽くした。大日本帝国憲法を持ち帰って翻訳し，中央地方の官界に紹介したこともある。

　こうした動きはほかの地域でもみられ，有力な立憲派・資本家が各地で活動を活発化させた。民族主義の昂揚を受け，かれらは外国の手中にあった中国の鉄道や鉱山を取り戻す利権回収運動に取り組み，広州・漢口間，蘇州・杭州間の鉄道，14の鉱山の利権を買い戻した。1905年以降さかんになる対外ボイコット運動でも，大きな役割を果たしている。

　立憲派は張謇が預備立憲公会，康有為が帝国憲政会，梁啓超（1873-1929）が政聞社というように，様々な政治団体を結成して新たな情勢に対応しようとした。かれらは各省の諮議局に大量に進出し，国会の即時開設を求める請願運動を起こした。各地の請願は新聞・雑誌を通じて連繋しあい，全国的な運動として高まった。その一方で，中心となった張謇はじめ有力な立憲派・資本家は，自分の地域の利害を優先する傾向が強かったのである。

袁世凱の失脚　1908年11月に光緒帝と西太后が相ついで逝去した。最高主権者を失ったことで，清朝はいよいよ弱体化する。光緒帝（1871-1908）の甥にあたる数え3歳の宣統帝溥儀（1906-67）が即位し，その父親の醇親王載灃（1883-1951）が摂政王として，実権を握った。翌年初め，このとき最も有力な漢人大官だった袁世凱（1859-1916）が罷免されて，故郷の河南省彰徳に隠棲した。袁世凱は1901年，北京議定書の調印後まもなく死去した李鴻章の後をついで，直隷総督・北洋大臣となり，新式軍隊を育成掌握していた人物である。戊戌変法の際には，西太后（1835-1908）に味方して，光緒帝の幽閉を助けた。実弟の載灃はその報復とあわせ，権力を信頼できる満洲人皇族で固める方針を実現するため，この清朝第一の軍事力を握る漢人を政府から放逐したのである。しかしそれは，自らを守るすべを最終的に失ったという意味で，清朝政権の自殺行為に等しかった。

4 - ❶ 立憲諸団体

政党名	成立年	場所	主要人物
預備立憲公会	1906.12	上　海	鄭孝胥，張謇，湯寿潜
帝国憲政会	07. 3	ニューヨーク	康有為
政　聞　社	〃.10	東　京	梁啓超，馬相伯
憲政公会	〃.	〃	楊度，熊范
粤商自治会	〃.	広　州	陳恵普，李戒欺
憲政籌備会	09. 5	武　漢	姚晋圻，湯化龍
憲政預備会	〃.	貴　州	唐爾鏞，任可澄
憲　友　会	11.5～6	北　京	雷奮，徐佛蘇，孫洪伊
帝国憲政実進会	〃. 8		陳宝琛
辛亥倶楽部	〃. 6	北　京	趙椿年
政　学　会	〃.		汪栄宝，曹汝霖，章宗祥，陸宗輿

4 - ❷ 張謇

4 - ❸ 醇親王と宣統帝

＊右に立っているのが宣統帝溥儀。抱かれているのは，弟の溥傑。

4 - ❹ 袁世凱

＊これは1911年，総理大臣として復活したころの写真（→68頁）。

2　革命の勃発

鉄道国有化問題

革命派は同盟会結成以後，各地で武装蜂起を繰り返した。同盟会が内紛で分裂状態になってからも，その動きは続き，1911年4月，黄興率いる革命派が広州で武装蜂起を起こしたが，手痛い敗北を喫した。そこで戦略を転じ，宋教仁（1882-1913）たちが中心となって中部同盟会を結成し，長江流域で革命の勢力拡大に努めた。また湖北・湖南では文学社・共進会など，秘密結社系の勢力が新式軍隊の内部に浸透し，反清工作を行った。

1911年5月，清朝政府は鉄道国有政策を打ち出した。これは先に利権回収運動で買い戻していた広州・漢口間の粤漢鉄路と建設予定の成都・漢口間の川漢鉄路を国有化して，外債で建設完成することにしたものである。すでに民間資本での建設が認められていたことから，特に立憲派が優勢な四川省諮議局を中心に，強い反発が起こった。鉄道沿線の四川・広東・湖南・湖北の各地で「保路同志会」が結成され，国有化に反対する運動が始まった。これに対し，清朝政府は軍隊を投入して，とりわけ激しい反対運動を展開した四川保路同志会を弾圧し，流血の惨事まで引き起こす。

ちょうど同じ時期，中央政府が改編され，新しい内閣制度が発足したが，その閣僚は満洲人・皇族が大部分を占める親貴内閣であった。立憲派は失望して，諮議局の連合組織を通じて非難の声をあげた。こうして地方の有力者・資本家からなる立憲派は，清朝から離反の動きを強めた。対外ボイコットや利権回収運動など，外に向かっていたエネルギーは，いまやその矛先を清朝政府に向けるようになる。

武昌蜂起と各省の独立

1911年10月10日，かねて文学社・共進会の影響を受け，革命に転じていた湖北武昌の新軍兵士が蜂起し，翌日，黎元洪（1866-1928）を都督とする中華民国湖北軍政府が樹立された。辛亥革命の勃発である。長江流域での革命勢力の拡大・立憲派の反清気運の高まりが相乗的に作用して，革命の動きはまたたく間に各地に波及する。各省・各都市で「独立」「光復」が宣言され，1か月以内に中国18省のうち14省が清朝の支配から離脱した。「独立」した各省軍政府は，11月15日に上海で各省都督府連合会を結成し，北京の清朝政府に対抗する。武昌蜂起の時アメリカにいた孫文（1866-1925）は，そのニュースを聞き，欧米諸国から革命への支持をとりつけるためにヨーロッパを回って，12月25日，上海に帰着した。各省の代表は29日，孫文を中華民国臨時大総統に選出し，1912年1月1日，南京の江蘇省諮議局で正式に中華民国の建国を宣言する。2日後，臨時革命政府が組織されたが，革命派と立憲派の対立，革命派の内部対立などを抱えたままの船出であって，その前途はまったく予断をゆるさないものであった。

4-❺　革命派の武装蜂起

①	1894.10	広州蜂起
②	1900.10	恵州蜂起
③	04.10	長沙蜂起
④	06.12	萍瀏醴蜂起
⑤	07.5	潮州黄崗蜂起
⑥	〃.6	恵州七女湖蜂起
⑦	〃.7	徐錫麟事件
⑧	1907.9	防城蜂起
⑨	〃.12	鎮南関蜂起
⑩	08.3	欽廉上思蜂起
⑪	〃.4	河口蜂起
⑫	10.2	広州新軍蜂起
⑬	11.4	広州蜂起
⑭	〃.10	武昌蜂起

4-❻　各省独立図

軍政府樹立の地点

独立宣言の省

4-❼　孫文「大総統誓詞」

大総統誓詞

傾覆満洲専制政府、鞏固中華民国、図謀民生幸福、此国民之公意、文実遵之、以忠於国、為衆服務、至専制政府既倒、国内無変乱、民国卓立於世界、為列邦公認、斯時文当解臨時大総統之職、謹以此誓於国民

中華民国元年元旦

孫文

3　民国の誕生

清帝退位　各省が相ついで離脱していく情勢のなかで，清朝北京政府に残された道は限られていた。革命の動きをおさえるためには，非難を浴びた親貴内閣を廃し，故郷に隠棲しながらも軍隊に隠然たる勢力を保っていた漢人実力者の袁世凱に頼らざるをえなかった。総理大臣に就任した袁世凱は，イギリスの支持を得，武力を背景にして，清朝と革命政府の双方から譲歩を引き出し，自己の立場を強固にしつつ，和議を進めていく。

　一方，南京の革命政府は武力で劣り，財政基盤も脆弱で，しかも内紛が絶えなかった。そこで孫文（1866-1925）は袁世凱（1859-1966）との妥協にふみきり，清朝皇帝の退位を条件として，袁世凱に臨時大総統の地位を譲り渡した。1912年2月12日，宣統帝（1906-67）の退位が宣言されて，300年近く存続した清朝は，ここに滅亡する。それは2000年余りにわたる中国の皇帝制度・王朝体制の終焉でもあった。ついで孫文は臨時大総統を辞職，3月10日，袁世凱が北京で臨時大総統に就任する。その翌日，立法府の参議院は臨時約法を制定した。袁世凱の専行を法的に規制しようとしたのである。臨時約法は十分に実施されなかったが，以後の政治原理の規範として浸透した重要な文書である。

「五族共和」と革命の帰趨　革命派は元来，清朝・満洲族の支配を打倒して漢人を解放する，という目標を掲げており，それこそがかれらの民族主義であった。その論理なら，清朝の支配下にあったモンゴルやチベット・ムスリムも，自立できることになる。しかしそれは，当時定着した「中国」という国土の一体性や「主権」の概念と一致しない。

　孫文が「臨時大総統宣言書」のなかで五族の「統一」をとなえたのも，そのためである。これは多種族を統合していた清朝にとって代わる宣言であると同時に，漢民族が他民族の上にたち，「中国」という一体の主権国家を主導していくことも意味した。そうした意味で，袁世凱が権力を握り，中華民国の政府が北京に移ったのは，漢民族が清朝の後継者となり，しかも他民族の支配を強化することにほかならない。これを「五族共和」という。だから上述のように，モンゴルやチベットは，それに反発する動きを強めたのである。

　かくて，清朝支配の離脱という同じ動きを示したにもかかわらず，各々の勢力の思惑や利害には，すでに大きな矛盾が生じていた。その最たるものが，漢民族内部における袁世凱と革命派との対立である。後者が結成した国民党は議会・選挙などを通じて，根強く袁世凱に抵抗したのに対し，袁世凱は独裁的権力を強化して，これを厳しく弾圧した。列強の勢力もそこに絡みあい，相剋はいよいよ劇化する。船出したアジア最初の共和国には，多難な前途が待ち受けていたのである。

4-❽ 宣統帝退位の「上諭」

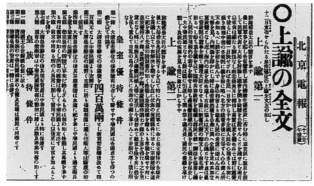

*見られるように、同時に「皇室優待条件」が定められており、溥儀は退位後も1924年まで、紫禁城内で暮らした。『神戸新聞』1912年2月14日の記事。

4-❾ 臨時約法（抜粋）

第一章　総綱

第一条　中華民国由中華人民組織之。

第二条　中華民国之主権属於国民全体。

第三条　中華民国領土，為二十二行省・内外蒙古・西蔵・青海。

第四条　中華民国以参議院・臨時大総統・国務員・法院，行使其統治権。

第二章　人民

第五条　中華民国人民一律平等，無種族・階級・宗教之区別。

第六条　人民得享有左列各項之自由権。

一　人民之身体非依法律，不得逮捕・拘禁・審問・処罰。

二　人民之家宅非依法律不得侵入或捜選挙索。

三　人民有保有財産及営業之自由。

四　人民有言論・著作・刊行及集会結社之自由。

五　人民有書信秘密之自由。

六　人民有居住遷徙之自由。

七　人民有信教之自由。

第七条　人民有請願於議会之権。

第八条　人民有陳訴於行政官署之権。

第九条　人民有訴訟於法院受其審判之権。

第十条　人民対於官吏違法損害権利之行為，有陳訴於平政院之権。

第十一条　人民有応任官考試之権。

第十二条　人民有選挙及被選挙之権。

第十三条　人民依法律有納税之義務。

第十四条　人民依法律有服兵之義務。

4-❿ 孫文「臨時大総統宣言書」1912年1月1日（抜粋）

国家之本，在於人民。合漢・満・蒙・回・蔵諸地為一国，即合漢・満・蒙・回・蔵諸族為一人。是曰民族之統一。

武漢首義，十数行省先後独立。所謂独立，対於清廷為脱離，対於各省為聯合，蒙古・西蔵，意亦同此。行動既一，決無岐趨，枢機成於中央，斯経緯周於四至。是曰領土之統一。

血鐘一鳴，義旗四起，擁甲帯戈之士，遍於十余行省。雖編製或不一，号令或不斉，而目的所在則無不同。由共同之目的，以為共同之行動，整斉画一，夫豈其難。是曰軍政之統一。

国家幅員遼闊，各省自有其風気所宜。前此清廷強以中央集権之法行之，遂其偽立憲之術。今者各省聯合，互謀自治，此後行政，期於中央政府与各省之関係調剤得宜。大綱既挈，条目自挙。是曰内治之統一。

満清時代，借立憲之名，行斂財之実，雑捐苛細，民不聊生。此後国家経費，取給於民，必期合於理財学理，而尤在改良社会経済組織，使人民知有生之楽。是曰財政之統一。

参考文献・史料

飯島渉・久保亨・村田雄二郎編『中華世界と近代』[シリーズ20世紀中国史　1]東京大学出版会，2009年。

石橋崇雄『大清帝国への道』講談社学術文庫，2011年。

井上裕正『林則徐』白帝社，1994年。

榎一雄編『西欧文明と東アジア』[東西文明の交流　5]平凡社，1971年。

岡田英弘『康熙帝の手紙』藤原書店，2013年。

岡田英弘・神田信夫・松村潤『紫禁城の栄光　明清全史』講談社学術文庫，2006年。

岡本隆司『世界のなかの日清韓関係史―交隣と属国，自主と独立』講談社選書メチエ，2008年。

岡本隆司『李鴻章―東アジアの近代』岩波新書，2011年。

岡本隆司『袁世凱―現代中国の出発』岩波新書，2015年。

岡本隆司『清朝の興亡と中華のゆくえ―朝鮮出兵から日露戦争へ』[叢書東アジアの近現代史　第1巻]講談社，2017年。

岡本隆司『増補　中国「反日」の源流』ちくま学芸文庫，2019年。

岡本隆司・川島真編『中国近代外交の胎動』東京大学出版会，2009年。

小野川秀美『清末政治思想研究』平凡社東洋文庫，2010年。

韓国教員大学歴史教育科著／吉田光男監訳『韓国歴史地図』平凡社，2006年。

岸本美緒『東アジアの「近世」』山川出版社，1998年。

岸本美緒・宮嶋博史『明清と李朝の時代』[世界の歴史 12]中公文庫，2008年。

島田慶次『中国思想史の研究』京都大学学術出版会，2002年。

丁文江・趙豊田編／島田慶次編訳『梁啓超年譜長編』第1・2・3巻，岩波書店，2004年。

並木頼寿・井上裕正『中華帝国の危機』[世界の歴史 19]中公文庫，2008年。

狹間直樹『梁啓超―東アジア文明史の転換』岩波現代全書，2016年。

坂野正高『近代中国政治外交史―ヴァスコ・ダ・ガマから五四運動まで』東京大学出版会，1973年。

深町英夫編訳『孫文革命文集』岩波文庫，2011年。

松浦茂『清の太祖ヌルハチ』白帝社，1995年。

宮崎市定『科挙―中国の試験地獄』中公文庫，1985年。

宮崎市定『雍正帝―中国の独裁君主』中公文庫，1996年。

宮崎滔天著／島田慶次・近藤秀樹校注『三十三年の夢』岩波文庫，1993年。

村田雄二郎責任編集『万国公法の時代―洋務・変法運動』[新編　原典中国近代思想史　2]岩波書店，2010年。

村田雄二郎責任編集『民族と国家―辛亥革命』[新編　原典中国近代思想史　3]岩波書店，2010年。

吉澤誠一郎『愛国主義の創成―ナショナリズムから近代中国をみる』岩波書店，2003年。

吉澤誠一郎『清朝と近代世界―19世紀』[シリーズ　中国近現代史　①]岩波新書，2010年。

吉田金一『近代露清関係史』近藤出版社，1974年。

梁啓超著／高嶋航訳『新民説』平凡社東洋文庫，2014年。

歴史学研究会編集『帝国主義と各地の抵抗　Ⅱ』[世界史史料　9]岩波書店，2008年。

第 2 編

両大戦と中華民国

　第2編は，第一次世界大戦時期から，国共内戦で，1949年国民党が中国共産党（以下，中共）に敗北するまでを扱う。

　日本の袁世凱への対華21か条要求，五・四運動，第1次国共合作，国民革命，ついで1928年以降の南京国民政府時期について述べる。この間，中共はソヴィエト革命を展開，また日本による侵略が明確化する時期であり，満洲事変（九・一八事変）が勃発する。これに対して蔣介石は「安内攘外」政策をとり，当面の主要敵を中共におき，全国的な包囲攻撃を展開した。同時に国民政府は経済建設・制度改革・幣制改革などを着実に進め，経済が発展し，相対的安定期が生まれていた。だが，対日不抵抗政策は中国民衆から批判を受け，その流れのなかで西安事件が勃発する。かくして，1937年盧溝橋事件（七・七事変）を契機に第2次国共合作・抗日民族統一戦線が樹立され，日中全面戦争に入っていく。

　蔣介石・国民政府は南京を放棄，武漢，さらに重慶へと拠点を移しながら抗戦を継続した。このことは戦争長期化を意味し，日本軍は泥沼戦争に突入することになった。日本軍は国民党の正面戦場での戦いのみならず，中共のゲリラ戦に苦しめられた。1941年太平洋戦争が勃発すると，アメリカ軍の本格的参戦により制空権も奪われた。かくして，日本軍は中国各地，太平洋戦場でも劣勢となり，最終的にはソ連軍も参戦し，敗北を余儀なくされた。その後，国共両党は交渉が決裂し，本格的な内戦へと突入していくことになる。

「両大戦と中華民国」略年表 (1912-49)

年	中　　　国	世　　　界
1912	1.中華民国建国　2.清朝滅亡　8.国民党結成	7.第3回日露協約
13	3.宋教仁暗殺　4.善後借款　7.第二革命	2.(日)大正政変
14	7.中華革命党結成　8.中立宣言　11.青島占領	7.第一次世界大戦勃発
15	5.21か条要求受諾　12.第三革命	4.ロンドン秘密協定
16	6.袁世凱死去　9.『青年雑誌』創刊	5.サイクス・ピコ協定
17	7.張勲の復辟　8.対独宣戦　9.護法軍政府成立	11.(ロ)11月(露暦10月)革命
18	5.日中共同防敵軍事協定　9.山東問題「公文」交換	1.ウィルソン14か条　11.独降伏
19	5.五・四運動　7.カラハン宣言　10.中国国民党結成	1.講和会議　3.(朝)三・一民族独立運動, コミンテルン結成
20	6.国際連盟加入　7.直皖戦争　11.聯省自治運動開始	1.国際連盟成立
21	1.台湾議会設置請願運動開始　7.中国共産党創立	7.モンゴル革命
22	1.香港海員スト　4.第1次奉直戦争　8.中共西湖会議	9.9か国条約
23	2.二・七事件　3.旅大回収運動	11.ミュンヘン一揆　12.ソ連邦成立
24	1.国民党1全大会　5.中ソ協定　9.第2次奉直戦争	5.(米)排日移民法
25	3.孫文死去　5.五・三〇運動　7.国民政府成立　11.郭松齢事件	1.日ソ基本条約
26	3.三・一八事件, 中山艦事件　7.北伐開始	5.(英)炭鉱ゼネスト
27	4.四・一二クーデター　7.武漢政府崩壊　8.南昌起義	5.山東出兵　6.東方会議
28	3.北伐再開　5.済南事件　6.張作霖爆殺, 北伐軍北京占領, 中共6全大会　12.張学良「易幟」	7.コミンテルン第6回大会　10.(ソ)第1次5か年計画着手
29	1.編遣会議　7.中東鉄道問題	10.世界恐慌
30	1.中原大戦　10.(台)霧社事件　12.第1次「囲剿」	1.ロンドン海軍軍縮会議
31	9.満洲事変　11.中華ソヴェト共和国臨時政府成立	12.国際連盟, リットン委員会組織
32	1.第1次上海事変, 蔣汪合作政権成立　3.「満洲国」建国	8.アムステルダム国際反戦大会
33	2.熱河作戦　5.塘沽停戦協定　11.福建人民革命政府成立	1.ヒットラー内閣　3.(日)連盟脱退
34	2.新生活運動開始　10.中央ソ区放棄, 長征開始	9.(ソ)連盟加入
35	1.遵義会議　5.華北分離工作　8.八・一宣言　11.幣制改革　12.一二・九運動	7.コミンテルン第7回大会
36	5.全国各界救国連合会成立　11.綏遠事件,「抗日七君子」事件　12.西安事変	11.日独防共協定
37	7.盧溝橋事件　9.第2次国共合作　12.南京事件	10.「隔離演説」　11.9か国条約会議
38	4.抗戦建国綱領　7.国民参政会　10.(日)広州・武漢占領	1.近衛声明　9.ミュンヘン会談
39	3.国民精神総動員綱領　6.異党活動制限弁法	5.ノモンハン事件　9.(独)ポーランド侵入
40	1.毛沢東「新民主主義論」　3.南京「国民政府」(汪精衛)	6.(独)パリ占領　9.日独伊三国同盟
41	1.皖南事件　6.田賦中央移管　10.民主政団同盟結成	4.日ソ中立条約　6.独ソ戦, 大西洋憲章　12.(日)マレー・真珠湾奇襲
42	2.整風運動　6.中米武器貸与協定	1.連合国宣言　6.ミッドウェー海戦
43	1.(米英)対華不平等条約撤廃　3.蔣介石「中国の命運」	5.コミンテルン解散　11.カイロ宣言
44	4.(日)大陸打通作戦　9.民主同盟結成　11.三区革命	6.ノルマンディー作戦
45	4.中共7全大会　5.国民党6全大会　8.中ソ友好同盟条約　10.双十協定	2.ヤルタ会談　5.独降伏, ポツダム宣言　8.原爆投下, 日本降伏
46	1.政治協商会議　6.全面内戦化　11.国民大会	1.国際連合成立　3.フルトン演説　11.(日)新憲法公布
47	2.(台)二・二八事件　10.土地法大綱, 人民解放軍宣言	6.マーシャルプラン　8.インド・パキスタン独立
48	4.国民大会　5.メーデースローガン　9.遼瀋戦役	6.ベルリン封鎖　8・9.南北朝鮮成立
49	9.新政治協商会議　10.中華人民共和国成立	4.NATO結成　9-10.西東ドイツ成立

中華民国期（一九三〇年代）の情勢

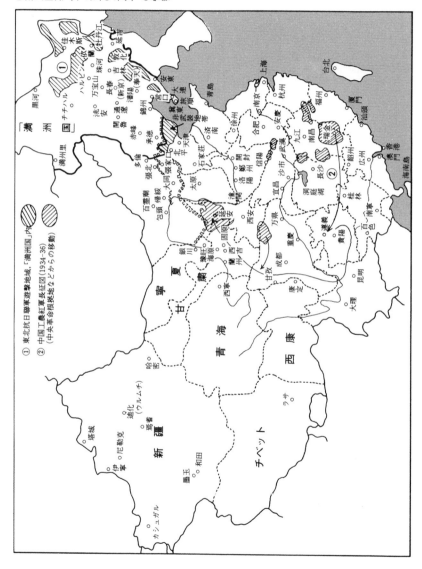

① 東北抗日聯軍遊撃地域、「満洲国」内
② 中国工農紅軍長征図（1934-36）
　（中央革命根拠地などからの移動）

第1章　北洋軍閥政権

1 | 第一次世界大戦と中国

1　北洋軍閥・袁世凱と対華21か条要求

袁世凱の再台頭　袁世凱（1859-1916）は①列強の支持，②強大な軍事力を背景に，③宣統帝溥儀（1906-67）がわずか5歳であることを利用し，大軍を北京に送りこんだ。他方，南方の孫文（1866-1925）は軍資金に欠乏し，妥協せざるをえなかった。そこで，孫文は共和制維持，南京を政府所在地にするとの約束で，袁が臨時大総統になることに同意した。袁を北洋軍閥の本拠地・北京から引き離そうと試みたのである。だが，袁は約束を破り，南京での就任を拒み続けた。また，国民党の有能な政治家である宋教仁（1882-1913）を上海で暗殺した。そのうえ，袁は塩税収入を担保に日，英，独，仏，露5か国から2500万ポンドの借款を獲得し，この資金で国民党長官を懐柔，免職した。かくして，1913年7月第二革命が勃発した。黄興（1874-1916），李烈鈞（1882-1946）の討袁軍が南方7省で戦闘を開始したが，2か月後には袁の精鋭軍に撃破された。その後，袁は権力集中を進め，①議会に大総統選挙を強要し，正式な大総統に就任，②国民党を非合法化，③国会閉鎖と同時に「中華民国約法」を公布し，独裁体制の合法化，④責任内閣制を廃止，⑤言論の自由圧殺などを強行した。

21か条要求　第一次世界大戦（1914-18）が勃発した。列強は欧州での戦争に忙殺され，アジアを顧みる余裕はなく，袁を支援できなくなった。それをみた大隈重信（1838-1922）内閣は，1915年1月袁世凱に21か条要求を突きつけた。①山東省における日本の特殊な地位，②南満洲，東蒙古，沿海諸地域に対する日本の発言権増大，③漢冶萍公司の日中合弁，④中国政府は沿岸の港湾と島嶼を他国に貸与，譲渡しないことなどを要求した。特に問題は⑤で，中国政府に日本人を入れよ，中央政府の政治・財政・軍事顧問に有力な日本人を就任させよ，必要な地方警察を日中合弁とするか，あるいは警察官に多数の日本人を採用せよというものだった。その侵略意図は明白で，厳しい内政干渉を含んでいた。

　確かに日本は日露戦争勝利で南満洲の租借地，満鉄などの利権を得たが，中国本土は欧米資本に独占されていた。そこで，21か条要求によって南満洲，東蒙古における特殊権益を強化し，同時に山東省からドイツ勢力を駆逐し，その権益を日本が受け継ぐ。さらに，中国政府内にまで日本の実質的に支配権，監督権の獲得を企てたのである。いわば中国を傀儡化しようとした。日本が⑤を実現したのは「満洲国」であったといえるかもしれない。

1-❶ 宋教仁

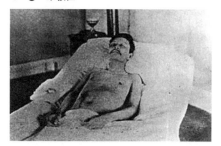

*宋教仁は袁世凱の独裁に反対し，責任内閣を組織しよ
うとして，袁の放った刺客により，1913年上海で射殺
された。

1-❷ 黄興

1-❸ 李烈鈞

1-❹ 大隈重信

1-❺ 北洋派軍人と官僚

$$
袁世凱 \begin{cases} 軍人 \begin{cases} 直隷派：馮国璋—曹錕・呉佩孚・李純 \\ 安徽派：段祺瑞—徐樹錚 \end{cases} \\ 官僚 \begin{cases} 広東派：梁士詒・周自斉 \\ 安徽派：周学熙・徐世昌 \end{cases} \end{cases}
$$

1-❻ 第一次世界大戦中の日本の中国侵出

事　　項	内　容　の　要　点
21　か　条　要　求	1915．1．18 袁世凱総統に提出。5．9 中国側受諾。 (第一号)山東省の旧ドイツ権益に関するもの(四か条)。(第二号)旅大および南満洲・東部内蒙古に関するもの(七か条)。(第三号)漢冶萍煤鉄公司の合弁に関するもの(二か条)。(第四号)中国沿岸の港湾・島嶼に関するもの(一か条)。(第五号)政治・財政の日本人顧問，中国内の警察の管理，兵器，日本人の土地所有権・布教権，江南の鉄道敷設権に関するもの(七か条)。最終的には，第五号要求を除いて，中国側に受諾させた。
借　　　　款	(西原借款)吉黒金鉱森林借款3,000万円等，経済開発の名目で行われた8件，合計14,500万円の借款。実際には，段祺瑞の武力統一政策の軍事費に費消された。 (その他)軍器借款(1,000万円)等26件，合計11,000万円を段政府に供与。
陸軍共同防敵軍事協定	1918．5．16 調印。 軍事行動区域内における中国側官憲の日本軍への尽力協力等12条。
海軍共同防敵軍事協定	1918．5．19 調印。 陸軍の場合と同内容9条。
石井・ランシング協定	1917．11．2 調印。石井菊次郎——ランシング アメリカは，満洲・山東等(領土相接近する国家)に対する日本の「特殊ノ関係」を認めた。23年廃棄。

2　袁世凱の死去と北洋軍閥の分裂

帝政復活と第三革命　袁世凱（1859-1916）は21か条要求を飲む代わりに，日本から帝政実施の暗黙の了解を得ようとした。旅順，大連の租借，および南満洲・安奉鉄道の延長も受諾した。だが，英米からの反発を招き，中国民衆は激しい日本品ボイコットを開始した。こうした状況下で，日本政府は1915年5月7日に第5号を削除し，9日までの受諾を袁に迫った。袁が大筋で受諾し，同時に15年12月帝政復活を布告した。これに対して第三革命が勃発した。すなわち，唐継堯（1883-1927），蔡鍔（1882-1916）らが帝政取り消しを求め，雲南を独立させた。いわゆる護国軍の開始である。続いて貴州，浙江，陝西，四川，湖南各省でも討袁の狼煙が上がった。1916年，袁は帝政取消を布告したが，全中国は動乱の坩堝と化し，収拾がつかなくなった。袁は失意の内に悶死した。

北洋軍閥の分裂　袁世凱が死ぬと，旧臨時約法と旧国会が復活し，副総統黎元洪（1864-1928）が大総統に就任した。だが，背後で国務総理段祺瑞（1865-1936）が実権を掌握していた。そして，日本の支援を受ける段ら安徽派と，英米をバックとする馮国璋（1858-1936）ら直隷派が対立した。この両派が北京政府を動かしていたのである。さらに，地方各地には多数の軍閥が割拠していた。段は対独宣戦を布告し，かつ中国武力統一を鮮明にした。このとき，寺内正毅（1852-1919）内閣は段政権に梃子入れし，日本の勢力拡大を図る政策をとった。そのため，西原借款1億4500万円を供与した。当然，中国民衆は日本に反発を強めた。他方，孫文（1866-1925）は「護法」（旧約法擁護）を全国に呼びかけ，1917年7月に広東軍政府を成立させた。そして，護法運動を展開し，段に対抗した。ただし，多くの問題が指摘される北京政府ではあるが，国際的に中国政府として認知され，国民国家形成のための準備が進んでいたとみなされる。

民族産業の「黄金時代」　中国は不平等条約に苦しみ，関税自主権を喪失していたことで，民族資本の発展が阻害されていた。ところが，ここで見逃がせないことは，第一次世界大戦により欧州からの生産物が流入せず，紡績・製粉・マッチ・煙草などの民族産業が急速に発展したことである。民族資本への投資額は1914-19年間で2倍に増大し，多くの工場が新設された。たとえば，中国人経営の紡績工場では紡錘数が22年には14年の約2.8倍となっている。それにともない金融市場も活発になった。民族資本家の意識も高まり，列強や軍閥に対する抵抗も急進化する傾向にあった。他方，戦争被害を直接受けていない日本とアメリカは対華投資を増大させた。こうした状況下で労働者の意識も高まり，低賃金・長時間労働という労働条件の改善を要求するストも頻発した。換言すれば，世界状況に助けられた面があるとはいえ，袁世凱時期の実業振興政策などの意義を過小評価できない。

1-❼　蔡鍔　　1-❽　段祺瑞　　1-❾　馮国璋　　1-❿　張勲

(1854-1923)

1-⓫　雲南での「護国軍声明」（1915年12月）

　　袁世凱は国民の負託を受けること4年に及ぶも，政治上いまだ一筋の光明をも我々に示さず，一人一家の権勢を守る私益に汲々としてきた。すなわち，懐柔によって徒党を集め，横暴な方法で国会を蹂躙し，卑劣な手段で反対者を殺害し，買収と脅迫によって世論を操り，利益を餌に無頼の徒を動かし，虚偽の口実で義士を抑圧した。大総統就任以来，借り入れた外債は数億を越え，その用途は一つとして公開されていない。

1-⓬　上海における民族産業の発展

年	全 国 紡錘数 A	紡 績 工 場				製 糸 工 場			タバコ工場数	製 粉工場数
		工場数	紡 錘 数 B			工場数	糸車数			
			実 数	指数	B/A%		実 数	指数		
1890	35,000	1	35,000	100	100	5			—	—
97	234,304	5	139,272	398	59.4	25	7,500	100	—	—
1900	336,722	6	161,084	460	47.8	18	5,900	79	—	1
05	355,588	5	137,172	392	38.6	22	7,610	101	1	5
10	497,448	7	165,696	473	33.3	46	13,298	177	1	7
11	497,448	7	165,696	473	33.3	48	13,738	183	1	7
12	499,348	7	167,596	479	33.6	48	13,392	179	2	8
13	484,192	6	141,920	405	29.3	49	13,392	179	2	10
14	544,780	7	160,900	459	29.5	56	14,424	192	2	13
15						56	14,424	192	4	14
16						61	16,692	223	7	15
17						70	18,386	245	8	15
18						68	18,800	251	9	16
19	658,748	11	216,236	618	32.8	65	18,306	244	9	17
20	842,894	21	303,392	867	36.0	63	18,146	242	9	18
21	1,248,282	23	508,746	1,454	40.8	58	15,770	210	9	19
22	1,506,634	24	629,142	1,798	41.8	65	17,260	230	9	22
23						74	18,546	247	10	22
24	1,750,498	24	675,918	1,931	38.6	72	17,554	234	14	22
25	1,866,232	22	687,358	1,964	36.8	75	18,298	244	51	20

　＊紡績業では，1922年についてみると，上海のほかに青島（2.1%），武漢（10.2%），天津（12.8%），無錫（8.5%），南通（4.3%）などの各地が盛んであった。

3　新文化運動

__「民主と科学」__　北京政府下で民族資本主義の発展にともなう新知識分子の成長のもと，中国伝統社会を支えてきた儒教に徹底的に反対する運動が発生した。陳独秀（1879-1942）は「民主と科学」を打ち出した。その骨格となったのは，①近代ヨーロッパの人権思想，特にフランスの「自由・平等・博愛」，②進化論中心の科学思想，③アメリカのパイオニア精神である。1915年『青年雑誌』（第2巻から『新青年』）創刊号の巻頭論文は陳独秀の「敬告青年」であり，「自らを卑下せず，自覚して奮闘せよ」と呼びかけた。『新青年』の主張は自我の確立（個人の独立）と個性の解放にある。また，『新青年』には「女子問題」欄が設けられ，男女同権，自由恋愛，女子教育が論じられた。

　なお，蔡元培（1868-1940）は北京大学校長に就任すると，改革に着手し，その方針は「思想の自由」であった。あらゆる思想の教師が必要と考え，極左から極右まで超一流の人物を呼び寄せた。たとえば，①袁世凱支持の保守派，②儒教主義者の梁漱溟（1893-1988），③李石曾（1881-1973）ら無政府主義者，④陳独秀，胡適（1891-1962），李大釗（1889-1927）ら『新青年』グループである。この結果，エリート養成の保守的な学風が一変した。

__「白話」運動__　胡適は1917年『文学改良芻議』で「白話」（口語）による生きた文学の確立を提唱した。ついで陳独秀は『文学革命論』で文体を支える「精神の改造」を訴え，「内容・内実の革命」を強調した。陳は平易な国民文学，大衆的な社会文学，新鮮な写実文学の樹立を訴え，胡適から一歩進んで文学革命と社会革命，自己変革を結びつけたのである。文学革命を確固たるものとし，近代的ヒューマニズムに道を開いたのは魯迅（1881-1936）である。魯迅は仙台医学専門学校に留学中，幻燈でニュースを見た。日本軍による中国人処刑場面で，周りで見物する中国人のなかには笑っている者さえいる。これに衝撃を受けた魯迅は身体を治す医者より，精神を叩き直す重要性を認識し，小説家に転じた。その特徴は①外国の侵略主義に対する痛罵，②中国封建社会・家族制度批判，③中国民衆の日和見主義批判に求められる。たとえば小説『阿Q正伝』では，狡猾で小安定世界に生きる民衆の態度を風刺し，『狂人日記』で「人を食う」（儒教）社会の「暗黒」を糾弾した。

__少年中国学会__　1918年6月に少年中国学会が成立した。「奮闘・実践・堅忍・質朴」の精神で，「若い中国」を建設しようと，全国各地から青年100余人が集まった。そのなかには，共産主義者の李大釗，毛沢東（1893-1976），無政府主義者の王光祈（1892-1936），超国家主義者の左舜生（1893-1969）ら後の中国を背負う錚々たるメンバーが含まれていた。このように，思想も多種多様で混沌としていたが，「変革」の一点で結集した。北京に本部をおき，南京，パリなどに支部を設け，雑誌などを発行した。

1-⑬　陳独秀

1-⑭　胡適

1-⑮　李大釗

1-⑯　魯迅

1-⑰　陳独秀「敬告青年（敬いて青年に告ぐ）」

　私が青年に望むことは自覚して奮闘すること，ただこれだけである。自覚とは何か。自らの価値と責任を自覚し，卑下しないことだ。奮闘とは何か。自らの知能を奮い立て腐敗したものを排除することだ。中国の青年は自覚し，奮闘しているといえるのか。私の見るところ，10人中，5人は年齢，肉体とも青年だが，精神は老人である。このままでは，それが身体ならば死ぬしかない。それが社会ならば滅びるしかない。この病弊を救うには溜息をつくだけではどうしようもない。青年は優柔不断な態度を捨て自らを救い，人を救うべきだ。青年よ！　この使命を諸君は担えるか！

1-⑱　胡適「文学改良芻議」

　今日，文学改良について言えば，8つのことから着手すべきと思う。8つとは何か。①具体的に書く，②古人の真似をしない，③文体・文法に気を配る，④むやみに深刻ぶらない，⑤努めて使い古した常套語を減らす，⑥古典を引用しない，⑦対句を避ける，⑧俗字，俗語を避けない。

1-⑲　李大釗「庶民の勝利」

　今回，勝利したのは連合国の武力ではなく，世界人類の新精神である。ある国の軍閥やブルジョワ政府ではなく，全世界の庶民である。我々が祝うのは，某国や某国の一部の人のためではなく，全世界の庶民のために祝っているのである。ドイツ人を破ったから祝うのではなく，世界の軍国主義に勝利したから祝うのである。………今後の世界は労働者の世界になる。………働かず飯を食う連中はみな強盗である。………このように考えれば，我々が世界の中で一庶民になるためには世界の中で一労働者になる必要がある。諸君，速やかに働こう！

1-⑳　魯迅『狂人日記』

　何事も研究してみなければわからない。俺は，昔からよく人を食ったことを覚えているが，あまりはっきりしない。俺は歴史を繙いて調べてみた。この歴史には年代はない。斜めにゆがんで，どのページにも「仁義道徳」という文字が書いてある。俺はどうせ眠れないから，夜中まで念入りに見続けた。すると，やっと字と字の隙間から字が見えてきた。本のあちこちに「人を食う」と書いてあるではないか！　………俺は知らぬ間に妹の肉を幾片か食ってしまったかもしれない。………俺は四千年来，人を食ってきた経歴をもっているのである。最初気づかなかったが，今，明白になった。………人をまだ食べたことのない子供ならいるかもしれない。子供を救え！

4　ベルサイユ会議と五・四運動

　中国五・四運動は新文化運動の実践面での重要な一環であると同時に，朝鮮三・一独立運動の影響を受け，かつインドの非暴力不服従運動，エジプトのワフド運動とともに，第一次世界大戦後の非暴力抵抗運動の一環を形成した。

　第一次世界大戦と中国　アメリカ大統領ウィルソン（1856-1924）は「弱小民族への援助」，「民族自決」を主張したため，第一次世界大戦後，理想的な国際関係が実現するかの如き幻想を抱かせた。だが，1919年，ベルサイユ会議はドイツ植民地の再分割をめぐる列強の利権争奪の場となった。このため，門戸開放，保護関税撤廃もアメリカの目的は世界ドル支配とみなすようになった。中国は戦勝国として会議に臨んだが，21か条要求解消も山東利権回収にも失敗した。こうした折，1919・20年の2回，ソ連はカラハン宣言で，①帝政ロシアがもっていた一切の在華利権の放棄，②中ソ協力しての民族解放，③秘密条約の無効を打ち出した。このことは，中国各界に大きな反響を呼び起こし，特に学生，知識人がソ連を「唯一の同盟者」と認識するにいたった。当時，ロシア十月革命の影響，さらに後述する五・四運動があり，救国思想として社会主義研究が活発になり，北京大学には李大釗（1889-1927），陳独秀（1879-1942）らを中心とするマルキシズム研究会が創設された。

　五・四運動　北京大学学生は緊急会議，さらに法科講堂で全体学生臨時大会を開催した。そして，「売国奴」曹汝霖（1877-1966。親日派で21か条条約の交渉責任者）に抗議デモをすることを決定した。5月4日北京市内12校の学生が集結，学生デモ隊は曹汝霖邸に向かい，結局，30人が逮捕された。議員団，総商会，市民からも「釈放せよ」の声があがり，蔡元培も大学当局に抗議の辞表を提出した。六・三運動では，北京では大規模な学生運動が繰り広げられ，大量の学生が逮捕された。このとき，学生運動はすでに全国主要都市に波及しており，上海では各商店が一斉ストで呼応した。ついに労働者も立ち上がり，日系工場や印刷工場，さらに機械製造，織物，煙草，鉄道，電話各労働者もゼネストに入り，上海全市は麻痺状態となった。6月10日，北京政府は民衆の要求を受け入れ，曹汝霖ら3高官の罷免，28日中国代表はベルサイユ条約の調印を拒絶した。

　聯省自治運動　軍閥割拠の局面で省自治の気運が高まった。1920年11月湖南督軍の趙恒惕（1880-1971），ついで浙江の盧永祥（1867-1933）が省自治を宣言，省憲法制定に着手した。さらに江蘇，広東も省憲法を起草し，雲南，広西，貴州，江西，湖北，陝西各省も省自治を宣言した。このように，各省ごとに自治を実施し，聯省会議を基礎に聯省自治政府を樹立するという構想であった。だが，各軍閥統治の維持を主要目的とするもので，成果は少なかった。

1-㉑　蔡元培
さいげんばい

(1868-1940)

1-㉒　五・四期の
毛沢東
もうたくとう

(1893-1976)

1-㉓　五・四運動で学生運動の主な発生都市

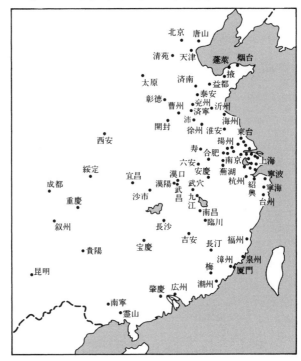

＊●は学生運動の発生都市。その他，瀋陽，長春，チチハルでも学生運動が発生している。

1-㉔　「北京学生の日本国民に告げる書」

　日本の軍閥のみは頑迷で侵略主義に固執するのか。このことは中国国民にとって有害なばかりか，貴国の国民にとっても大いに不利ではないか。………なお，日本が我が中国を滅ぼそうとするならば，どうかまず絶大なる犠牲を覚悟していただきたい。わが中国国民も諸手をあげて命令に従うわけにはいかないのだから。………我国人口４億，日本は5000万。我々は８人で日本の１人に命をかける。ならば，中国が絶滅する日は日本もまた滅びさる日である。日本の国民は一体何を求めて，わが中国国民と戦い，ともに滅ぶという結果を招こうというのか。………日本の提起した人種差別撤廃に中国国民はどうして共鳴せぬことがあろうか。………しかし，一方で我ら同色人種を圧迫しながら，他方で人種の不平等撤廃を口先で唱えても誰が信じるであろうか。日本は暴力で朝鮮，中国の同色人種を残酷に殺害しようとしている。このことは人種の不平等が黄色と白色の間にあるのではなく，同じ黄色人種の日本との間にあるのだ。………謹んで血と涙をもって日本国民に忠告する。目覚めよ！　そして我国人民と手を携えて共に進み，害虫，平和の障害たる侵略者を根こそぎにし，平和と福祉の東亜の新天地を建設しよう。期待を込めて東を望む。

2 1920年代の中国

1 中国共産党の成立とワシントン体制

中国共産党の成立
レーニン（1870-1924）は「民族，及び植民地問題についてのテーゼ」で，被抑圧国の共産主義者が革命的なブルジョア民主主義勢力と反帝統一戦線を組むことを打ち出した。その線に沿ってコミンテルン代表ボイチンスキー（1893-1956）は陳独秀（1879-1942），李大釗（1889-1927）と接触し，共産党創設を訴えた。その結果，1920年8月陳独秀，李漢俊（1890-1927），施存統（1899-1970）らにより上海共産主義小組が結成された。ついで，1921年6月上海に来たコミンテルン代表マーリン（1883-1942）の求めに応じて，7月に中共が創設された。当時，全国党員は57人で，出席した代表者は毛沢東，董必武（1886-1975），張国燾（1897-1979）ら13人だけで，陳独秀が総書記に就任した。成立大会は5日間で，軍閥の特務にかぎつけられたため，最終日は浙江省嘉興の南船上で行われた。当時，大きく3つの意見に分かれた。①李漢俊（右派）はマルクス主義の宣伝・啓蒙を重視した。②劉仁静（1902-1987。左派）はプロレタリア独裁をめざし，一切の合法活動を否定した。③主流の統一戦線派は国民党等のブルジョア民族主義者，民主主義者との協力を打ち出した。このように，意思統一ができず，正規の党綱領も党規約も定められなかった。

1922年1月，コミンテルンはモスクワにおいて，レーニン指導下に，「極東各国共産党・民族革命団体第一回代表大会」を開催した。この大会には，中国，朝鮮，モンゴルおよび日本などの代表団が参加したが，中共からは張国燾らが派遣された。そして，中国などの当面の革命任務は，「民族の自由・平等・独立」を勝ちとることとされた。

ワシントン会議
アメリカ主導下で極東における列強の秩序再編のために，1921年11月-22年2月ワシントン会議が開催されている。海軍軍縮条約では，主力艦保有比率を米国5，英国5，日本3とする。そして，4か国条約で，太平洋島嶼に関する領土権の相互尊重と日，米，英，仏の協調が確認され，この結果，日英同盟は終了する。9か国条約では，アメリカの主張する門戸開放に基づき，中国の主権尊重，領土保全，列強の機会均等を日，米，英，仏，イタリア，中国などが遵守する。「山東懸案の解決」では，日中交渉によってドイツ租借地を中国に返還する。これらが1931年の満洲事変までの約10年間，中国をめぐる国際関係を規定した「ワシントン体制」である。かくして，日中直接交渉で山東からの日本軍の撤退条約に調印し，また旧ドイツ租借地の中国への返還が決まった。1922年10月には日本軍はシベリアからの撤退も余儀なくされた。

2-❶　ボロディン　　2-❷　ヨッフェ　　2-❸　マーリン　　2-❹　ボイチンスキー

(1833-87)　　　　　　(1883-1927)

2-❺　ワシントン会議で調印された中国関係諸条約と決議

条　約	内　容　の　要　点
中国に関する9か国条約　（9条）	1922. 2. 6調印　締約国はアメリカ，ベルギー，中国，フランス，イギリス，イタリア，日本，オランダ，ポルトガル　加入国＝ボリビア，デンマーク，メキシコ，ノルウェー，スウェーデン ①中国の主権，独立，領土的な行政的保全の尊重と諸国の機会均等主義の樹立（第1条）。②各国は，中国の特定地域での一般的優越権，中国で商工業を営む権利を他国民から奪うような独占権又は優越権を中国に要求しない（第3条）。③中国の特定地方で勢力範囲を創設してはならない（第4条）。④条約違反に対する制裁規定はない。
太平洋に関する4か国条約　（4　条）（追加協定）	1921. 12. 13調印　締約国はアメリカ，フランス，イギリス，日本 ①太平洋における属地，領地に関する権利の相互尊重（第1条）。②侵略行為に対する共同又は個別措置（第2条）。③有効期間は十年（第3条）。④日英同盟の終了（第4条）。1922. 2. 25追加協定公表
海軍軍備制限に関する5か国条約　（24条）	1922. 2. 6調印　締約国はアメリカ，イギリス，フランス，イタリア，日本 ①主力艦は合計基準排水量，米・英各525,000トン，仏・伊各175,000トン，日315,000トン以内（第4条）。②排水量35,000トンを超える主力艦は建造しない（第5条）。③航空母艦は合計排水量，米・英各135,000トン，仏・伊各60,000トン，日81,000トン以内（第7条），27,000トンを超える航空母艦は保有しない（第9条）。④主力艦・航空母艦以外の軍艦は，排水量10,000トンを超えるものを保有してはならない。⑤米・英・日は，太平洋における領土・属地における要塞，海軍根拠地の現状維持（第19条）
中国の関税に関する条約　（10条）	1922. 2. 6調印　締約国は9か国条約と同じ ①中国の関税を「現実従価五分ニ相当セシムル」関税率の改訂（第1条）。②有税輸入品に対する従価二分五厘の一率付加税を認める（第3条）。
決　　　議	中国に於ける治外法権に関する決議(1921. 12. 10) 中国に於ける外国郵便に関する決議(1922. 2. 1) 中国に於ける軍隊に関する決議(1922. 2. 1) 中国に於ける無線電信局に関する決議(1922. 2. 1) 中国に於ける鉄道統一に関する決議(1922. 2. 1) 中国軍隊の削減に関する決議(1922. 2. 1) 中国の又は中国に関する現存受諾に関する決議(1922. 2. 1) 極東問題諮議院に関する決議(1922. 2. 4) 東支鉄道に関する決議(1922. 2. 4)

＊日本は中国と「山東懸案解決に関する条約」（28条・付属書）をワシントンで締結し（1922年2月4日調印），旧ドイツ膠州湾租借地の還付，公有財産の移転，日本軍隊の撤退，その他鉱山等8項目について協定した。

2 第1次国共合作と孫文の「大アジア主義」

第1次国共合作 1921年マーリン (1883-1942) は孫文 (1866-1925) に, 国民党改組と軍官学校創設, および中共との合作を提起した。孫文は「国民党内合作」, すなわち, 中共党員が個人資格で国民党に加入することに同意した。そして, 国民党を労働者, 農民, 都市プチブルジョワジー, 民族資本家の階級連合の政党に改組する。1924年1月, 中国国民党第1次全国代表大会が広州で開催され, 「中国国民党全国代表大会宣言」が採択され, 三民主義に「連ソ・容共・農工扶助」の三大政策が加えられた (新三民主義)。これを国民革命の綱領としたのである。代表大会では, 中央執行委員24人, 候補17人が選出されたが, 中共党員の李大釗 (1889-1927), 毛沢東 (1893-1976) ら10人が含まれていた。かくして, 第1次国共合作が成立した。この際, 中共としては政治上・組織面での独自性の保持が強調された。なお, 24年5月には広州の黄埔に陸軍軍官学校 (黄埔軍校) が創設され, 校長は蔣介石 (1887-1975), 党代表が廖仲愷 (1877-1925), 政治部主任に周恩来 (1898-1976) がそれぞれ就任した。黄埔軍校は国民革命軍の創設に基礎を与え, 大量の軍事人材を養成した。その他で看過できないことは, 広州農民運動講習所が設立され, 多くの農民運動指導者・活動家を養成したことであろう。

孫文の「大アジア主義」 北京政府の段祺瑞らの要請, 国民各層からの「国民会議」開催の要求に応じる形で, 1924年11月孫文は「北上宣言」を出し, 海路で北京に向かったが, その途中, 日本に立ち寄った。神戸商工会議所の主催で県立神戸高等女学校で「大アジア主義」の演説を行っている。孫文は約3000人の日本の聴衆に以下のように訴えた。「西洋の文化は武力で人を圧迫する『覇道』文化であるが, 東洋の文化は仁義道徳で人を感化する『王道』文化である。この点で, 東洋文化は西洋文化よりも優れている。……日本は白人の手先となり, アジア侵略に励むか, アジアの一員として白人帝国主義に抵抗するか, 今こそ1つの道を選択する時である」と。12月5日孫文は大阪毎日新聞社記者のインタビューに対して「日本は世界の三大強国 (の1つ) と誇っているけれども, 思想, その他の方面において尽く欧米の後塵に拝しつつあるではないか。これは日本人が脚下の亜細亜を忘れているためで, この際, 日本は速やかに亜細亜に帰らねばならない」と述べている。そして日韓併合によってアジアの人心を失ったとつけ加えた (後に日本は「大アジア主義」を「大東亜共栄圏」という言葉に歪曲し, 悪用しただけであった)。

中国では, 段祺瑞 (1865-1936) が軍閥・官僚を善後会議に召集したため, 双方の中国統一に関する見解の相違が明確となった。なお, 25年3月12日, 孫文は革命遂行の「遺嘱」を残して, 北京で死去した。

2-❻ 孫文と宋慶齢（1893-1981）

2-❼ 中国国民党1全大会で選出された中央委員と各専門部長

◎中央執行委員（24名）
　胡漢民　汪精衛　張静江　廖仲愷　李烈鈞
　居　正　戴季陶　林　森　柏文蔚　丁惟汾
　石　瑛　鄒魯　譚延闓　＊譚平山　石青陽
　熊克武＊李大釗　恩克巴図　王法勤　于右任
　楊希閔　葉楚傖　＊于樹徳　覃　振

◎中央執行委員候補（17名）
　邵元沖　鄧家彦＊沈定一＊林祖涵　茅祖権
　李宗黄　白雲悌　張知本　彭素民　＊毛沢東
　傅汝霖　＊于方舟　張葦村　＊瞿秋白　張秋
　白　＊韓麟符　＊張国燾

◎中央監察委員（5名）
　鄧沢如　呉稚暉　李石曽　張継　謝持

◎中央監察委員候補（5名）
　蔡元培　許崇智　劉震寰　樊鍾秀　楊庶堪
　　（下線は中央執行委員会常務委員。＊は中共党員）

◎中央執行委員会専門部
　組織部──部長＝譚平山
　宣伝部──部長＝戴季陶→汪精衛
　青年部──部長＝鄒　魯
　工人部──部長＝廖仲愷
　農民部──部長＝林祖涵→彭素民→黄居素→
　　　　　　　　　廖仲愷
　婦女部──部長＝廖冰愷→何香凝
　海外部──部長＝林　森
　　のち実業部（部長＝汪精衛），商人部
　　（部長＝伍朝枢）を増設した。

2-❽ 孫文の北上と最後の神戸訪問（1924年10-12月）

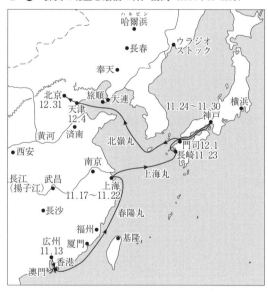

2-❾ 中国国民党の党勢

	省	党員数
省党部	広　東	48,000
	湖　南	9,000
	湖　北	1,300
	河　北	1,500
	山　東	2,000
	河　南	3,000
	察哈爾	200
	綏　遠	500
	内蒙古	700
	江　西	2,600
	江　蘇	3,700
特別市党部	広　州	22,000
	北　京	2,600
	漢　口	
	ハルビン	200

＊1926年1月の2全大会の報告
による。特別市党部には，陸
海軍，警察が含まれている。

2-❿ 孫文遺嘱（本文）

孫文遺嘱（本文）

余致力国民革命凡四十年其目的在求中国之自由平等積四十年之経験深知欲達到此目的必須喚起民衆及聯合世界上以平等待我之民族共同奮闘現在革命尚未成功凡我同志須依照余所著建国方略建国大綱三民主義及第一次全国代表大会宣言継続努力以求貫徹最近主張開国民会議及廃除不平等条約尤須於最短期間促其実現最所至嘱

3　五・三〇運動と北伐・山東出兵

五・三〇運動

　1925年5月14日，日系綿工場で職工2人を解雇したことからストが発生，15日，租界警察がスト労働者に発砲し，1人を射殺，多数の負傷者を出した。22日，6万人が抗議集会を開催した。租界警察の学生逮捕により，5月30日，学生2000人が租界で街頭デモや演説を始めたが，新たに学生が逮捕されたことに激昂し，共同租界の警察署に押しかけて釈放を求めた。このとき，イギリス人警部の命令で大衆に発砲，死者13人，重傷15人，逮捕者53人を出す惨事となった。これに抗議して6月1日，上海労働者20数万人が罷工，商店は罷業，学生5万人が罷課を決行し，上海ゼネストが開始された。列強は陸戦隊を導入，6月10日までに死者は32人にのぼったとされる。他方，上海に指導機関として工商学連合委員会が結成された。11日には10万人余の大抗議集会が開催され，責任者の処罰，損害賠償など17項目を決定した。だが，上海総商会は動揺し始め，ゼネストは6月下旬には終わった。とはいえ，階級を超え大規模に闘われたこと，不平等条約破棄と反帝の目標，国共両党という政治中核の存在など，画期的とされる。

北伐と山東出兵

　蔣介石（しょうかいせき）（1887-1975）指揮下に国民革命軍の北伐が開始された。田中義一（たなかぎいち）（1864-1929）内閣は1927年中国の統一阻止のため軍事干渉し，日本の権益と「居留民保護」を名目に山東出兵をした。第1次山東出兵は27年5-7月で，国民革命軍が徐州で引き返したため，衝突にはいたらなかった。1928年4月蔣が北伐を再開すると，田中内閣は第2次山東出兵を宣言した。5月3日，済南で日本軍と北伐軍が衝突し，大規模な戦闘となった（済南事変）。かくして，国民革命軍2000人，日本軍230人，日本居留民16人の死者を出した。北方には直隷派の呉佩孚（ごはいふ）（1874-1939），孫伝芳（そんでんほう）（1885-1935）らが残存していたが，敗走した。6月3日，張作霖（ちょうさくりん）（1875-1928）は北京を脱出し，8日に国民革命軍が北京に入城した。かくして，北洋軍閥の北京政府は消滅し，蔣は「北伐完成」を報告した。なお，このとき，直隷省は河北省に，北京は北平に改称。

「張作霖爆殺事件」

　田中内閣が張作霖を利用して中国東北に日本の勢力を伸ばそうとしたが，張作霖は拒絶した。その結果，張作霖は列車で奉天（現在の瀋陽）に戻る途中，1928年6月，関東軍によって爆殺された。いわゆる「満洲某重大事件」（奉天事件，あるいは皇姑屯事件とも称される）である。田中内閣はこれを国民革命軍の仕業と強弁したが，暴露され，倒閣した。他方，関東軍によって父，張作霖が爆殺されたことを知った張学良（ちょうがくりょう）（1901-2001）は，東北の自力建設を強行し，日本の利権に抵抗した。学校では反日教育を行い，また遼寧国民外交協会の反日活動が活発化した。「改旗易幟」（国民党の青天白日旗に変える）も断行した。さらに張学良自身が国民政府委員となり，東北を国民政府下に帰属させ，外交，交通，財政3権を引き渡した。

2-⓫　蔣介石

2-⓬　張作霖

2-⓭　張学良

2-⓮　北伐の展開

2-⓯　張作霖爆殺事件

第2章　「南京の十年」

1 国民党時代の到来

　まず南京国民政府の政策，実態，特色，および意義と限界などを押さえておきたい。

1 訓政と外交・財政政策

> **訓政時期**

　孫文の「建国大綱」によれば，国家建設は軍政・訓政・憲政の3段階を経る。北伐完成により軍政時期が終了し，1928年10月，南京国民政府が正式に成立した。こうして一応の中央集権化が達成され，訓政時期（1928-37）が始まった。訓政時期には政権運営は国民党全国代表大会が行う（なお，憲政時期には国民大会）。訓政時期における国民党の任務は，中央方面では国民政府が行政・立法・司法・考試・監察の5権を行使するのを指導・監督することにある。そして，地方では地方自治を推進し，国民の政権行使能力を養成することにあった。1931年5月には，国民会議が南京で開催されている。参加者は農・工・商・教育などから選出された職業団体代表440人余りであった。会議では「中華民国訓政時期約法」が採択され，人民の権利・義務，国民経済と民衆生活，国民教育，中央と地方の権限などが規定された。

> **財政改革**

　中華民国の成立以来，割拠する軍閥がそれぞれ財政権を保持していた。そこで，多くの省では税収の中央移管を拒絶した。だが，北伐などを経て財政権は次第に統一され始めた。財政改革実施のために，まず中央と地方の税収を明確に区分した。関税，塩税，統税，煙酒税，印紙税を中央税とし，田賦（土地税），営業税などを地方税とした。1931年厘金を廃止し，海関税を高めた。この結果，税収は増大し，たとえば，1928年の中央歳入は5億銀元以下であったが，37年には10億元以上となった。財政改革のもう1つの重要な柱は幣制改革である。従来，国公・民間各銀行は各自通貨を発行し，外国銀行が外国為替を独占していた。銀元と銀両が併用されていたが，1933年4月「廃両改元」を実施し，幣制が統一された。外国為替の売買も制限がなくなり，外国銀行の独占を打破した。

> **外交政策**

　1927年四・一二クーデタ後，蔣介石による南京国民政府の外交政策の最大の目的は不平等条約廃止にある。また，28年7月外交部発表の政策の中心は関税自主権の獲得，および領事裁判権の廃止であった。関税自主権ではまずアメリカの同意を受け，各国もそれに則った。ただし，日本だけは30年になって初めて了承した。関税自主権の獲得後，国民政府の財政基盤は強化された。しかし，領事裁判権については英米との交渉は遅々として進展しなかった。

1-❶　南京国民政府の成立式典

（1927年4月段階）

1-❷　北伐軍の済南城入城（1928年）

1-❸　蔣介石と南京国民政府の全体委員

1-❹　国民党旗（上），国民政府国旗（下）

【青天白日旗】

【青天白日満地紅旗】

1-❺　中国の関税自主権回復

相手国	条約名	調印日
アメリカ	整理中美両国関税関係之条約	1928年7月25日
ドイツ	中徳条約	1928年8月17日
ノルウェー	中挪関税条約	1928年11月12日
ベルギー	中比友好通商条約	1928年11月22日
イタリア	中義友好通商条約	1928年11月27日
オランダ	中荷関税条約	1928年12月19日
ポルトガル	中葡友好通商条約	1928年12月19日
スウェーデン	中瑞（典）関税条約	1928年12月20日
イギリス	中英関税条約	1928年12月20日
フランス	中法関税条約	1928年12月22日
デンマーク	中丹友好通商条約	1928年12月22日
スペイン	中西友好通商条約	1928年12月27日
日　本	中日関税協定	1930年5月6日

＊条約名は中国の呼称。

1-❻　蔣介石と宋美齢（1901
-2003）の結婚式

2　経済の発展と中央集権化

　南京国民政府時期の約10年間に経済・交通・軍事・教育諸側面で大きく発展した。

経済建設　国民政府は浙江財閥を梃子に経済建設に着手した。1932年11月，国防設計委員会を設立し，軍事・資源調査・教育・財政・運輸など国防全般を担わせた。そして，重工業の基本を化学工業に，基礎を鉱業においた。軽工業は民間経営とし，政府が奨励する。それ以降，生産力も伸び始め，対外貿易では入超が漸減し，消費品の輸入比率は下降して，機器・原料輸入の比率は上昇した。1935年4月，国防設計委員会は軍事委員会所属の資源委員会に改組され，特殊7鉱物の統制・輸出管理と重工業建設の「重工業5か年計画」を決定した。また，国民政府は農業試験を実施し，稲・麦・棉の栽培の改良，農業貸付，貯蓄を実施し，農業生産を調整し，農産物の運搬販売を促進した。

交通建設　1931年以前，中国の鉄道は1万3000kmで，92％は外国経営であった。中国が自ら敷設した鉄道はわずかに1000kmしかなかったが，33年から37年までに隴海鉄道の延長などを行い，3300kmとなった。公路建設も北伐前は約1000kmであったが，38年までに西南では南京から雲南，西北では漢口から新疆にいたる11万kmが完成した。航空面では中米合弁の中国航空公司，中独合弁の欧亜航空公司，広東自弁の西南航空公司があり，大都市のみならず，辺境省市を結びつけた。その他，水運，郵政，電信も拡充した。

軍　　事　北伐期，兵数は大幅に増大し，4個集団軍（220万人）に編成したが，国家財政を圧迫した。そのうえ，各軍は複雑で，軍政・軍令の統一，軍隊の整理編制に迫られた。そこで，1929年1月，集団軍総司令を廃止，全国を区に分けた。さらに，全国陸軍を80万人に削減し，軍費を国家総収入の4割以下に限定するとした。だが，各軍閥からの反発を招き，後述する30年中原大戦などが勃発したが，蔣介石（1887-1975）はそれらに勝利し，その後，軍事基盤は安定したとされる。1934年ファルケンハウゼン（1878-1966）を顧問団長とし，「中国国防整備5か年計画」（陸軍編制の統一，精兵政策，空軍強化など）を提起し，武器装備も改善した。38年完成予定であったが，37年盧溝橋事件により頓挫した。黄埔軍官学校は南京に移り，中央陸軍軍官学校となった。また，1931年7月杭州に中央航空学校が成立，36年には「兵役法」も発布され，5万人が徴兵されている。

教育・研究　北伐完成後，「学校設備，および課程標準」が制定され，経費が充実し，教師の質も上がり，数年間で教育状況は質量とも増強された。1929年と37年を比較すると，初等学校入学の学齢児童は17％から43％，中等学校の生徒も60％に増大した。なお，28年中央研究院（院長は蔡元培）が設立され，最高学術研究機関となった。

1-❼ 石炭・鉄の機械・「土法」（伝統的方法）各生産百分率（＊機械＋「土法」＝100）

年	石　炭		鉄　鉱		銑　鉄	
	機械採掘	土法採掘	機械採掘	土法採掘	機械製鉄	土法製鉄
1912	57.0	43.0	30.6	69.4	4.5	95.5
1915	62.9	37.1	54.3	45.7	49.3	50.7
1920	66.3	33.7	72.7	27.3	60.3	39.7
1925	72.3	27.7	67.0	33.0	53.1	46.9
1930	76.4	23.6	78.7	21.3	75.5	24.5
1935	83.4	16.6	87.2	12.8	82.3	17.7

1-❽ 中国の鉄道における列強支配（1894-1948年）

（単位：km）

西暦年	総　計	中国自主経営		列強経営によるもの					
		計	％	計	％	直接経営	％	経営支配	％
1894	364.27	77.00	21.1	287.27	78.9	—	—	287.27	78.9
1911	9,618.10	665.62	6.9	8,952.48	93.1	3,757.70	39.1	5,192.78	54.0
1927	13,040.48	1,043.94	8.0	11,996.54	92.0	4,330.25	33.2	7,666.29	58.8
1931	14,238.86	2,240.32	15.7	11,996.54	84.3	4,330.25	30.4	7,666.29	53.9
1937	21,036.14	1,963.77	9.3	19,072.37	90.7	9,797.14	46.6	9,275.23	44.1
1948	24,945.52	16,407.40	65.6	8,538.12	34.4	2,185.20	8.8	6,352.92	25.6

1-❾ 馮玉祥（ふうぎょくしょう）（1882-1948）

1-❿ 閻錫山

1-⓫ 井崗山革命博物館

3 中国共産党によるソヴェト革命の発展

　1927年四・一二クーデタで蔣介石（1887-1975）・国民党による大量逮捕，中共党員の大量虐殺という白色テロが吹き荒れた。これに対抗するため，中共中央はコミンテルン執行委員会の指示を受けて改組された。①陳独秀（1879-1942）の右翼日和見主義を正す，②湖南，湖北，江西，広東での武装蜂起計画，③江西省の南昌での蜂起は前敵委員会書記の周恩来（1898-1976）が指導することとなった。かくして8月1日南昌蜂起を実行，かつ各地でも蜂起するが，国民政府軍の反撃に次々と敗退した。その極左主義的やり方に反対する毛沢東（1893-1976）は井崗山（江西・湖南省境）にソヴェト政権（革命根拠地）を樹立した。ここでは，地主から土地を没収し，貧農・雇農に土地を優先的に分配する土地革命が実施された。その結果，農民，特に貧農に大きな支持を得て，各地にソヴェト区が成立した。毛沢東は農村革命根拠地を梃子として，農村によって都市を包囲する「周辺革命論」を主張した。また，労農紅軍が組織され，その「三大規律・六項注意」によって民衆と中共は「水と魚」の関係になることがめざされた（→151頁）。

| 八・七会議 | 　1927年8月7日，漢口で瞿秋白（1899-1935）指導下に八・七会議が開催されている。参加者は鄧中夏（1894-1933），李維漢（1896-1984），蔡 |

和森（1895-1931）ら中央委員12人，毛沢東ら候補中央委員3人など，計22人であった。同会議では(1)政治任務と策略決議案，(2)農民闘争決議案，(3)職工運動決議案等が採択された。その特徴は，①完全に中共の独立を放棄し，革命大衆運動を無視したと，陳独秀の右翼投降主義を厳しく批判している点，②土地革命方針の確定にある。ただし，問題も多く残った。たとえば，①革命情勢にないにもかかわらず暴動を起こし，革命力量を保存できなかった，②党内のセクト主義が強すぎ，誠意ある者まで打倒した，③党内に極端な平等主義がはびこり，命令系統が不明確になった。瞿秋白の失脚後，権力を掌握した李立三（1899-1967）も都市中心の革命主義に固執し，失脚した。このように，試行錯誤の連続であった。

| 中華ソヴェト共和国 | 　1931年11月中共は江西省瑞金に中華ソヴェト共和国を樹立した。主席は毛沢東，副主席項英（1898-1941）と張国燾，紅軍総司令 |

朱徳（1886-1976）である。そして，「中華労農民主共和国憲法大綱」，土地法，労働法などを採択した。かくして，30年段階で全国の共産党地区は13省300余県に大小15根拠地，数千万の人口を擁する一大勢力となった。じつに江西の中央ソヴェト区だけで約1000万人の人口があったとされる。それを可能にした要因の1つは紅軍であり，中央ソヴェト区は約10万人を擁していた。このように，中共・ソヴェト政権は急速に支持と支配区を広げていった。このことは蔣介石・国民党にとって脅威で，30年末から中共地区に対する包囲攻撃を開始することになるのである。

1-⓬ 中国共産党の全国大会と党員数

大　会	開催年月	開催地	党員数
1 全大会	1921年 7 月	上　海	57
2 全大会	1922年 7 月	杭　州	123
3 全大会	1923年 6 月	広　州	432
4 全大会	1925年 1 月	上　海	950
5 全大会	1927年 4 月	武　漢	58,000
6 全大会	1928年 7 月	モスクワ	40,000
7 全大会	1945年 4 月	延　安	1,210,000
8 全大会	1956年 9 月	北　京	10,734,384

1-⓭　中華ソヴェト共和国建国式典

(1931年11月，瑞金)

1-⓮　李立三「1 省，または数省での政権奪取の勝利条件をいかに準備するか」(1930年 4 月)

　1 省，または数省での政権奪取にも，プロレタリアの偉大な闘争が勝敗を決する力である。中心都市，産業地域，特に鉄道，海運，兵器工場の労働者大衆のストライキの高潮がなければ，決して 1 省，または数省での政権の勝利もあり得ない。「農村によって都市を包囲」し，「紅軍だけで中心都市を奪取する」考えはすべて一種の幻想である。

1-⓯　農村革命根拠地の成立

根　拠　地　名	指　導　者	創　設　経　過
井崗山根拠地	毛沢東，朱徳	1927年10月，毛沢東，労農革命軍を率いて寧岡を中心とする井崗山革命根拠地を建設。 1928年 4 月，朱徳，陳毅の軍と合流して中国労農紅軍第四軍成立。
鄂予皖根拠地	徐向前等	1927年秋から1930年にかけて湖北省黄安，麻城，河南省商城，安徽省六安などで農民蜂起，遊撃戦争を展開して根拠地を建設。
閩浙贛根拠地	方志敏	1927年11月江西省弋陽，横峰で農民峰起，遊撃戦争を展開して根拠地を建設。
湘鄂辺，洪湖根拠地	賀竜，周逸群等	1927年蜂起。
湘贛，湘鄂贛根拠地	彭徳懐，滕代遠，黄公略	1928年，湖南省平江で兵士蜂起，紅五軍を成立させ，一部は毛沢東，朱徳と合流。井崗山根拠地を基礎に湘贛革命根拠地を建設，一部は湖南・湖北省境に転戦して，湘鄂贛革命根拠地をひらく。
左右江根拠地	鄧小平，張雲逸等	1929年，広西省左江・右江地区で兵士蜂起。
陝北根拠地	謝子長・劉志丹等	渭華蜂起を指導，関中一帯で遊撃戦を展開して後の陝北革命根拠地の基礎となる。

2 世界恐慌と満洲事変

1 世界恐慌と戦間期国際協調

世界恐慌　1929年世界恐慌は後進資本主義国・日本に大打撃を与えた。工業総生産高は，31年には29年の32.4％に下落し，失業者も300万人を数えた。農業恐慌も誘発され，米価は50％，生糸価格は70％も大暴落し，農村経済が破綻した。労働者のストライキは1931年には998回に激増し，小作争議も3319回にのぼった。かくして日本軍部は不況打開策として，かつ国内に渦巻く民衆の不満を外に向けさせるためにも，中国東北への武力発動が効果的と考えるにいたった。「満蒙は日本の生命線」との主張が急浮上したのである。1929年浜口雄幸（はまぐち おさち）(1870-1931) 内閣の協調外交，30年ロンドン軍縮会議による軍事費の削減は軍部にとって不満であり，内閣軽視の傾向があらわれた。他方，張 学良（ちょうがくりょう）(1901-2001) は関東軍による父 張 作霖（ちょうさくりん）爆殺を怒り，1928年12月，南京国民政府に同調，反日団体・遼寧国民外交協会も活発に活動した。日本は，これら排日運動の直接弾圧を企てた。ついで，31年8月中村大尉殺害事件（中村震太郎は東北興安嶺地区で軍事スパイ活動を行い，中国現地駐屯軍に射殺された）が発生し，日本当局はスパイ活動の事実を伏せ，日本人の満蒙侵略の気運を煽った。そして，国民政府に抗議，日本軍7万人を南満各駅に移動させ圧迫した。

列強の動向　日本の対中軍事侵略は国際的に非難の的であったが，各国は干渉する余裕がなかった。アメリカは日本の行動に「不承認」の原則を掲げたが，経済恐慌下での大不況にあえぎ，国内問題で精一杯であった。また日本はソ連の極東進出防止と「赤化」防止を口実としたが，ソ連もスターリン (1879-1953) とトロツキー (1879-1940) の長期間の闘争が終わって，第1次5か年計画が始まったばかりで，平和な環境を必要とした。特に1928-32年重工業の優先的発展と農業集団化運動に没頭していた。その結果，ソ連は抗議しなかったばかりか，日本に中東鉄道を1億7000万円で売却した。

中国の状況　中国は経済恐慌，農業恐慌による財政悪化，農村破産にあえぎ，日本以上に打撃を受けていた。そのうえ，長江流域で空前の大水害が発生し，被害は16省に波及し，7000万人もが被災した。他方，黄河流域も旱魃により農村は極度に疲弊していた。そのうえ，①蒋介石（しょうかいせき）(1887-1975) と汪精衛（おうせいえい）(1883-1944) 間の党内対立で国民党内が分裂していた。②1930年，蒋介石と閻錫山（えんしゃくざん）(1883-1960)・馮玉祥（ふうぎょくしょう）(1882-1948) との間での中原大戦が数か月続き，また，雲南，貴州，四川でも軍閥混戦が発生していた。③国共対立が激しさを増し，国民党は中共を最大の敵とし，国民政府軍による共産地区への全国的規模の第3回包囲攻撃時期であった。このように，中国は経済，政治両面で，戦うどころではない状況にあったのである。

2-❶　張学良の回憶

　私が日本の侵略に激しい憎しみを抱いたのは，幼い頃から日本人の東北での横暴をこの眼で見てきたからであり，また成人に達して国家の大義に目覚めた結果である。父の遭難（張作霖爆殺事件）と「九・一八」（満洲事変）の暴挙。これが，日本の侵略に対する私の憎悪を決定的にした。
　＊張学良「西安事変懺悔録」。

2-❷　中村震太郎大尉（左）

2-❸　万宝山事件の現場

2-❹　汪精衛

2-❺　レーニン（左）とスターリン

2-❻　トロツキー

2-❼　中国西北大飢饉　（1929，30年）

　陝西全省92県はすべて被災区で，渭河に沿った各県を除けば，青苗が僅かに見るだけで，他は荒涼としており，ことごとく不毛の地である。……陝西人口940万人余で，去年（1928年）から今までに災害による死者250万人，避難者40万人，……緊急な救済を待つ者は500万人以上と考えられる。……（陝西省の漢中旱魃は3年以上にわたっており，とりわけ酷い状況にあり），太白山の高僧が粟粥所を設けたが，毎日粥を求める被災民4000人余が殺到，粥を得られず泣く者も多い。……徴税局の役人が他省に行く者を検査すると，しばしば包みの中に人肉を入れている者がいる。詰問すると，「これは私の妻の肉です。もし私が食べなければ，他の人に食べられてしまう」と答えた。

2　満洲事変と第1次上海事変

| 満洲事変 | 1931年7月関東軍は長春近郊での中朝農民衝突（万宝山事件）を利用して |

1931年7月関東軍は長春近郊での中朝農民衝突（万宝山事件）を利用して中国間接侵略を果たそうとしたが，失敗に終わった。そこで，関東軍大佐参謀の板垣征四郎大佐（1885-1948），作戦参謀中佐の石原莞爾（1889-1949）らが謀略を用い，奉天北8kmにある柳条湖において南満洲鉄道の一部を爆破。かくして9月18日満洲事変が勃発した。関東軍はそれを中国の東北軍の行為と偽り，「支那軍による南満洲鉄道爆破」と声明し，19日には吉林，チヤハル，錦州，ハルビンなど，多くの地域を占領した。若槻礼次郎（1866-1949）内閣は「不拡大方針」をとったが，関東軍の暴走を阻止できなかった。

当時，日本の在「満」兵力は歩兵を中心に1万人，それに対する東北軍は正規軍，非正規軍の合計44万8000人という大兵力であった。にもかかわらず，なぜいとも簡単に関東軍の暴走を許したのか。それは中核を叩く奇襲が奏功した面もあるが，実は東北辺防司令長官の張学良（1901-2001）が不在であったこともある。だが，最大の要因は，蔣介石（1887-1975）・国民政府の対日不抵抗政策に基づき，張が電報で全東北軍に撤退を命じたことにあった。張はこれに従わざるをえなかった。張と東北軍将兵の望郷の念と不満が後の西安事変へとつながっていく。

| 第1次上海事変 | 1932年1月第1次上海事変が勃発した。間接的要因は，1月8日東 |

1932年1月第1次上海事変が勃発した。間接的要因は，1月8日東京で昭和天皇（1901-89）が陸軍観兵式を終え，馬車で桜田門を通り過ぎようとしたとき，金九（1876-1949）の命を受けた「韓人愛国団」の李奉昌（1900-32）が手榴弾を投げつけたことにある。天皇に命中せず，李はその場で捕えられた（10月処刑）。このとき，上海の『民国日報』が「不幸にして僅かに副車を焼く」との記事を載せた。これに対して，日本側は「不敬」事件として，上海市長呉鉄城（1888-1953）に対して『民国日報』の謝罪，責任者処罰を要求した。また，上海の日本人居留民も激昂し，「支那懲罰」の世論が盛り上がった。直接的契機は日蓮宗の日本人僧侶5人を，板垣の指示を受け，田中隆吉（1893-1972）が雇った中国人無頼漢に襲わせたことである。このとき，川島芳子が暗躍したとされる。こうして，僧侶1人を殺害したが，それを「三友実業社義勇軍」の行為と偽り，この報復を口実に上海の工場に放火，中国人警察1人を殺害した。そして，日本人居留民保護を名目に上海出兵を決定したのである。実は，日本は排日運動の直接弾圧と「満洲」から国際社会の眼をそらせる目的をもっていた。これに対して十九路軍と上海民衆が激しい抵抗を繰り広げた。だが結局，5月，日本優位の淞滬停戦協定が締結され，呉淞などの日本軍駐兵権を認めたうえ，十九路軍は福建への移動を命じられた。確かに第1次上海事変で十九路軍等が日本軍と戦ったが，国民政府から軍規違反とされ，ほとんど支援のない窮迫した戦いを強いられたのである。

2-❽　主要な戦争時期区分論

年　　月	1931. 9	1933. 5	1937. 7	1941. 12	1945. 8
日中戦争論					
日中全面戦争論					
日中十五年戦争論					
太平洋戦争論					
アジア・太平洋戦争論					
中国抗日八年戦争論					
中国抗日十四年戦争論					
「大東亜戦争」論					

───戦争として認めている期間
----東条英機はこの時期も「大東亜戦争」に包括されると考えていた。日中全面戦争論は他の理論にも包括される場合が多い。抗日八年戦争論では，1937年8月第2次上海事変，もしくは9月第二次国共合作・抗日民族統一戦線をもって「戦争開始」とする研究もある。抗日十四年戦争論は，日中十五年戦争論の影響を受けた中国東北地方の研究者や日本外交史料を主に使用する中国人研究者が主張し始めた。

2-❾　柳条湖事件関係地図

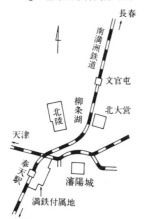

2-❿　現在の柳条湖付近

2-⓫　リットン（1876-1947）調査団

＊最も背の高い人物がリットン卿。

2-⓬　川島芳子（1907-48？）

3 「安内攘外」政策とリットン調査団

対日不抵抗政策　満洲事変当時，中国の抗戦突入は実質的に不可能な状態であった。その政治的反映が「安内攘外」政策で，中国のソヴェト区への全国的規模の包囲攻撃と経済建設，そして対日不抵抗政策である。蒋 介石（1887-1975）は，1931年9月23日の国民党員大会で「道理をもって強権に対し，平和をもって野蛮に対し，辱みを忍び，憤りを押さえ」，国際連盟の正当な採決を待つと演説した。また，蒋は張学良に対して「インドのガンジーが採った非暴力不服従の方法にならい日本に対処する」と述べたという。結果的に，不抵抗政策こそ日本の一方的侵略であり，戦争ではないことを明確に浮かび上がらせる。それを国際的にアピールし，外交的に優位に立つことをめざしたのである。

リットン調査団　1931年9月，中国は国際連盟に提訴し，12月，日本側も国際連盟に逆提訴した。これを受けて32年1月国際連盟は英国のリットン卿（1876-1947）を団長とする仏，独，伊，米各国代表19人による調査団を派遣した。3月に日本は「満洲国」を成立させた。10月，リットン報告書が提出された。①日本の行動は自衛権の発動とは認められず，②「満洲国」は自発的独立運動の産物ではない，③中国の排日運動も問題，④列強の共同管理とする。このように，日本では日本批判のみが強調されるが，中国の主権を無視した内容もあった。1933年2月，国際連盟総会は報告書を受けて，日本軍の「満洲」からの撤退を勧告した。3月に日本は国際連盟を脱退し，侵略を拡大した。5月，関東軍と国民政府との間で塘沽停戦協定が締結され，日本は長城以北に中間地帯をつくることに成功し，中国から「満洲国」を分離，熱河占領も認めさせた。1934年4月には「天羽声明」が出され，中国が他国を利用して日本排斥をしないように警告した。

新生活運動　「安内攘外」政策を支える重要工作の1つとして，1934年2月蒋介石は新生活運動を開始し，反共と将来の抗日のため儒教による民衆の組織化を図った。全国規模の運動となり，推進された省市は20省1300余県に達した。また，陳果夫（1892-1951），陳立夫（1900-2001）率いる特務「C・C団」と，戴笠（1897-1946）ら「藍衣社」が中共や第三勢力に対する弾圧に奔走した。地主武装も保安隊に改編された。さらに，保甲制度により相互監視と連帯責任を強化した。これに対して，中共は「抗日」をとなえたが，主要敵は蒋介石・国民党で，当時，国内矛盾を打開できる理論も政策もなかった。したがって，1932年4月に「対日戦争」を正式に宣布するが，「反蒋」を掲げたままであり，そのうえ，第三勢力を「改良主義者」で悪質な敵とみなす「中間階級主要打撃論」・純化路線をとり，自ら孤立化の道を歩んでいた。1933年10月（～34年秋）国民政府軍による第5回目の大規模な包囲攻撃が実施され，ドイツ人顧問フォン・ゼークト将軍（1866-1936）の指導により，国民政府軍100万人と飛行機200機が動員された。

2-⓭　蒋介石の「安内攘外」論についての講演

　現在，我国には内憂外患双方が迫っている。一方では国内において狂暴な「土匪」（中共）が毎日殺人・放火に精を出し，他方で国外からは日本帝国主義が毎日，我国を猛烈に侵略している。日本があえて我国の土地を侵略し，甚だしくは公然と全中国を滅ぼそうとするのは，国内で「土匪」の擾乱があり，統一できていないからだ。………まず「心腹の患い」（内臓病）を徹底的に治さなくてはならない。「小さな皮膚病」（日本による侵略）は決して問題ではなく，今は「剿匪」（中共掃蕩）こそが「心腹の患い」を治療することなのである。………救国の途は古人の「攘外には必ずまず内を安んじるべし」との言に則り努力し，我々はまず後方と内部を安定させた後，日本を追い払うべきであり，そうしてこそ初めて活路がある。

　＊蒋介石「革命軍的責任是安内与攘外」1933年5月8日。

2-⓮　冀東非武装地帯

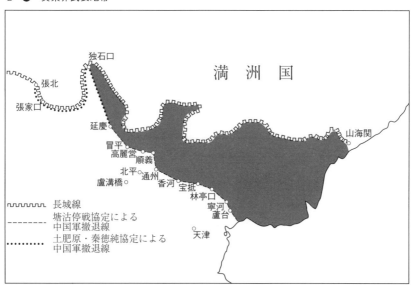

2-⓯　陳果夫

2-⓰　陳立夫

2-⓱　戴笠

3 │ 1930年代半ばの中国

1 華北問題と中国共産党の路線転換

華北分離工作 日本の侵略は断続的とはいえ，とどまるところを知らず，1935年5月（～9月）日本は中国から河北，山東，チヤハル，綏遠，山西の華北5省分離工作を画策した。そして6月10日，梅津・何応欽協定で，中国に5省の「分離独立」を承認させた。さらに6月27日に土肥原賢二・秦徳純協定で，関東軍はチヤハル省に勢力を拡大，内蒙工作の基盤を築いた。国民政府がこれに妥協し続けたことで中国民衆の不満は高まる一方であった。ただし，11月，日本が河北の非武装地帯に冀東防共自治政府を成立させたことに対して，国民政府は冀察政務委員会を設けて外交折衝で対抗している。ところで，日本では1936年二・二六事件が勃発した。陸軍少壮将校ら約1400人がクーデタを起こし，大蔵大臣高橋是清（1854-1936）らを殺害し，首相官邸を占拠した。かくして，日本では軍部の力がさらに強まり，政党政治に終止符が打たれた。また，コミンテルンに対抗するとして日独防共協定が締結され，その後，イタリアも参加している。

福建人民革命政府 第1次上海事変後，国民政府により十九路軍は福建での中共討伐に移動させられたが，1933年11月（～34年1月）福建人民革命政府を樹立している。これには，十九路軍のみならず，第三党，社会民主党，広西派，トロツキー派など諸党派が参加した。いわば第三勢力（民主派）政権であり，明確に「反蔣抗日」を打ち出した。しかし，中共との協定締結にもかかわらず，「中間階級主要打撃論」をとる中共に見捨てられ，蔣介石の攻撃で崩壊した。いわば国内矛盾に対日矛盾が押しつぶされたといえよう。

「長征」 中共は結局，第5回目の包囲攻撃に耐えきれず，1934年10月（～35年10月）「長征」に追い込まれた。スローガンは「北上抗日」であったが，逃亡に近い形態であった。1935年1月，貴州省遵義で毛沢東は中共中央の権力中枢（書記処）に参画するようになった。8月には著名な八・一宣言を出し，「内戦停止」，「一致抗日」を呼びかけた。35年コミンテルンが「反帝統一戦線」に転換し，中共はその線に沿って八・一宣言で「抗日救国を願う全ての党派・団体の統一」を提起した。だが，中共はその際も「反蔣抗日」の旗を下ろせず，国民政府軍の攻撃・追撃によって存亡の危機に立たされており，それに対処することに精一杯であったのである。とはいえ，約1万2500kmを走破し，最終的に陝西省延安に新たな根拠地を築くことに成功した。公式的に中共が「反蔣抗日」から「逼蔣抗日」へと政策的大転換をみせるのは1936年9月のことであり，後述する12月の西安事変で「連蔣抗日」の方向へと加速されることになる。

3-❶ 長征直後の中共最高幹部

3-❷ 遵義会議遺跡

＊右から毛沢東，朱徳，周恩来。

3-❸ 「長征」の経路

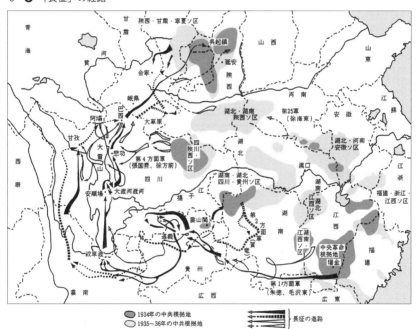

3-❹ 毛沢東：長征の意義について

　長征は宣言書である。それは紅軍が英雄であり，帝国主義者，その手先蒋介石らが全く無能であることを全世界に宣言した。長征は帝国主義者や蒋介石の包囲，追撃，阻止，遮断が破産したことを宣言した。また，長征は宣伝隊でもある。それは，11省の約2億の人民に対して，彼らを解放する道は紅軍の道しかないことを宣布した。もし，この壮挙がなかったならば，世界には紅軍という大きな道理が存在することを，広範な民衆にこれほど速やかに知らせることができなかったであろう。長征はまた種蒔き機である。それは，11省に沢山の種をまいたが，それらは芽を出し，葉を広げ，花を咲かせ，実を結び，やがては収穫されることになる。要するに長征は我々の勝利，敵の失敗という結果で終わった。

＊毛沢東「日本帝国主義に反対する戦術について」1935年12月27日。

2　幣制改革

金融中央集権化と幣制改革　日本の強硬な華北分離工作に対して，蔣介石は内政，外交，財政，軍事各方面で戦争準備に着手した。1935年5月「中央銀行法」が公布され，中央，中国，交通3銀行の特権業務が強化され，中国金融掌握に拍車がかかった。これを基盤に，同年11月幣制改革が断行された。この目的は，英国大使リース・ロス（1887-1968）の勧告により，中国貨幣をイギリスのポンド，アメリカのドルとリンクさせることで，国際通貨として機能させる。そして日本傀儡政権の紙幣との貨幣戦に備える。また，中央，中国，交通の三大国家銀行（中国農民銀行は後に参加）の発行権のみ「法定貨幣」（法幣）とし，銀本位制から通貨管理制に移行させた。三大国家銀行に集中された法幣は中国各地に浸透し，貨幣による金融中央集権化が推進された。こうして各銀行，各省が発行し，地方割拠の障壁となっていた雑券を一定程度整理したのである。そして，経済恐慌，農業恐慌で疲弊しきった経済の中央集権化を強めた。ただ，幣制改革時期，財政部長兼中央銀行総裁の孔祥熙（1880-1967）は上海の中央銀行を改組して「中央準備銀行」とし，金融中枢として金融調整を行わせ，かつ法幣の安定強化のため，法幣発行権を独占させると表明した。その後，「中央準備銀行法草案」は「中央儲備銀行法草案」と改称され，幣制改革の2年後，すなわち1937年11月には実施されることになっていたが，盧溝橋事件の勃発で頓挫してしまった。

　このように，幣制改革は英米支援のもと，幣制の全国的統一をめざし，日本の経済侵略に抵抗し，改革後，景気が徐々に回復した点で画期的意義をもつ。しかし，残された課題も多かった。「中央儲備銀行」未成立のほか，西南，西北中心に1億から1億5000万元と見積もられる地方貨幣が相変わらず強固な地盤を築き続けていたからである。

抗戦準備　1934，35年，国民政府軍は中共の長征追撃過程で西南地方の中央集権化を進めた。この時期になると，蔣介石は上海，南京などの戦略要地の国防強化を図るとともに，蔣自ら1935年春，夏2回，その後背地ともいえる西南・西北の四川，西康，雲南，貴州，陝西を視察している。中共討伐を達成した後，これらの地域を日本との最後の決戦を挑む根拠地とみなしたからである。他方で，35年6月には「敦睦友邦令」を発布し，相変わらず抗日言論，抗日団体の組織化に対して禁止令を出している。つまり，蔣は忍耐時期の継続と考え，全面戦争突入のための準備を着実に進めていた。蔣の立場からいえば，「敦睦友邦令」は日本にさらなる侵略の口実を与えず，無用な摩擦を避ける手段であったといえよう。なお，同年11月には，中国国民党第5回全国代表大会で，蔣は外交方針について，「和平がまだ絶望的ではない時期には和平を決して放棄しない」としながらも，妥協するつもりはなく，和平か戦争かは日本の選択次第である，と演説している。

3-❺　法幣発行高

（単位：100元）

年月	中央銀行	中国銀行	交通銀行	中国農民銀行	合　計	物価指数（販売価格）	為替レート（1元のドル換算）
1935.6	98	166	85	(12)	324		
12	179	286	176	(29)	671		
1936.6	299	351	204	92	947		
12	325	459	295	162	1,241		
1937.6	375	509	313	207	1,407	100	0.3035
12	430	606	371	230	1,639	109	0.2907
1938.6	489	653	321	262	1,726	127	
12					2,305	155	0.1635
1939.6	1,048	703	548	326	2,626	205	
12	1,346	771	597	365	3,081	306	0.0783
1940.6	1,623	1,100	727	510	3,962	487	
12					7,874	801	0.0216
1941.6					10,731	1,231	
12					15,138	2,111	0.0117
1942.6					24,945	3,645	
12	34,360				34,360	6,128	0.0008
1943.6	49,873				49,873	12,951	
12	75,379				75,379	22,304	0.0003
1944.6	122,779				122,779	43,772	
12	189,461				189,461	67,998	0.0001
1945.6	398,082				398,082	201,531	

＊中国農民銀行券は1936年1月に法幣と定められたが，1934年8月から紙幣を発行していた。また，1940年12月から1942年6月までの銀行別発行高は不明。

3-❻　中央銀行紙幣（1936年発行，印刷は英国で）

3-❼　孔祥熙（右）と宋靄齢（1889-1973）

3-❽　中国の産業構造（1935年）

生産額による構成比（%）

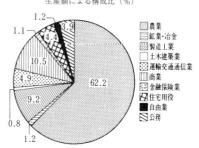

- 農業 62.2
- 鉱業・冶金
- 製造工業 10.5
- 土木建築業 4.9
- 運輸交通通信業 9.2
- 商業
- 金融保険業 0.8
- 住宅用役 1.2
- 自由業 1.2
- 公務 3.9
- 1.1
- 4.4

3 抗日運動の拡大と国民党の弾圧

中国民権保障同盟 1932年12月，宋慶齢（1893-1981）らにより中国民権保障同盟が設立され，国内政治犯の釈放や集会・結社・言論・出版の自由などを要求した。こうした流れのなかで，33年3月に国民禦侮自救会が成立した。これは労働者・学生・作家・知識人・商人など，民権保障同盟を含む30余団体が結集した巨大団体で，抗日と民主を強力に要求した。

東北義勇軍 1932年後半以降，東北では「満洲国」建国に反発する抗日武装のゲリラ的な抵抗が頻発していた。主な組織は①東北軍の元将兵（馬占山，李杜，唐聚五ら東北義勇軍），②東北軍の旧部隊と民衆の合体組織（王徳林の救国自衛軍），③民衆自衛組織としての秘密結社（紅槍会，大刀会など）であった。ただし，たとえば33年馮玉祥（1882-1948），吉鴻昌（1895-1934）らは察綏抗日同盟軍を結成し，領土の一部を奪還したが，関東軍の厳重抗議により国民政府軍と関東軍の挟撃と経済封鎖にあい，わずか70日で解散した。その後も吉鴻昌らは戦い続けたが，10月，日本軍の空爆を受け国民政府に投降した。馬占山（1885-1950）らも日本軍からの攻撃の際，不抵抗政策を意識し，何度も退却した。このように，不抵抗政策は東北義勇軍将兵の手足を縛り，かつ国民政府の妨害にすらあった。

一二・九学生運動 1935年北平（北京）で学生運動である一二・九運動が勃発した。学生たちは冀察政務委員会の設立も日本侵略の拡大を招くと危機感を抱き，「内戦停止と一致抗日」を主張し，デモをした。この運動は南京，上海，太原，西安など全国各地に波及した。のみならず，婦女界救国会，文化界救国会，労働者救国会などが結集し，1936年5月，上海で沈鈞儒（1875-1963）らにより全国各界救国連合会（全救連）が結成された。それは，抗日を強力に要求し，「政治犯釈放」，「統一的抗日政権の樹立」をスローガンとした。だが，これらの運動は国民政府の軍警に鎮圧された。つまり，この時期の学生運動は抗日要求段階にあり，国民党の徹底的な弾圧にあったのである。

両広事件・綏遠事件・「抗日七君子」事件 こうした抗日要求は不満軍閥を巻き込み，展開された。1936年6月（～9月）両広事件が勃発し，白崇禧（1893-1966），李宗仁（1891-1969）ら西南軍閥を中心に「反蒋抗日」と「失地回復」を要求した。11月には，綏遠事件が起こり，関東軍と徳王（1902-66）ら蒙古傀儡軍に綏遠省主席の傅作義（1895-1974）が逆襲している（→153頁）。同月，国民政府が抗日を要求した第三勢力の章乃器（1897-1977，民族資本家），李公樸（1902-46，教育家），鄒韜奮（1895-1944，ジャーナリスト），王造時（1902-71，大学教授），沈鈞儒（弁護士），沙千里（1901-82，同），史良（1900-85，同）を逮捕，投獄するという「抗日七君子」事件が勃発した。このことは，世論の反発を招き，「即時釈放」，「愛国無罪」の声が圧倒的高まりをみせた。

3-❾　東北の抗日将軍
　　　馬占山

3-❿　東北義勇軍の出動

3-⓫　日本軍に捕獲，殺害さ
　　　れる東北義勇軍人員

3-⓬　一二・九運動　（北京でのデモ行進）

3-⓭　救国団体の成立

1935. 12.	13	上海各大学学生救国連合会
	21	上界婦女界救国連合会
	21	上海中学生救国連合会
	27	上海文化界救国会
1936. 1.	2	上海小学校教職員救国連合会
	8	上海各大学教授救国会
	27	北平文化界救国会
	28	上海各界救国連合会
2.	2	上海電影界救国会
	9	上海職業界救国会
	23	国難教育社
9.	26	広西全省学生救国会
9.	28	上海美亜織綢廠工人救国会
5.	26	広西文化界救国会
	24	南寧婦女救国会
	?	武漢婦女救国会
	27	上海学生救国連合会
	30	中国学生救国連合会
	31	全国各界救国連合会（全救連）

3-⓮　「抗日七君子」

＊右から李公樸，王造時，馬相伯，沈鈞儒，鄒韜
　奮，史良，章乃器，沙千里，杜重遠

3-⓯　傅作義

4 西安事件

中央紅軍の到着　長征を経て10万人の兵力を8000人まで激減させた毛沢東率いる中央
紅軍は，1935年10月劉志丹（りゅうしたん）（1903-36）の陝西省北部のソヴェト区
に迎え入れられた。12月に中共は瓦窰堡（がようほ）会議を開催し，「最大限に広範な反日民族統一戦
線」の樹立という基本方針を決定したが，「反蔣」とソヴェト路線を相変わらず堅持して
いた。他方，張学良（ちょうがくりょう）（1901-2001）の東北軍は当地の中共掃蕩を急いだが，劉志丹と徐海
東（じょかいとう）（1900-70）の紅第15軍団に嶗山・直羅鎮両戦役で惨敗を喫した。この結果，張学良は短
期間で中共を掃蕩できるという考えを変えざるをえなくなった。また，楊虎城（ようこじょう）（1893-
1949）の西北軍と劉志丹の陝北紅軍は元来関係があり，いわば「陝北小連合」が形成され
ていた。それを基盤に張学良の東北軍，楊虎城の西北軍，中共の紅軍による「西北大連
合」が形成されたのである。

西安事件　抗日趨勢の頂点に位置するのが西安事件といえる。国民政府は抗日戦争開
始のため，中共絶滅を急ぎ，蔣介石自ら西安に督促に行ったところ，1936
年12月12日，東北軍の張学良，西北軍の楊虎城に監禁され，逆に抗日を要求されるという
西安事件が勃発した。張，楊は全国に通電を発し，国民政府の改組，内戦停止，政治犯の釈
放，「抗日七君子」の釈放，愛国運動の解禁，政治的自由，孫文遺嘱の遵守，および救国会議
の開催などを要求した。張らは蔣の説得を試みたが，同意しなかった。かくして，中共の周（しゅう）
恩来（おんらい）（1898-1976）が乗り出し，蔣との直接談判に入った。当時，国民党内においても蔣奪
還をめぐり何応欽（かおうきん）（1890-1987）らは「武力解決」の強硬策を主張した。結局，英米の支持を
得て「和平解決」をめざす宋美齢（そうびれい）（1901-2003），宋子文（そうしぶん）（1894-1971）らと張，楊との交渉が
開始され，和議が成立し，クリスマスの12月25日，蔣介石はついに釈放されることになる。

「5項目提案と4項目妥協」　1937年2月，中共は「5項目提案と4項目妥協」を国民
党3中全会に提起している。「5項目提案」とは，①内
戦停止と一致対外，②言論・集会・結社の自由，③各党各派各界各軍の代表会議の召集，
④対日抗戦の準備，⑤人民生活の改善である。もしこれに同意するなら，「4項目妥協」
として①武装暴動の停止，②ソヴェト政府を中華民国特区政府とし，紅軍を国民革命軍に
改称し，国民政府軍事委員会の指導を受ける，③民主制度の実行，④土地没収政策の停止
を行う。いわば，蔣介石をトップとする「連蔣抗日」を行うとしたのである。これを受け
て，国民党3中全会では宋慶齢ら左派と汪精衛ら右派との間で大激論となったが，党内の
大勢はすでに「容共抗日」に傾斜していた。そこで，同時に「赤匪根絶議案」を採択し，
中共側から国民党に投降したとの形態をとることで，中共側からの「提案」と「妥協」を
受け入れたのである。

3-⑯　周恩来

3-⑰　劉志丹

3-⑱　楊虎城

3-⑲　西安事件勃発時，蔣介石は
　　　この部屋から逃走

3-⑳　蔣介石と共に捕縛された要人

3-㉑　西安事件の際の号外

3-㉒　西安10万人軍・民大会
（1937年1月）

3-㉓　解放された後，蔣が搭乗した飛行機

第3章　重慶政権と「八年抗戦」

1 ｜ 戦時体制下の中国政治

1　日中全面戦争の勃発

盧溝橋事件　日中全面戦争の発端は，1937年7月7日，北平郊外の盧溝橋付近で日本軍（支那駐屯軍）が演習中，原因不明の銃声が鳴り響いたことに端を発する中国第29軍との衝突事件である。これを契機に日本政府は「北支出兵」を決定，蔣介石（1887-1975）も中央軍を北上させた。28日，日本軍は総攻撃を開始，天津・北平を陥れた。平津陥落の衝撃は，中国政治における戦時体制の構築を促した。8月13日，日中両軍の激戦が上海で始まった。14日，中国政府は「自衛抗戦声明」を発表，日本政府も翌日「支那軍の暴戻を膺懲し以て南京政府の反省を促すため今や断乎たる措置をとる」と声明した。

国共合作の成立　8月15日，中共は「国共合作を公布するための宣言」を国民党に手渡し，三民主義の実現，赤化暴動の取消，地主の土地没収停止，ソヴェト政府・紅軍の呼称の不使用を明示した。22日，国民政府は，西北の紅軍の国民革命軍第八路軍への改編命令を公布（朱徳・総司令），さらに10月には華中の紅軍が国民革命軍新編第四軍（新四軍）となった。9月22日，国民党中央通訊社が中共の合作宣言を公表，翌日の蔣介石談話によって中共の合法的地位が確認された（第2次国共合作）。中共中央所在地・延安には陝甘寧辺区政府がおかれ，国民政府行政院管轄下の特別区域となった。国民政府軍事委員会の指揮下におかれた八路軍は，中共の実質的指揮を保持しつつ抗日の前線に出動していった。

南京事件　日本政府が中国の「暴戻の膺懲」を掲げたことは，中国側の抵抗が続く限り両者の戦闘がとめどもなく継続・拡大することを意味していた。上海攻防戦において，蔣介石は直系の精鋭部隊を投入，これに対して日本軍も増派を重ねて局面の打開を図った。3か月の激戦によって上海占領を果たした日本軍は，敗走する中国軍を追撃して南京をめざした。11月17日，（中国）国防最高会議は，国民政府と国民党中央党部を長江上流の重慶に移転することを決定した。激戦による精神的荒廃と軍紀の弛緩，加えて補給難のもとでの追撃戦は沿路での略奪・暴行を引き起こしていたが，南京に入城した日本軍は，中国人捕虜や逃亡兵を処刑しただけではなく，多数の一般市民に対する暴行・虐殺を行った。犠牲者数について今日の中国では30万人以上とされ，また近年の研究では数万～十数万人と推定されている。

1-❶ 盧溝橋付近図

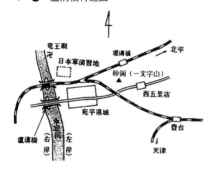

1-❷ 国民政府の自衛抗戦声明

1937年8月14日

中國爲日本無止境之侵略所逼迫，茲已不得不實行自衛，抵抗暴力。（中略）

中國今日鄭重聲明，中國之領土主權，已橫受日本之侵略；國聯盟約，九國公約非戰公約，已爲日本所破壞無餘。此等條約，其最大目的，在維持正義與和平。中國以責任所在，自應其能力，以維護其領土主權及維護上述各種條約之尊嚴。中國決不放棄領土之任何部分，偶有侵略，惟有實行天賦之自衛權以應之。日本苟非對於中國懷有野心，實行領土之侵略，則當對於兩國國交謀合理之解決，同時制止其在華一切武力侵略之行動；如是則中國仍當本其和平素志，以挽救東亞與世界之危局。要之，吾人此次非僅爲中國，實爲世界而奮斗，非僅爲領土與主權，實爲公法與正義而奮斗。吾人深信，凡我友邦既與吾人以同情，又必能在其鄭重簽訂之國際條約下各盡其所負之義務也。

1-❸ 盧溝橋事件に関する日本政府声明

1937年8月15日

帝国夙ニ東亜永遠ノ平和ヲ冀念シ，日支両国ノ親善提携ニ力ヲ致セルコト久シキニ及ヘリ。然ルニ南京政府ハ排日抗日ヲ以テ国論昂揚ト政権強化ノ具ニ供シ，自国国力ノ過信ト帝国ノ実力軽視ノ風潮ト相俟チ，更ニ赤化勢力ト苟合シテ反日侮日愈々甚シク以テ帝国ニ敵対セントスルノ気運ヲ醸成セリ（中略）

帝国政府ハ夙ニ南京政府ニ対シテ挑戦的ノ言動ノ即時停止ト現地解決ヲ妨害セサル様注意ヲ喚起シタルニモ拘ラス，南京政府ハ我カ勧告ヲ聴カサルノミナラス，却テ益々我カ方ニ対シ戦備ヲ整ヘ，厳存ノ軍事協定ヲ破リテ顧ミルコトナク，軍ヲ北上セシメテ我カ支那駐屯軍ヲ脅威シ又漢口上海其他ニ於テハ兵ヲ集メテ愈々挑戦ノ態度ヲ露骨ニシ，上海一ニ於テハ遂一ニ我一ニ向ソテ砲火ヲ開ヤ帝国軍艦ニ対シテ爆撃ヲ加フルニ至レリ。

此ノ如ク支那側カ帝国ヲ軽侮シ不法暴虐至ラサルナク全支ニ亙ル我カ居留民ノ生命財産危殆ニ陥ルニ及ヒテハ，帝国トシテハ最早隠忍其ノ限度ニ達シ，支那軍ノ暴戻ヲ膺懲シ以テ南京政府ノ反省ヲ促ス為今ヤ断乎タル措置ヲトルノ已ムナキニ至レリ。（以下略）

1-❹ 南京事件関係地図

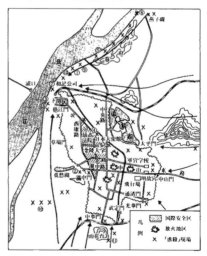

×印は虐殺発生地，矢印は日本軍進路

①魚雷営集団虐殺地
②漢中門集団虐殺地
③中山埠頭集団虐殺地
④大方巷広場集団虐殺地
⑤草鞋峡集団虐殺地
⑥下関集団虐殺地
⑦竜江口集団虐殺地
⑧燕子磯集団虐殺地
⑨魚雷営・宝塔橋一帯集団虐殺地
⑩上海河集団虐殺地
⑪中華門外花神廟集団虐殺地
⑫石炭港集団虐殺地

2 戦争の長期化と抗日高潮

占領地域の拡大

1938年1月，近衛文麿（1891-1945）内閣は，「爾後国民政府を対手とせず」新政権の成立を助長して事態の解決を図ると声明，国民政府との外交関係を断絶した（近衛声明）。占領地では現地軍によって親日政権が樹立され，中国資産の管理と民衆動員がめざされた。3月，山東省台児荘で大きな損害を出した北支那方面軍（支那駐屯軍改組）は中国軍との会戦を企図して徐州作戦を発動，5月には徐州を占領して津浦線を打通したものの中国軍主力の捕捉にはいたらなかった。8月からの武漢作戦では，日本軍は長江両岸から進攻し，激戦を経て10月末に武漢を占領した。同時期日本軍は広州を攻略した。沿海・沿江部主要都市をおさえた近衛内閣は，12月，「東亜新秩序」建設を提唱した（第2次近衛声明）。

武漢における抗日高潮

国民政府は，日本軍の進攻に対して大規模な軍事作戦を回避して兵力を温存しながら撤退する「空間を時間に替える」方針をとった。重慶遷都宣言後，多くの国民政府・国民党機関は武漢に移転したため，1938年の武漢は戦時首都の様相を呈した。3月に開催された国民党臨時全国代表大会は，蔣介石（1887-1975）と汪精衛（1883-1944）を国民党の正副総裁に推挙するとともに，日中全面抗戦期における中国政治の基本方針を定めた「抗戦建国綱領」を採択した。7月，国民参政会第1回会議が武漢で開催された。国民党の指名による200名の参政員には，中共の7名を含む各党各派の指導者を含んでいた。武漢八路軍弁事処は事実上の中共代表部であり，当地で中共の機関紙誌『新華日報』『群衆』が創刊された。さらに国民政府軍事委員会に政治部がおかれ，周恩来（1898-1976）が副部長に就任したことは，国共の蜜月を象徴していた。政治部で宣伝工作を所轄する第三庁（郭沫若〔1892-1978〕・庁長）のもとで，様々な抗日キャンペーンが展開された。

毛沢東「持久戦論」

1938年5-6月，毛沢東（1893-1976）は延安で「持久戦について」と題する講演を行った。かれは，日中両国の長所と短所を比較することによって，当時言われていた中国の必亡論と速勝論を否定し，抗日戦争が持久戦でありなおかつ中国は最終的に勝利すると主張するとともに，日中の力関係の変化を，日本の進攻と中国の退却段階から対峙段階を経て中国の反攻と日本の退却段階という三段階として把握した。そしてこの対峙段階での両者の力関係の逆転は，日本軍占領地域での遊撃戦の展開と抗日根拠地の建設をふまえて構想されていた。9-11月に延安で開催された6期6中全会は，中共が独立自主の立場で抗日根拠地を建設していくことを確認した。

1-❺　「国民政府ヲ対手ニセズ」日本政府声明

1938年1月16日

帝国政府ハ南京攻略後尚ホ支那国民政府ノ反省ニ最後ノ機会ヲ与フルタメ今日ニ及ヘリ。然ルニ国民政府ハ帝国ノ真意ヲ解セス漫ニ抗戦ヲ策シ，内民人塗炭ノ苦ミヲ察セス，外東亜全局ノ和平ヲ顧ミル所ナシ。仍テ帝国政府ハ爾後国民政府ヲ対手トセス，帝国ト真ニ提携スルニ足ル新興支那政権ノ成立発展ヲ期待シ，是ト両国国交ヲ調整シテ更生新支那ノ建設ニ協力セントス。元ヨリ帝国カ支那ノ領土及主権並ニ在支列国ノ権益ヲ尊重スルノ方針ニハ毫モカハル所ナシ。今ヤ東亜和平ニ対スル帝国ノ責任愈々重シ。政府ハ国民カ此ノ重大ナル任務遂行ノタメ一層ノ発奮ヲ冀望シテ止マス。

【参考】補足的声明（1938年1月18日）

爾後国民政府ヲ対手トセスト云フノハ同政府ノ否認ヨリモ強イモノテアル。元来国際法上ヨリ云ヘハ国民政府ヲ否認スルタメニハ新政権ヲ承認スレハソノ目的ヲ達スルノテアルカ，中華民国臨時政府ハ未タ正式承認ノ時期ニ達シテキナイカラ，今回ハ国際法上新例ヲ開イテ国民政府ヲ否認スルト共ニ之ヲ抹殺セントスルノテアル。又宣戦布告ト云フコトカ流布サレテヰルカ，帝国ハ無辜ノ支那民衆ヲ敵視スルモノテハナイ。又国民政府ヲ対手トセヌ建前カラ宣戦布告モアリ得ヌワケテアル。

1-❻　国民政府軍編成（1938年）

戦区名称	作戦地域	司令長官	著名指揮官
第一戦区	平漢路方面	程潜	商震，宋哲元 石友三，劉汝明
第二戦区	山西方面	閻錫山	衛立煌，傅作義 朱徳
第三戦区	蘇浙方面	顧祝同	劉建著，羅卓英 葉挺
第四戦区	両広方面	何応欽	余漢謀，李漢魂
第五戦区	津浦路方面	李宗仁	于学忠，李品仙 鄧錫侯
第八戦区	甘寧青方面	蔣介石（兼）朱紹良（副）	馬鴻逵，馬歩芳 馬占山
武漢衛戍司令部	武漢一帯	総司令陳誠	李延年，盧漢
西安行営	西安一帯	主任蔣鼎文	毛炳文，胡宗南 黄杰
閩綏靖公署	福建	主任陳儀	陳琪，宋天才
軍事委員会 直轄兵団 整訓部隊 未調動部隊			湯恩伯，孫連仲 徐源泉，張発奎

1-❼　八路軍戦闘序列（1937年8月）

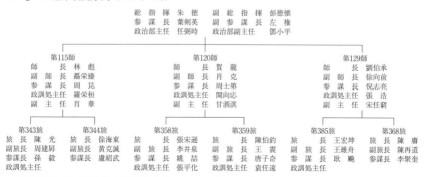

```
                    総指揮 朱 徳    副総指揮 彭徳懐
                    参謀長 葉剣英    副参謀長 左 権
                    政治部主任 任弼時   政治部副主任 鄧小平
```

第115師	第120師	第129師
師　　長 林 彪	師　　長 賀 龍	師　　長 劉伯承
副師長 聶栄臻	副師長 肖 克	副師長 徐向前
参謀長 周 昆	参謀長 周士第	参謀長 倪志亮
政訓処主任 羅栄桓	政訓処主任 関向応	政訓処主任 張 浩
副主任 肖 華	副主任 甘泗淇	副主任 宋任窮

第343旅	第344旅	第358旅	第359旅	第385旅	第368旅
旅　長 陳 光	旅　長 徐海東	旅　　長 張宋遜	旅　　長 陳伯鈞	旅　　長 王宏坤	旅　長 陳 賡
副旅長 周建屏	副旅長 黄克誠	旅副長 李井泉	旅副長 王 震	旅副長 王維舟	旅副長 陳再道
参謀長 孫 毅	参謀長 盧紹武	参謀長 姚 喆	参謀長 唐子奇	参謀長 耿 飇	参謀長 李聚奎
政訓処主任	政訓処主任 張平化	政訓処主任 袁任遠	政訓処主任		

＊1937年9月12日第十八集団軍と改められたが，一般には八路軍の名称が用いられた。また総指揮，副総指揮はそれぞれ総司令，副総司令と改められた。

3　戦線の膠着と中国政治

対峙段階　日本軍による急速な占領地域の拡大という局面は，1938年10月の武漢・広州占領により一段落を遂げた。日本軍は，39年に長沙，40年に宜昌・南寧，41年に鄭州を攻撃，39-40年には大規模な重慶爆撃を行った。これに対して国民政府軍も各地で応戦した。華北の日本軍占領地域に展開した八路軍は，1938年1月の晋察冀辺区をはじめ各地に抗日根拠地政権を建設した。40年8-12月，115師40万人を動員して日本軍を攻撃した「百団大戦」は，大きな犠牲を払いながら中国の人々を鼓舞した。同時にそれは，日本軍による抗日根拠地に対する「掃討」作戦を本格化させることになる。

国共関係の変化　日本軍占領地域における抗日根拠地政権の樹立は，国共の力関係の変容をもたらしつつあった。1939年1月，重慶で開催された国民党5期5中全会は国防最高委員会を設置するとともに（蔣介石委員長），「異党活動処理弁法」を制定して中共の活動の制限・弾圧を試みた。この反共攻勢は，まず陝甘寧辺区への攻撃と華北遊撃戦の主導権争いとして展開され，41年1月には軍紀違反を理由に安徽省南部の新四軍9000を攻撃・解体した（新四軍事件）。こうして両党の関係は「それぞれが別々に抗日を行う」というものに変化する。

毛沢東「新民主主義論」　「新民主主義論」は，毛沢東（1893-1976）が1940年1月に延安で行った講演である。かれは，①「新民主主義革命」は革命的な植民地・半植民地の国がとるブルジョア民主主義革命の形態である，②革命によって樹立される「新民主主義」共和国は革命的諸階級の連合独裁による民主共和国である，③革命に対するブルジョアジーの「二面性」によって，プロレタリアートと共産党は指導性を発揮しなければならない，と述べた。当時この講演は必ずしも注目を集めたわけではなかったが，後に毛沢東が中共の指導権を確立し1949年の人民共和国樹立にあたって，中国革命の勝利を「新民主主義」革命と自己規定する根拠と位置づけられることになった。

汪精衛の南京政権　1938年12月，汪精衛（1883-1944）は反共と日本との和平救国をとなえて重慶を離脱，昆明を経てハノイに向かった。第2次近衛声明はこれに呼応したものであったが，汪側近を除いて彼が期待した国民党指導者や西南の軍人に同調者は現れなかった。この後日本側と交渉を経て1940年3月に南京に国民政府を樹立した。この政権は，かなりの体制をそなえた対日協力政権であったが，中国の人々が主導権を発揮する自立的な政権に発展することはなかった。

1-❽ 日本軍の進路と占領地域

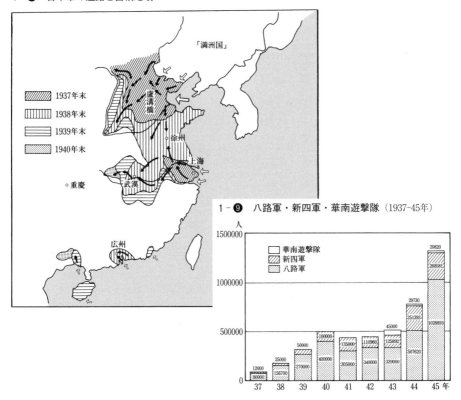

1-❾ 八路軍・新四軍・華南遊撃隊（1937-45年）

1-❿ 対日協力政権と植民地統治機関

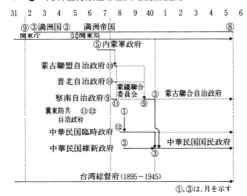

①，③は，月を示す

＊それぞれの背後には台湾軍，関東軍，北支那方面軍，支那派
遣軍など日本軍が控えていた。

2 │ アジア太平洋戦争と中国

1 アジアの戦争，ヨーロッパの戦争

日中戦争と国際政治　国民政府は盧溝橋事件を契機とする日本軍の行動を国際連盟に提訴した。1937年10月，連盟は日本の行動がワシントン9か国条約と不戦条約に違反していると認定した。しかしながら，国際連盟の提議によって11月にブリュッセルで開催された9か国条約会議は，実効性のある方針を具体化できなかった。この時期，国民政府の抗戦を積極的に援助したのはソ連であった。8月の中ソ不可侵条約締結を受けて，ソ連は借款供与と武器援助，さらに義勇航空隊と軍事顧問の派遣を行った。このことが第2次国共合作の成立を促し，武漢での国共の「蜜月」を支えた。

ヨーロッパ戦争と日本軍の仏印進駐　ヨーロッパではドイツの侵略政策が本格化し，1939年9月，ポーランドに侵入した。これに対して英仏はドイツに宣戦，ヨーロッパ戦争が勃発した。40年5月，ドイツ軍は西部戦線で大攻勢を開始，オランダ・ベルギーに続いて6月にはパリを占領した。植民地本国の敗北によって，東南アジアとその資源を獲得しうるという期待を日本支配層に抱かせることになった。9月，日本は独伊と三国同盟を結ぶとともに，北部仏印に進駐した。これとともに仏英に圧力をかけ，重慶国民政府への物資輸送の主要ルートであった仏印ルートとビルマ・ルートを閉鎖させた。

独ソ戦と日米交渉　1941年6月，ドイツ軍がソ連に侵入，独ソ戦が始まった。8月，英米は民主主義の防衛をうたった「大西洋憲章」を発表，これにソ連など15か国が参加して反ファシズム陣営が形成された。日本の「南進」と独伊との同盟は，英米の強い反発を引き起こした。アメリカは，1940年9月の北部仏印進駐をはさんで2度にわたって4500万ドルの対中借款を決定するとともに，クズ鉄の対日輸出禁止に踏み切った。40年末から断続的に続けられた日米交渉において，アメリカはさらに非妥協的となり，11月「中国および仏領インドシナからの日本軍の完全撤兵」を求める国務長官ハル（1871-1955）の覚書（ハル・ノート）を日本側に提示した。

日米開戦と国民政府　1941年12月8日，日本軍はマレー半島とハワイ真珠湾を奇襲して英米との戦争に突入，翌9日，国民政府は日独伊3国に宣戦布告した。42年1月，米英ソ中など26か国は相互協力と単独不講和を約した「連合国共同宣言」に調印，蔣 介石（1887-1975）は連合軍中国戦区最高司令官に就任した（参謀長には米軍のスティルウェル〔1883-1946〕将軍が着任）。このことは，日中問題の国際的解決という満洲事変以来の中国の宿望がついに実現したことを意味していた。

2-❶　中国の戦争と第二次世界大戦

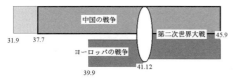

中国の戦争
第二次世界大戦 ━ 45.9
31.9　37.7
ヨーロッパの戦争
39.9
41.12

＊戦争の終結については，終戦詔書のラジオ放送（8月15日）による「終戦記念日」（日本）「光復節・祖国解放記念日」（韓国・朝鮮）と，降伏文書調印（9月2日）による「V-J Day」（米国）「抗戦勝利記念日」（中国9月3日）がある。

2-❷　日米交渉米側提案（ハル・ノート）

November 26, 1941.

1. The Government of the United States and the Government of Japan will endeavor to conclude a multilateral non-aggression pact among the British Empire, China, Japan, the Netherlands, the Soviet Union, Thailand and the United States.

3. The Government of Japan will withdraw all military, naval, air and police forces from China and from Indo-China.

4. The government of the United States and the Government of Japan will not support — militarily, politically, economically — any Government or regime in China other than the National Government of the Republic of China with capital temporarily at Chungking.

5. Both Governments will give up all extraterritorial rights in China, including rights and interests in and with regard to international settlements and concessions, and rights under the Boxer Protocol of 1901.

Both Governments will endeavor to obtain the agreement of the British and other Governments to give up extraterritorial rights in China, including rights in international settlements and in concessions and under the Boxer Protocol of 1901.

2-❸　対米英開戦の詔書

1941年12月8日

天佑を保有し万世一系の皇祚を践める大日本帝国天皇は昭に忠誠勇武なる汝有衆に示す。

朕茲に米国及英国に対して戦を宣す。朕か陸海将兵は全力を奮て交戦に従事し，朕か百僚有司は励精職務を奉行し，朕か衆庶は各々其の本分を尽し，億兆一心国家の総力を挙けて征戦の目的を達成するに遺算なからしむことを期せよ。（中略）今や不幸にして米英両国と釁端を開くに至る，洵に已むを得さるものあり，豈朕か志ならむや。中華民国政府嘗に帝国の真意を解せす，濫に事を構へて東亜の平和を撹乱し，遂に帝国をして干戈を執るに至らしめ，茲に四年有余を経たり。幸に国民政府更新するあり，帝国は之と善隣の誼を結ひ相提携するに至れるも，重慶に残存する政権は米英の庇蔭を恃みて，兄弟尚未た牆に相閲くを悛めす。米英両国は残存政権を支援して東亜の禍乱を助長し，平和の美名に匿れて東洋制覇の非望を逞うせむとす。（中略）斯の如くにして推移せむか，東亜安定に関する帝国積年の努力は悉く水泡に帰し，帝国の存立亦正に危殆に瀕せり。事既に此に至る帝国は今や自存自衛の為，蹶然起つて一切の障礙を破砕するの外なきなり。（下略）

2-❹　国民政府対日宣戦

1941年12月9日

日本軍閥夙征服亞洲，並獨覇太平洋爲其國策，數年以來，中國不顧一切犠牲，繼續抗戰，其目的不僅所以保衛中國之獨立生存，實欲打破日本之侵略野心，維護國際公法，正義及人類福利與世界和平，此中國政府屢經聲明者。

中國爲酷愛和平之民族，過去四年餘之神聖抗戰，原期侵略者之日本於遭受實際之懲創後，終能反省。在此時期，各友邦亦極端忍耐，冀其悔禍，俾全太平洋之和平，得以維持。不料殘暴成性之日本，執迷不悟，且更悍然向我英，美諸友邦開釁，擴大其戰爭侵略行動，其爲破壞全人類和平與正義之戎首，逞其侵略無厭之野心，舉凡遵重信義之國家，咸屬忍無可忍。茲特正式對日宣戰，昭告中外，所有一切條約，協定，合同，有涉及中，日間之關系者，一律廢止，特此布告。

2 重慶政権の抗戦指導

統制の強化と憲政運動の発展 アジア太平洋戦争の勃発によって，中国は連合国の重要な一翼を担うことになったものの，戦局の好転にはいたらず，またビルマ゠ルートの閉鎖により国外からの援助が困難となった。こうした状況のもとで抗戦を堅持するため，統制強化が図られた。1942年3月，「国家総動員法」が公布され，物資の徴用だけでなく，言論・出版・集会・結社の抑圧をもたらした。

　もともと訓政による国民党の一党統治は憲政への移行を前提としていたが，連合国の一員としての中国は，民主主義の早期実現を要請された。1939年9月の第4回国民参政会では，憲法を制定し憲政を実施する提案が採択され，10月には統一建国同志会が組織された（41年3月，民主政団同盟に改組）。43年11月，国民党は，憲政を求める世論の高まりを受けて憲政実施協進会を発足させた。44年9月，民主政団同盟は無党派の個人加盟を認める中国民主同盟に改組された。民主同盟は，連合政府を提唱する中共とともに国民党の一党統治廃止という点で同一歩調をとるようになっていく。

戦時統制経済と西南開発 経済的基盤が弱い内陸部・重慶を拠点として戦争を遂行するため，経済の統制・管理の強化が図られた。金融面では，1939年9月，四銀行連合弁事処を改組して中国・中央・交通・農民各銀行への指導を強め，金融政策全般の企画・実施機関とした。国民政府資源委員会は，国家資本に依拠した重化学工業の育成をめざした。四川・貴州・雲南などで機械工業，石炭石油産業，電力産業などが展開されたが，タングステンやアンチモニーなど中国特産の戦略物資の輸出が資金源にあてられ，工業設備が輸入された。このほか沿海・沿江の都市から工場と技術労働者が移転し，また協働組合方式の工業合作社もつくられた。さらに外国からの援助を受けるため，雲南からビルマに向かう道路が建設された。

戦時財政と内陸社会 1939年以降，軍需と財政を支え法幣の貨幣価値を維持するため，米英から巨額の借款が供与された。しかしながら，商品の絶対的不足と法幣増発によるインフレーションは避けられず，給与生活者を圧迫した。このため公務員や国民党員による汚職や不正も増加していった。政府の財源は，関税収入などの激減により農民から徴収する田賦に依存する割合が大きくなった。1941年6月，田賦を地方税から国税に移管するとともに，金納から実物徴収に改めた。これによって財政上の集権化は進んだが，徴収方法の未整備によって，農民に大きな負担を強いることになった。

2-❺　日中全面戦争下の中国

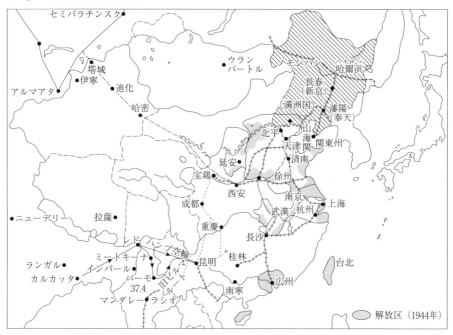

解放区（1944年）

2-❻　法幣発行とインフレーション

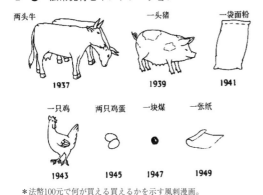

両头牛　1937

一头猪　1939

一袋面粉　1941

一只鸡　1943

两只鸡蛋　1945

一块煤　1947

一张纸　1949

＊法幣100元で何が買える買えるかを示す風刺漫画。

2-❼　国民政府財政と軍事費
（1931-45年）

（単位：百万元）

年	歳出総額	軍事費	割合
1931	572	303	53
32	589	339	58
33	873	386	44
34	1,204	387	32
35	1,337	362	27
36	1,894	555	29
37	2,091	1,388	66
38	1,169	698	60
39	2,797	1,537	55
40	5,288	3,773	71
41	10,003	4,881	49
42	24,459	11,347	46
43	54,711	22,961	42
44	151,767	55,319	36
45	1,276,618	421,297	33

3 抗日根拠地の新たな状況

根拠地の危機 抗日根拠地の発展は日本の占領統治を脅かし，占領軍の支配が及んだのは都市とそれを結ぶ交通路（点と線）に限られるといわれた。1940年，八路軍による百団大戦により大きな被害を受けた日本軍は，華北地域において根拠地に対する経済封鎖・食糧の掠奪とともにその徹底的な破壊をめざす「掃討」作戦を展開，国際法で禁止されていた毒ガスも用いられた。中国ではこの作戦は「三光政策」（三光とは，殺し尽くし，焼き尽くし，奪い尽くすことをさす）と呼ばれた。

さらに1941年1月の新四軍事件（→112頁）に象徴される国共関係の悪化にともない，抗日根拠地は，国民政府軍による封鎖と攻撃にもさらされることになった。41年から42年にかけて，根拠地は深刻な危機に直面し，大幅な縮小を余儀なくされた。

根拠地社会の合意調達 このような危機を克服するため，減租減息・交租交息政策が各根拠地で実施された。この政策は小作料と利息を引き下げるとともに，引き下げられた小作料を規定どおりに支払うことを求めるものであり，地主と農民の階級的利害の調整がめざされた。また，政権に対する根拠地社会からの合意調達を目的として，議会と政府における共産党員の比率を3分の1に抑える「三三制」が実施された。このほか，軍隊と行政機関の少数精鋭化と簡素化を徹底させる「精兵簡政」，経済封鎖に抗して根拠地社会の自給率を高めるための大生産運動が展開された。

延安整風運動と「毛沢東思想」 根拠地の苦境から生じる危機感をバネとして党員の思想統一と組織の規律強化，さらに根拠地社会のイデオロギー統一が図られた。この時期の延安には中共の抗日姿勢に共感する知識人や青年が次々に集まり，党員は全国で80万人（1940年）に達していた。「整風運動」はこうした党員増加にともなう組織的弛緩・作風の退廃を是正することを目的としていた。1942年以降の整風運動は，指定文献の学習を通じて「自己の活動や思想を反省すること」を全党に徹底する形で行われた。それは党の上層部にも適用され，毛沢東への全面的服従の表明を求められた。1943年3月，毛沢東（1893-1976）が党内で「最終決定権」をもつことが承認された。

1943年5月，コミンテルンが解散した。38年に提起された「マルクス主義の中国化」は，結党以来の党の歴史の見直しのなかで「毛沢東思想」を生み出した。45年4‐5月の中共7全大会が採択した党規約は，「毛沢東思想」を「党のすべての活動の指針とする」ことを規定した。

2-❽　華北抗日根拠地の地道戦（1940年）

2-❾　中共の宣伝ポスター

＊農民に八路軍への支持を訴えている。

2-❿　李有源

＊「東が赤らみ，太陽が昇る，中国に毛沢東が現われた，……，彼は人民の大救星……」。この歌の作者である李有源は，陝西省北部，黄河畔にある一山村，葭（佳）県張家荘の貧農の子であった。勉強など，一冬，県城の小学校でやっただけである。しかしそれでも彼は，村で唯一の字を知る人物となった。長征を経て陝北に到着した紅軍は，やがて葭県にも姿を現わし，李有源はその質素だが発溂とした態度に感動した。1942年冬のある朝，山あいを昇ってくる朝日を見て，以前ノートに記した「東方紅」の3文字を思い起こし，それを中共と毛沢東の姿に重ね合わせた。冬の夜，その印象を1つの詩にまとめ，当時その地方で愛唱されていた「騎白馬」（白馬に乗って）という民謡のメロディーを付して1つの歌としたのが「東方紅」であった。この歌は，初め秧歌として葭県一帯で唱われていたが，44年春，張家荘の農民70人が延安へ移住した際，途中の村々で歌い広められていった。中国革命の展開にともない，この歌は，中共と毛沢東に対する讃歌として中国全土を風靡していった。

2-⓫　東方紅

＊中国の人工衛星第1号（1970年4月）からはこの曲が地上へ送られてきた。

3 抗日戦争の勝利

1　大戦の戦局転換と中国

世界大戦の転機

1942年半ばまで，第二次世界大戦（1939-45）は枢軸国側の圧倒的優勢のうちに推移した。日独伊三国同盟を中心にユーラシア大陸の東西にそれぞれ広大な占領地を確保し，さらに北アフリカ，東南アジアや南北太平洋にまで支配を広げていた。42年半ば，連合国側の反撃開始により大戦の一大転機が訪れた。6月，日本軍はミッドウェー海戦で敗北，8月には南太平洋の最前線基地ガダルカナル島への米軍の反攻上陸が始まった。ヨーロッパ東部戦線でもヴォルガ川の要衝スターリングラードで独ソの熾烈な攻防戦が展開された。43年2月，ガダルカナルとスターリングラードにおいて，日本軍とドイツ軍は敗北を喫した。このことは，ヨーロッパとアジア太平洋の2つの戦場において，枢軸国優位から連合国優位に転換する分水嶺となった。

大陸打通作戦と中国戦線

アジア太平洋戦争開戦時，日本陸軍が南方作戦に投入した兵力は12個師団39万人で，全兵力の18％にすぎなかった。20個師団，全兵力の29％にあたる62万人が中国戦線に釘づけにされていた。主力部隊の南方戦線への投入は，中国戦線における兵力劣化をもたらした。

　ガダルカナル島を撤退以降，太平洋での敗北によって制海権を失い本土と南方との海上輸送ルートを切断された日本は，1944年，華北から華南にいたる平漢（北平―漢口），湘桂（衡陽―柳州），粤漢（広州―武昌）の3鉄道を占領し，仏印を経て南方にいたる輸送路を確保するとともに，本土空襲の発進基地となった中国にある空軍基地を破壊するため大陸打通作戦を発動した。日本軍は，長沙・衡陽・桂林・柳州・南寧を占領，中国軍は大きな打撃を受けた。この中国軍の敗北は，インフレにより生活を脅かされていた兵士の戦意低下，精鋭部隊を温存して前線に出さない蔣介石の方針によるものであったが，米軍は奥地四川省の成都基地から爆撃を開始，日本軍は南方でも次々と敗れて拠点を失ったため，この作戦の効果は大きくなかった。

　華北の日本軍は，大陸打通作戦に兵力を転用されたためさらに手薄となった。この時期，八路軍と新四軍は局部的反攻を開始，根拠地を南方に向けて拡大する方針をとった。この結果，日本軍はここでも戦面の縮小を余儀なくされた。

　また，在華米軍司令官スティルウェルが指揮する米中連合軍は，1943年12月にフーコン峡谷からビルマに進攻，44年8月には中国支援ルートの起点ミートキーナ飛行場を確保した。9月，中国雲南遠征軍は雲南省拉孟・騰越を奪還，インパール進攻休戦の失敗とともに，日本軍のビルマ戦線の崩壊をもたらした。

3-❶ 日本の占領地域

3-❷ 大陸打通作戦関係図

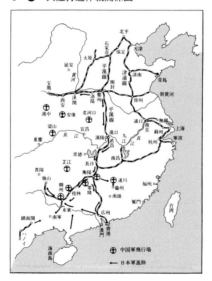

3-❸ 日本陸軍地域別兵力

(単位：千人)

地域 ＼ 年	1941	%	1942	%	1943	%	1944	%	1945	%
日 本 本 土	565	27	500	21	700	24	1,210	30	2,780	43
中 ｛関 内	680	32	680	19	680	23	800	20	1,200	19
国 ｛東 北	700	33	700	29	600	21	460	11	780	12
南 方	155	7	500	21	920	32	1,630	40	1,640	26
合 計	2,100	100	2,380	100	2,900	100	4,100	100	6,400	100

2　戦後処理をめぐるアメリカと中国

中国「大国化」構想

1942年1月，26か国からなる「連合国共同宣言」の調印にあたって，中国は米英ソにつぐ署名順位を与えられた。10月，米英は中国に対する不平等条約廃棄を発表，翌年1月に治外法権撤廃等の条約に調印した。

　連合国側の優勢が確かなものとなり戦後秩序が構想されるようになると，ローズヴェルト（1882-1945）米大統領は，戦後東アジアの国際政治を日本に代わって中国が主導すべきであるという中国「大国化」構想を進めた。1943年11月，米英中3国首脳によるカイロ会談が開かれた。会談後に発表された宣言では，日本に対して，無条件降伏，台湾・満洲の中国返還，朝鮮の独立などを要求することが表明された。

スティルウェル事件

当初アメリカは，中国を対日爆撃の基地として位置づけていたが，太平洋での日本軍の敗退によって本土の直接爆撃が可能になったため，その戦略を修正していった。しかし，中国に日本軍をとどめておくことは依然として必要であり，中国軍の軍事的崩壊はくいとめなければならなかった。大陸打通作戦による中国軍の敗退によって，重慶政府の権威は大きく失墜した。連合国が全戦線で攻勢にあるなか，中国軍だけが潰走する事態に，世論の矛先は政府の無能，軍の腐敗に向けられた。1944年7月以降，ローズヴェルト米大統領は，中国全軍の指揮権をスティルウェル（1883-1946）に委譲するよう蔣介石（1887-1975）に求めた。蔣はこれを民族的屈辱と捉えて拒否し，逆にスティルウェル解任を要求，10月，ローズヴェルトはスティルウェルを解任した。こうして「四大国」としての中国の政治的統一と安定は，単に中国1国の問題ではなく，アメリカ主導の戦後国際体制の課題となっていく。

ヤルタ密約と中国

1943年11-12月，カイロ会談直後に開催された米英ソ首脳によるテヘラン会談において，スターリンは対独戦終了後の対日参戦を確約していたが，45年2月の同じメンバーによるヤルタ会談では，ソ連の対日参戦の条件が秘密合意された（ヤルタ密約）。すなわち，外モンゴルの現状維持，大連・旅順に対するソ連の権益保障，中東鉄道・満鉄線の中ソ合弁とソ連の特殊権益などであり，中国の主権を侵害する内容を含んでいた。ローズヴェルトからすれば，中国戦線での反攻が進展をみない以上，それは戦争を早期に終結させるためには，強力なソ連軍の参戦が必要であるとの判断に起因するものであった。密約の内容を事後的に知らされた中国は，これらを受け入れざるをえなかった。国民政府はソ連と交渉を重ね，8月14日に中ソ友好同盟条約が結ばれた。

3-❹ カイロ会談

3-❺ カイロ宣言

（日本国に関する英，米，中三国宣言）

1943年11月27日

The Three Great Allies are fighting this war
to restrain and punish the aggression of Japan.
They covet no gain for themselves and have
no thought of territorial expansion. It is their
purpose that Japan shall be stripped of all the
islands in the Pacific which she has seized or
occupied since the beginning of the first World
War in 1914, and that all the territories Japan
has stolen from the Chinese such as
Manchuria, Formosa, and the Pescadores, shall
be restored to the Republic of China. Japan
will also be expelled from all other territories
which she has taken by violence and greed.
The aforesaid three great powers, mindful of
the enslavement of the people of Korea, are
determined that in due course Korean shall
become free and independent.

3-❻ 1945年2月11日ソ連の対日参戦に関する協定（ヤルタ会議）

Agreement Regarding Entry of the Soviet
Union Into the War against Japan

Agreement

The leaders of the three Great Powers —
the Soviet Union, the United States of America

and Great Britain — have agreed that in two
or three months after Germany has
surrendered and the war in Europe has
terminated the Soviet Union shall enter into
the war against Japan on the side of the Allied
on condition that:

1. The status quo in Outer-Mongolia (The
Mongolian People's Republic) shall be
preserved;

2. The former rights of Russia violated by
the treacherous attack of Japan in 1904 shall
be restored, viz:

(a) the southern part of Sakhalin as well as
all the islands adjacent to it shall be returned
to the Soviet Union,

(b) the commercial port of Dairen shall be
internationalized, the preeminent interests of
the Soviet Union in this port being safeguarded
and the lease of Port Arthur as a naval base
of the USSR restored,

(c) the Chinese-Eastern Railroad and the
South Manchurian Railroad which provides an
outlet to Dairen shall be jointly operated by
the establishment of a joint Soviet-Chinese
Company it being understood that the
preeminent interests of the Soviet Union shall
be safeguarded and that China shall retain full
sovereignty in Manchuria;

3　中国「惨勝」の位相

戦争の終結　　1945年7月26日，米英中3国は日本に無条件降伏を要求するポツダム宣言を発表した。8月6日，9日の原爆投下，さらにソ連参戦（8月8日宣戦，9日進撃開始）と続いた。御前会議により宣言受諾を決定した日本政府は，14日にこれを連合国に通知，15日の昭和天皇のラジオ放送を経て，9月2日に降伏文書に調印した。中国では，9月9日，南京で，岡村寧次（1884-1966）・支那派遣軍司令官は何応欽・国民革命軍司令官に対する降伏文書に署名した。

　抗日戦争の勝利は中国の人々に歓喜をもって迎えられた。しかしながらそれは，膨大な人命の犠牲と経済的損失という代償をともなったものであった。今日の中国では，抗日戦争における中国軍民の死傷者は3500万人，財産の直接的損失は1000億ドルとしている。国土の破壊と荒廃，難民，失業，インフレのなかで，戦後の中国は，「惨勝」（惨憺たる勝利）から出発しなければならなかった。

　8月10-11日，中共は，麾下の部隊に対して近隣の日本軍占領地への進撃と敵軍の武装解除を指令した。これに対して蔣介石は，中共系部隊に対して現地で命令を待つよう，また日本軍に対しては指定部隊への受降を命じた。こうして抗戦勝利の成果をめぐる対立が表面化しつつあった。

「満洲国」と南京「国民政府」の解体　　ソ連軍は150万以上の兵力で5000kmにわたる全戦線で東北地域を一斉に南下，主要都市を次々に占領して，8月22日には早くも大連・旅順に到達した。八路軍，抗日連軍，外モンゴル軍もソ連軍に呼応して戦闘に加わった。関東軍司令部はいち早く朝鮮国境付近に退却，関東軍は各地で潰走した。8月17日，皇帝溥儀は退位し，「満洲国」は一挙に瓦解した。ソ連軍の攻撃下で在留日本人は略奪・暴行にさらされながら逃避行を続け，多くの犠牲者を出した。

　一方，1944年に汪精衛が死去した後，陳公博（1892-1946）が政府主席代理となっていた南京「国民政府」は8月16日に解散を宣言して消滅した。その際，周仏海（1897-1948）ら指導者は，重慶政府によって支配地域の治安維持（中共勢力阻止）をゆだねられた。

台湾の「光復」　　半世紀にわたる植民地統治のもとにあった台湾は，中華民国に返還された。軍人8万人，軍属12万6000人が戦争に動員され，3万人の死者を出した。かれら「台湾日本兵」たちは，アジア太平洋各地で日本帝国のために死を賭して戦い，また危険な後方支援にあたったが，幸い戦後帰郷できた者も中華民国籍となったため，日本側から軍人・軍属としての補償を得られず，台湾でも敵国側についた者として冷遇されることになった。

3-❼　連合軍進攻図

3-❽　ポツダム宣言（Potsdam Declaration）

　1945年（昭和20）7月に開かれたポツダム会談で協議されたうえ，同年7月26日，米英中三国政府首脳の連名で日本に対して発せられた降伏勧告の宣言。この宣言は全部で13項からなり，日本がこのまま戦争を継続すれば日本の国土は完全に荒廃してしまうこと（3項），いまや日本は壊滅への道を続けるかそれとも理性の道を歩むかを決定すべきであること（4項）を述べ，連合国が要求する戦争終結の条件として次のものを掲げている。①軍国主義の除去，②日本国領土の占領，③カイロ宣言の条項の履行，および本州，北海道，九州，四国および連合国が決定する諸小島への日本の主権の制限，④日本国軍隊の完全な武装解除，⑤戦争犯罪人に対する厳重な処罰，ならびに民主主義の確立，⑥賠償の実施と平和産業の確保。またこの宣言は，以上の諸目的が達成され，日本国民の自由に表明された意思に従って平和的な傾向をもった責任ある政府が樹立された場合には，ただちに占領軍を撤収することを明らかにしている（12項）。

3-❾　終戦の詔書（1945年8月14日）

　朕深ク世界ノ大勢ト帝國ノ現状トニ鑑ミ非常ノ措置ヲ以テ時局ヲ収拾セムト欲シ茲ニ忠良ナル爾臣民ニ告ク
　朕ハ帝國政府ヲシテ米英支蘇四國ニ對シ其ノ共同宣言ヲ受諾スル旨通告セシメタリ
　抑々帝國臣民ノ康寧ヲ圖リ萬邦共榮ノ樂ヲ偕ニスルハ皇祖皇宗ノ遺範ニシテ朕ノ拳々措カサル所曩ニ米英二國ニ宣戰セル所以モ亦實ニ帝國ノ自存ト東亞ノ安定トヲ庶幾スルニ出テ他國ノ主權ヲ排シ領土ヲ侵スカ如キハ固ヨリ朕カ志ニアラス然ルニ交戰己ニ四歳ヲ閲シ朕カ陸海將兵ノ勇戰朕カ百僚有司ノ勵精朕カ一億衆庶ノ奉公各々最善ヲ盡セルニ拘ラス戰局必スシモ好轉セス世界ノ大勢亦我ニ利アラス加之敵ハ新ニ残虐ナル爆彈ヲ使用シテ頻ニ無辜ヲ殺傷シ惨害ノ及フ所眞ニ測ルヘカラサルニ至ル而モ尚交戰ヲ繼續セムカ終ニ我カ民族ノ滅亡ヲ招來スルノミナラス延テ人類ノ文明ヲモ破却スヘシ斯ノ如クムハ朕何ヲ以テカ億兆ノ赤子ヲ保シ皇祖皇宗ノ神靈ニ謝セムヤ是レ朕カ帝國政府ヲシテ共同宣言ニ應セシムルニ至レル所以ナリ
　朕ハ帝國臣民ト共ニ終始東亞ノ解放ニ協力セル諸盟邦ニ對シ遺憾ノ意ヲ表セサルヲ得ス帝國臣民ニシテ戰陣ニ死シ職域ニ殉シ非命ニ斃レタル者及其ノ遺族ニ想ヲ致セハ五内爲ニ裂ク且戰傷ヲ負ヒ災禍ヲ蒙リ家業ヲ失ヒタル者ノ厚生ニ至リテハ朕ノ深ク軫念スル所ナリ惟フニ今後帝國ノ受クヘキ苦難ハ固ヨリ尋常ニアラス爾臣民ノ衷情モ朕善ク之ヲ知ル然レトモ朕ハ時運ノ趨ク所堪ヘ難キヲ堪ヘ忍ヒ難キヲ忍ヒ以テ萬世ノ爲ニ太平ヲ開カムト欲ス
　朕ハ茲ニ國體ヲ護持シ得テ忠良ナル爾臣民ノ赤誠ニ信倚シ常ニ爾臣民ト共ニ在リ若シ夫レ情ノ激スル所濫ニ事端ヲ滋クシ或ハ同胞排擠互ニ時局ヲ亂リ爲ニ大道ヲ誤リ信義ヲ世界ニ失フカ如キハ朕最モ之ヲ戒ム宜シク擧國一家子孫相傳ヘ確ク神州ノ不滅ヲ信シ任重クシテ道遠キヲ念ヒ總力ヲ將來ノ建設ニ傾ケ道義ヲ篤クシ志操ヲ鞏クシ誓テ國體ノ精華ヲ發揚シ世界ノ進運ニ後レサラムコトヲ期スヘシ爾臣民其レ克ク朕カ意ヲ體セヨ

3-❿　上海の戦勝祝賀パレード

＊前から蔣介石，トルーマン，アトリー，スターリン。

第4章　内戦と革命をめぐる中国政治

1 ｜ 戦後世界秩序と中国

1　戦後国際政治の再建

国際連合の創設　第二次世界大戦末期，米英ソ三大国は，ヤルタ会談（1945年2月）やポツダム会談（7月）において戦後処理をめぐって協議し，ファシズム根絶・枢軸国の非軍事化・世界平和民主主義の擁護などの諸原則で一致，そのことは46年1月のサンフランシスコでの国際連合創設に結実した。第一次世界大戦後の国際連盟の失敗に対する反省から，安全保障理事会において，上記の三大国にフランスと中国を加えた5常任理事国が拒否権を有することになった。また大戦後世界経済の再建については，これより先，1944年の連合国通貨金融会議においてアメリカ主導の自由貿易体制の構築が定められた（ブレトン・ウッズ協定）。この体制は，世界恐慌後のブロック経済化が世界大戦を招来したことを教訓とし，同時に戦後世界経済におけるアメリカの圧倒的優位を背景としていた。

東西冷戦　第二次世界大戦後の国際政治におけるもう1つの特徴は米ソ両超大国の出現であり，両国を中心とする東西冷戦である。それは1947年3月の「トルーマン宣言」に始まるとされるが，45年2月のヤルタ協定において米英とソ連との間でヨーロッパにおいてそれぞれが優先権をもつ勢力圏を確定しており，大戦終結後にはこの了解が現実化していった。アメリカがマーシャルプランによる経済復興を掲げ，同時に共産主義に対抗するための国際政治の再編というイデオロギー闘争を展開，これに対してソ連もまた自陣営の引き締めを図るという情勢のなかで，アメリカを中心とする自由主義陣営とソ連を中心とする社会主義陣営が対峙する国際政治の構造が出現した。

日本植民地帝国解体後の東アジア　1945年夏，日本植民地帝国が解体したとき東北アジアから東南アジアおよび太平洋諸島などの地域に多くの日本人が取り残され，48年までに600万人余りの人々が引き揚げた。GHQ（連合軍最高司令部）占領下の日本では，軍隊・財閥解体，公職追放，農地改革，新憲法の制定など連合国の構想に沿った戦後改革が実施された。朝鮮半島では，北緯38度線付近を境界線として以北をソ連軍が，以南を米軍が占領した。また東南アジアなどそれまで日本軍による統治が行われていた地域ではアジア民族運動が高まり，旧宗主国とのあいだで統治権力の構築をめぐる対立が発生しつつあった。

1-❶　サンフランシスコ国連創設大会

＊国連憲章に署名する顧維鈞・中国代表。

1-❷　「植民地帝国50年」のピラミッド

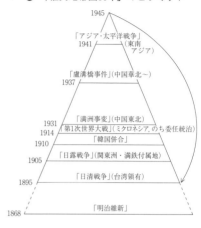

1-❸　年次別地域別引揚者数

地　　域	1946年まで	1947	1948	1949	1950
ソ　　　　　連	5,000	200,774	169,619	87,416	7,547
千島・樺太	5,613	168,111	114,156	4,710	0
大　　　　　連	6,126	212,053	4,914	2,861	0
満　　　　　州	1,010,837	29,714	4,970	4	0
中　　　　　国	1,492,397	3,758	4,401	702	151
香　　　　　港	19,050	147	14	11	6
北　朝　鮮	304,469	16,779	1,295	3	2
韓　　　　　国	591,765	1,425	1,150	1,041	264
台　　　　　湾	473,316	4,958	775	255	118
本土接近諸島	62,389	0	0	0	0
沖　　　　　縄	64,396	3,484	996	490	45
蘭領東印度	0	14,841	637	112	0
仏領印度支那	31,583	286	123	45	52
太平洋諸島	130,795	103	4	4	3
比　　　　　島	132,303	457	116	41	11
東南アジア	623,909	86,379	346	51	141
ハ　ワ　イ	3,411	1	100	80	8
オーストラリア	138,167	487	8	18	12
ニュージーランド	797	0	0	0	0
計	5,096,323	743,757	303,624	97,844	8,360

1-❹　受降式典会場前での記念撮影（台北）

1-❺　第二次世界大戦後のアジア

年月日	事　　項	年月日	事　　項
1945年		7月4日	フィリピン共和国独立宣言
8月17日	インドネシア共和国独立宣言	8月26日	仏，ラオス王国の仏連合内自治承認
9月2日	ベトナム民主共和国独立宣言	9月2日	インド中間政府樹立
9月6日	朝鮮人民共和国樹立宣言	9月6日	ビルマ中間政府樹立
10月10日	マラヤ連合成立宣言	11月15日	オランダ，インドネシア連邦の連合を決定
10月12日	ラオス，パテト・ラオ独立宣言	12月3日	英印円卓会議
10月25日	モンゴル人民共和国独立確認	12月19日	第1次ベトナム戦争開始
1946年		1947年	
1月7日	カンボジアの仏連合内自治承認	1月28日	英，ビルマの独立承認
4月1日	マラヤ連合成立，シンガポール英の直轄植民地に	6月28日	パキスタン，インドの分離独立決定
4月9日	オランダ，インドネシア和平交渉決裂，反オランダ武力闘争激化	7月20日	オランダ，インドネシアで軍事行動開始
5月18日	英，セイロンの自治承認	8月15日	インド連邦成立，パキスタン分離

2　国民政府の戦後構想と中国政治

重慶交渉と双十協定　　戦後中国政治の焦点は，訓政による国民党一党統治を終わらせ憲政への移行を実現することであった。国民党は1945年5月の第6回大会で憲政実施スケジュールを掲げ，その過程における党の主導権確保を企図した。これに対して中共は，4-6月の第7回大会で各党各派による連合政府を提起し，国民党案に対置した。

　1945年，華北から華中さらに華南の一部におよぶ中共統治地域（「解放区」）は，93万の正規軍，200万の民兵と約1億の人口を擁するようになっていた。日本軍の受降と傀儡政権部隊の解体をめぐる国共間の対立は，各地で衝突を惹起した。国民党指導下での自由中国の出現を求めるアメリカは両党の調停に乗り出し，8-10月重慶において国共交渉が実現，平和と民主化を求める国内世論および中国の内戦を望まないソ連の意向を背景として，10月10日に合意文書（双十会談紀要）が公表された。文書は戦後中国の再建における国民党の指導性を承認するとともに，政治の民主化・憲法制定国民大会の開催などを協議する政治協商会議の開催が記されていた。また中共の軍隊と解放区については継続協議とされた。

政治協商会議の開催　　1946年1月に開催された政治協商会議（政協）は，国民党8名，共産党7名，民主同盟9名など38名から構成され，双十協定をふまえて「和平建国綱領」「憲法草案」「政府組織案」「国民大会案」「軍事問題案」を採択した。会議は国民政府が抱えていた多くの問題を指摘するとともに，中共など国民党以外の勢力が政権に参加することによって国民党の指導権を制約する方向性が示された。さらに，立法院を実質的な議会，行政院を実質的な内閣として，事実上三権分立を保障する憲法改正原則が確認された。

中共軍の北上と東北情勢　　1945年9月，中共はソ連軍進駐下の東北に兵力を投入して東北の掌握をめざす「北に発展して南は防御する」（北進南防）方針を確定した。華北の八路軍部隊は長城を越えて東北民主連軍を樹立，華中の新四軍などは華北に北上した。これに対して国民政府は軍隊の東北進駐をめざしたが，華北には中共の「解放区」があり，大連・営口など東北港湾の使用をソ連に阻まれた。このため主として米空軍の輸送機に頼らざるをえず，ようやく12月に瀋陽・長春などを手中に収めた。主要都市から撤退した中共は，東北北部の農村地域と中小都市を掌握していた。46年5月，ソ連軍は東北から撤退を完了したが，東北民主連軍は，関東軍の武器と装備のかなりの部分をソ連軍を介して獲得していた。

1-❻ 蔣介石(左)と毛沢東(重慶)

1-❼ 政府と中共代表の会談紀要(1945年10月10日, 重慶)

期間：8月28日～10月10日
政府：蔣介石・国民政府主席(王世杰・張群・張治中・邵力子)
中共：毛沢東・中国共産党中央委員会主席(周恩来・王若飛)
　(1)　平和建国の基本方針：①中国の抗日戦争がすでに終結し, 平和建国の新段階がまもなく始まろうとしている。②平和・民主・団結・統一を基礎とし, かつ蔣主席の指導の下に, 長期にわたって合作し, 内戦を堅く避け, 独立・自由および富強の新中国を建設し, 三民主義を徹底的に実行しなければならない。③政治の民主化, 軍隊の国家化, および党派の平等・合法は, 平和建国のために必ず通らねはならない道である。
　(2)　政治の民主化の問題：すみやかに訓政を終結させ, 憲政を実施すべきこと, またまず必要な措置をとり, 国民政府が政治協商会議を召集し, 各党派代表および学識経験者を集めて国是を協議し, 平和建国方案および国民大会召集等の問題を討論すべきである。
　(3)　国民大会の問題：政治協商会議において協議し解決を図る。
　(4)　人民の自由の問題：いっさいの民主国家の人民が平時において享受すべき身体・信仰・言論・出版・集会・結社の自由を人民が享受することを政府が保証すべきであり, 現行の法令はこの原則によって, 個別に廃止されまたは修正を加えられるべきである。
　(5)　党派の合法性：法の前の平等は本来憲政の常道であり, ただちに承認されるべきである。
　(9)　軍隊の国家化：軍令部・軍政部・第18集団軍が派遣する3人委員会において協議する。
　(10)　解放区の行政組織：協議を継続する。

1-❽ 中国政治協商会議
(1946年1月10日-31日, 重慶)

【1月6日, 政府が38名のリストを発表】
国民党：孫科, 呉鉄城, 陳布雷, 陳立夫, 張厲生,
　　王世杰, 邵力子, 張群
共産党：周恩来, 董必武, 王若飛, 葉剣英, 呉玉章,
　　陸定一, 鄧頴超
青年党：曾琦, 陳啓天, 楊永浚, 余家菊, 常乃德
民主同盟：張瀾, 羅隆基, 張君勱(欠席), 張東蓀,
　　沈鈞儒, 張申府, 黄炎培, 梁漱溟, 章伯鈞
無党派：莫徳恵(欠席), 邵従恩, 王雲五, 傅斯年,
　　胡霖, 郭沫若, 銭永銘, 繆嘉銘, 李燭塵
【決議事項】
政府の改組：国民政府委員40人の半数を国民党員とし, あと半数を党外人士に充てる。
和平施政綱領：①三民主義を建国の最高原則とする。②蔣主席の指導のもと, 統一・自由・民主の新中国を建設する。③政治の民主化, 軍隊の国家化, 党派の平等と合法は和平建国に必要な前提であり, 政治的方法で解決しなければならない。
軍事問題：①軍隊は国家に属する(いかなる党派・個人もこれを政争の道具としてはならない)。②軍事委員会を国防部に改組する。③軍事3人委員会は軍隊再編と中共軍の国軍編入の方法について早急に具体案をまとめる必要がある。
国民大会：①本年5月5日に開催して憲法を制定する。②旧代表のほか, 台湾と東北の代表および各党派と社会の賢達の代表若干名を増員する。
憲法草案：審議委員会を組織し, 6か月以内に国民政府が抗戦前に公布した憲法草案を修正する。

1-❾ 政治協商会議を支持する学生デモ(重慶)

1-❿ 中国共産党の解放区 (1945年)

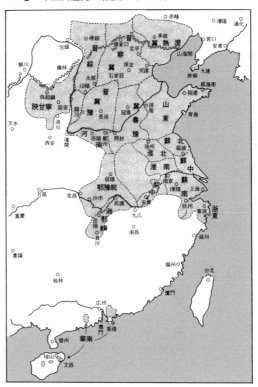

3 全面内戦と憲政への移行

国民政府の財政経済政策　国民政府による旧日本軍占領地域の接収作業は，曲折を余儀なくされた。たとえば，汪精衛（おうせいえい）（1883-1944）政権が発行していた儲備銀行券を回収して国民政府の法幣に再統一するにあたって，法幣の実勢レートを大きく上回るレートが設定された。このため上海地区に大量の資金が流入する一方で，重慶など内陸地域から資金が流出して深刻な資金難と不況を招いた。また日本資本が経営管理していた生産設備の接収もその方法をめぐって様々な思惑が交錯し，調整作業は難航を極めた。結果，民間企業側の不満とともに，官僚の腐敗現象は，国営企業とその経営者に対する「官僚資本」という批判が浴びせられることになった。

　1946年2月，国民政府は，潤沢な為替準備を背景にブレトン・ウッズ体制への積極的参入をめざして外国為替市場の開放と貿易自由化政策を実施した。アメリカなどからの大量の商品輸入は国内の生産を圧迫，政府の為替準備も急速に減少した。47年2月，国民政府は経済自由化政策を断念，為替売買を禁止するとともに必需品の配給制度を復活させた。

政協決議の否定と全面内戦　1946年3月，重慶で開催された国民党6期2中全会において，戦後中国政治における国民党の主導権に制約を加えようとする政協諸決議に対する党内の反発が噴出，憲法草案修正案を否定するとともに，軍隊の国家化を和平建国の先決条件とすることなどが決議された。東北地区における国共の争奪戦は2月に本格化していたが，6月，国民政府軍は中原解放区への攻撃を開始，全面的内戦に突入した。最初の1年間，国民政府軍が攻勢をとり，47年3月には10年にわたって中共中央がおかれた延安を占領，毛沢東（もうたくとう）（1893-1976）ら中共指導者は山西省・河北省の山岳部の転戦・移動を余儀なくされた。とはいえ，国民政府軍の進攻は「点と線」にとどまり，最終的勝利を意味するものではなかった。一方，駐留期間を先延ばしにしていた米軍は，国民政府軍を直接支援する役割を果たすことはなかった。

中華民国憲法の制定　全面内戦の開始とともに，民衆運動に対する弾圧も強化された。1946年11月，国民党は国民大会の開催を強行し中華民国憲法を採択した。この憲法は36年に公布された憲法草案に比して，抗戦期以降の憲政運動と世論の動向を反映して議会制民主主義を強化する内容を有していたが，中共や民主同盟がこれをボイコットしたことは，憲法制定会議としての国民大会の正統性を損なうものであった。中華民国憲法は47年1月公布，48年3-4月の国民大会において蔣介石（しょうかいせき）（1887-1975）を総統に選出し憲政に移行する。

1-⑪ 日本占領地域の通貨発行残高

（単位：百万円・元）

	蒙銀券	連銀券	軍用票	儲備券
1937年12月	13	—	1	—
1938年12月	36	162	36	—
1939年12月	60	458	151	—
1940年12月	93	715	248	—
1941年12月	114	964	244	237
1942年12月	143	1,581	381	3,477
1943年12月	379	3,762	487	19,150
1944年12月	1,058	15,841	671	139,699
1945年8月	3,600	132,603	2,516	2,697,231

＊蒙銀は蒙疆銀行，連銀は中国連合準備銀行，儲備は中央儲備銀行の略。

1-⑬ 国民政府，南京還都 （1946年5月）

1-⑭ 全面内戦勃発時の国共両軍の配置(1946年6月)

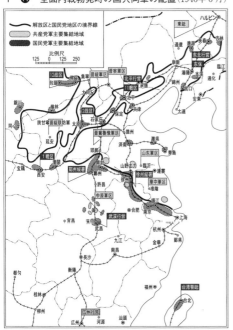

1-⑫ 軍事三人小組の延安訪問(1946年3月)

＊左から周恩来・マーシャル・朱徳・張治中・毛沢東。

1-⑮ 憲法制定国民大会
（1946年11月15日-12月25日）

出席者1701人（国民党・青年党・民社党など，中共・民主同盟の代表260人は出席せず）

12月25日，中華民国憲法採択（47年1月1日公布，12月25日施行）

中華民国憲法（14章175条）

①中華民国は三民主義を基礎とし「民有・民治・民享」の民主共和国である。

②すべての個人と民族は平等である。

③人権と自由を保障する。

④国民大会は最高政権機関である。総統の任期は6年（再選は一回）。政府は行政・立法・司法・考試・監察の五院からなる。行政院は立法院に対して責任を有する。

⑤中央と地方の権限を区分する。

⑥基本国策の明示（国防：国家安全の防衛・世界平和の擁護。外交：条約が明記する義務の履行。経済・社会・教育：平均地権・資本節制，予算に占める教育・文化経費の比率の明示）

⑦憲法解釈権は司法院に属す。

国民政府・行政院改組（1947年4月，青年党・民社党と無党派人士の参加）

国民大会代表と立法院委員・監察院委員の選挙

憲法実施国民大会（1948年3月29日-5月1日，出席者2841人）

①蒋介石を総統に選出（4月19日）

②李宗仁を副総統に選出（4月29日）

③「動員戡乱時期臨時条款」制定（4月30日）

蒋介石・李宗仁，正副総統に就任（5月20日）

2 人民共和国の成立

1 国民経済の破綻と土地改革

国民経済の破綻 国民政府による経済開放政策の失敗と旧日本占領地経済の接収作業の混乱によって、国民経済は深刻な状況が生じていた。生産と流通の混乱に起因する物資の不足と物価上昇、さらに内戦遂行のための赤字予算の編成のための通貨の乱発はインフレの進行と物価の高騰を招いた。1947年2月、国民政府は緊急対策として日用品価格の上限を設定するとともに、賃金凍結を打ち出したものの、4‐5月いずれも撤回せざるをえなかった。「戦前に牛1頭を買えたお金で戦後は卵1個も買えない」と言われた。この後の1948年8月の金円券発行（法幣300万元を金円券1元に交換）、49年7月の銀兌換券発行は、いずれも新通貨の価値を維持することができず経済活動の混乱をもたらしただけであった。

都市民衆運動と国民党の孤立 1946年11月に結ばれた中米友好通商航海条約はアメリカ製品の中国流入に拍車をかけるものであると批判され、アメリカ製品が国産品を圧迫する代表的存在となった。さらに、米軍兵士による女子学生暴行事件のような問題が多発したことや、日本の復興をアメリカが過度に手助けしているように受け取られた結果、アメリカは中国民衆の不満を一身に集めるようになった。同時に、親米的態度をとっていた国民政府の立場も苦しいものになっていった。都市部では生活の防衛と内戦反対を掲げる運動が頻発した。これらの運動は国民党の一党支配を批判する民主化運動を内包していたため、国民政府の弾圧を受けた。これに対して中共は国民党との闘争の「第二戦線」と位置づけ、これらと連携する姿勢をとった。

中共の土地改革 1946年5月、中共は「清算減租および土地問題に関する指示」（五・四指示）を出し、対日協力者であった地主の土地の没収と、その小作農・一般農民への分配を指示した。かつて地主の土地没収を停止して第2次国共合作に踏み出したように（地主が国民党の支持基盤であると考えられた）、この中共の土地政策の転換は、国共関係が合作から内戦に転換するなかで、土地分配を実施することによって農民の支持を獲得するとともに、全面内戦下の中共軍への協力と兵員確保をめざすものであった。

1947年10月に公布された「中国土地法大綱」はすべての地主の土地所有権を否定し、土地改革以前の債務をすべて消滅させること、老若男女を問わず農村の全人口に土地を均等に分配することを定めていた。「貧雇農路線」と呼ばれた運動の展開の過程で様々な「極左的」傾向が発生した。48年春以降、この急進的土地改革は修正ないし停止された。

2-❶ 国民政府財政収支状況

（単位：兆）

年　代	収　入	支　出	赤　字	支出に占める軍事費の割合
1946年	1.979	5.567	78　%	59.9%
1947年	13	40	67.5%	54.8%
1948年 1－7 月	220.91	655.47	66.3%	68.5%

2-❸ 上海の卸売物価の推移（1944-47年）

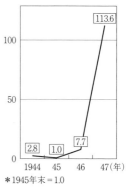

* 1945年末＝1.0

2-❷ 国民政府内債，外債一覧表

年　代	内　債	外　債
1946年	3 億元 8000万ドル	1.885億ドル 6000万ドル
1947年	1.858億ドル	8.575億ドル
1948年	1.759億ドル	8.66億ドル
1949年	1.36億ドル	

2-❹ 米兵の女子学生暴行に抗議する学生（1946年12月，上海）

2-❻ 土地改革の進展（1945-48年）

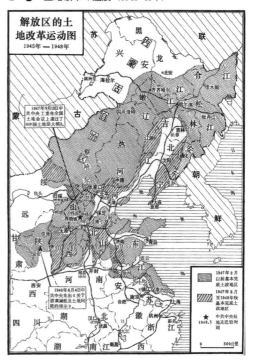

2-❺ 金円券暴落によりドル兌換に殺到する人々（1948年12月，上海）

2　内戦の新展開

人民解放軍を名のるようになった中共軍は，1947年後半以降，東
人民解放軍の攻勢　北地区をはじめ各地で攻勢に転じた。48年，東北で国民党が掌握
するのは長春や瀋陽など孤立した都市のみとなり，これらも相ついで陥落，11月，中共は
東北全域を掌握するにいたった（遼瀋戦役）。同時期，人民解放軍は，徐州方面の国民党軍
を攻撃するとともに（淮海戦役），北平（北京）・天津方面の総攻撃を開始した（平津戦役）。
この時期になると国民党軍の士気は急速に低下し，人民解放軍に投ずる部隊が続出した。
49年1月，北平の無血入場を果たした人民解放軍は，南下して4月に長江を渡河して南京
を占領，5月に杭州・上海を占領，こうして内戦の帰趨は決した。12月，国民党政権は台
北遷都を発表した。

人民解放軍による軍事的攻勢は，中共による建国構想の具体化
建国構想と地域政権　を促した。1947年10月の「人民解放軍宣言」は，蔣介石政府打
倒と民主連合政府樹立を正式に宣言した。12月，毛沢東（1893-1976）は，「反帝・反封建」
という「新民主主義革命」の打倒対象に蔣介石（1887-1975）ら四大家族を意味する「官
僚資本」を付加した。翌年1月，国民政府によって非合法化された民主同盟は，中共との
協力を表明した。5月，中共は蔣介石の総統就任に対抗して「メーデー・スローガン」を
発表，民主連合政府を樹立するための新政治協商会議の開催を提唱した。国民政府に対す
る軍事的優勢を背景に，中共は地域政権樹立を進めていった。1948年9月の華北人民政府
に続いて49年3月に中原人民政府が，8月には東北人民政府が成立した。

人民政治協商会議の開催　人民解放軍の長江渡河によって軍事的優位を確立した中共
は，1949年6月に北平で新政治協商会議準備会議を開催し
た。9月，中国人民政治協商会議が開催された。党派・地域・軍隊・団体および特別ゲス
ト662名が参加し，「共同綱領」「中央人民政府組織法」などを採択した。建国文書として
位置づけられた共同綱領は，新国家は新民主主義・人民民主主義国家であるとし，「官僚
資本」の没収や土地改革など民主主義革命推進の課題を規定していた。また民族政策につ
いては，中華人民共和国を多民族国家と自己規定したうえで，自決権を認めなかった。会
議は，毛沢東を中華人民共和国中央人民政府主席とするとともに，副主席には中共の指導
者朱徳（1886-1976）・劉少奇（1898-1969）・高崗（1902-1954）とともに宋慶齢（1893-1981）・
李済深（1885-1959）・張瀾（1872-1955）を選出した。また国旗（五星紅旗）と国歌（義勇軍
行進曲）を定め，北京を首都とすることを確認した。

2-❼　国共内戦最後の状況

凡例
→ 共産党軍の進出路
▨ 解放区（1947.6現在）
○ 国民党軍の集結地および防御地
✳ 国民党軍の陣地撃破
✿ 蜂起を通じて占領された地域

2-❽　国共内戦期の国共兵力の推移

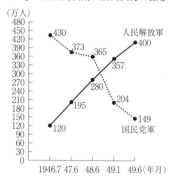

（万人）

人民解放軍：430 → 373 → 365 → 357 → 400
国民党軍：120 → 195 → 280 → 204 → 149

1946.7　47.6　48.6　49.1　49.6（年月）

2-❾　人民解放軍接防部隊

2-❿　新政治協商会議準備会第2次会議常務委員会（1949年9月17日）

2-⓫　中国人民政治協商会議（1949年9月, 北平）

(1)中華人民共和国中央人民政府（49.9　北京）

（甲）党派	(142)		（丙）軍	(60)
1 共産党	16		24 解放軍総部	12
2 国民党革命委員会	16		25 〃 第1野戦軍	10
3 民主同盟	16		26 〃 2 〃	10
4 民主建国会	12		27 〃 3 〃	10
5 無党派民主人士	10		28 〃 4 〃	10
6 民主促進会	8		29 華南人民解放軍	8
7 農工民主党	10		（丁）団体	(206)
8 人民救国会	10		30 中華全国総工会	16
9 三民主義同志連合会	10		31 各解放区農民団体	16
10 国民党民主促進会	10		32 民主婦女連合会	15
11 致公党	6		33 民主青年連合会	12
12 九三学社	5		34 学生連合会	9
13 台湾民主自治同盟	5		35 工商会	15
14 新民主主義青年団	10		36 上海各人民団体	9
（乙）区	(102)		37 文芸界連合会	15
15 西北解放区	15		38 自然科学工作者代表大会籌備会	15
16 華北 〃	15		39 教育工作者代表大会籌備会	15
17 華東 〃	15		40 社会科学工作者代表会議籌備会	15
18 東北 〃	15		41 新聞工作者協会籌備会	12
19 華中 〃	15		42 自由職業界民主人士	10
20 華南 〃	8		43 国内少数民族	10
21 内蒙古自治区	6		44 華僑民主人士	15
22 北平天津直轄市	6		45 宗教界民主人士	7
23 未解放区民主人士	7		（戊）特別召請人士	(75)

(2)中華人民共和国中央人民政府（49.10　北京）
主　席　毛沢東
副主席　朱徳, 劉少奇, 宋慶齢, 李済深, 張瀾, 高崗
政務院総理　周恩来
　〃　副総理　董必武, 陳雲, 郭沫若, 黄炎培

2-⓬　人民政治協商会議共同綱領

第1章　総綱
第1条　中華人民共和国は新民主主義, すなわち人民民主主義の国家であって, 労働者階級が指導し, 労農同盟を基盤とし, 民主的諸階級と国内の各民族を結集した人民民主独裁を実行し, 帝国主義・封建主義および官僚資本主義に反対して, 中国の独立・民主・平和・統一および富強のために奮闘する。
第3条　中華人民共和国は帝国主義国家のすべての特権を取り消し, 官僚資本を没収して人民の国家所有に移し, 一歩一歩封建的, 半封建的土地所有制を農民的土地所有制にあらため, 国家の公共財産および合作社の財産を保護し, 労働者・農民・小ブルジョアジーおよび民族ブルジョアジーの経済的利益およびその私有財産を保護し, 新民主主義の人民経済を発展させ, しだいに農業国を工業国にかえていかなければならない。
第2章　政権機関
第12条　中華人民共和国の国家政権は, 人民に属する。人民が国家政権を行使する機関は, 各級人民代表大会および各級人民政府である。各級人民代表大会は, 人民が普通選挙の方法でこれをもうける。各級人民代表大会は, 各級人民政府を選挙する。各級人民代表大会の閉会中は, 各級人民政府が各級政権を行使する機関である。全国における最高政権機関は, 全国人民代表大会である。全国人民代表大会の閉会中は, 中央人民政府が国家政権を行使する最高機関である。
第3章　軍事制度
第20条　中華人民共和国は, 統一的な軍隊, すなわち人民解放軍および人民公安部隊を建設し, 中央人民政府人民革命軍事委員会の統率を受け, 統一的指揮, 統一的制度, 統一的編制, 統一的規律を実行する。
第4章　経済政策
第26条　中華人民共和国の経済建設の根本方針は, 公私兼顧・労資両利・城郷互助・内外交流の政策により, 土地改革・経済繁栄の目的を達成することである。
第5章　文化教育政策
第41条　中華人民共和国の文化教育は新民主主義的, すなわち民族的, 科学的, 大衆的な文化教育である。人民政府の文化教育工作は, 人民の文化水準を高め, 国家建設の人材を育成し, 封建的, 買弁的, ファッショ的な思想を一掃し, 人民のために服務する思想を発展させることを主要任務としなければならない。
第6章　民族政策
第50条　中華人民共和国領域内の各民族は一律平等であって, 団結互助を実行し, 帝国主義および各民族内部の人民の公敵に反対し, 各民族を友愛合作の大家庭となるようにする。大民族主義および狭隘な民族主義に反対し, 民族間の偏見・圧迫および各民族の団結を分裂させる行為を禁止する。
第7章　外交政策
第54条　中華人民共和国外交政策の原則は, わが国の独立・自由および領土主権の保全を保障し, 国際的な恒久平和と各国人民間の友好合作を擁護し, 帝国主義の侵略政策および戦争政策に反対することである。

3　1949年革命と人民英雄記念碑

中華人民共和国の成立　　1949年10月1日，中華人民共和国が樹立された。それは第二次世界大戦後の国際秩序としての東西冷戦において，社会主義陣営に属する国民国家と自己規定する新政権の誕生であった。

　建国前夜に毛沢東（1893-1976）が発表した「人民民主独裁について」は，中共が指導する「人民」が新たな国家の正当な構成員であることを確認するとともに，「地主階級と官僚ブルジョア階級」を反革命として処断されうる対象と位置づけていた。

　人民とはなにか。中国では，そして現段階では，労働者階級，農民階級，都市小ブルジョア階級および民族ブルジョア階級ある。これらの階級が労働者階級と共産党の指導のもとに，団結し，自分たちの国家をつくり，自分たちの政府をえらび，帝国主義の手先すなわち地主階級と官僚ブルジョア階級およびこれらの階級を代表する国民党反動派とその共犯者たちに対して独裁を行い，専制を行い，これらの連中を抑圧して，かれらには神妙にすることだけを許し，勝手な言動にでることを許さないのである。

人民英雄記念碑　　天安門広場中央にある人民英雄記念碑は，人民政治協商会議が建国前日に建立を決議し，1952年に起工，58年に序幕式が挙行された。碑の正面には毛沢東の題字「人民英雄は永遠に不朽である」という金色の8字が刻まれており，背面には共和国の国務院総理・周恩来によって書かれた以下の碑文がある。

　3年来の人民解放戦争と人民革命のなかで犠牲となった人民英雄たちは永遠に不朽である。30年来の人民解放戦争と人民革命のなかで犠牲となった人民英雄たちは永遠に不朽である。これよりさかのぼって1840年，あの時より，内外の敵に反対し，民族の独立と人民の自由・幸福を勝ち取るために，歴代の闘争のなかで犠牲となった人民英雄たちは永遠に不朽である。

　この碑文は，中国共産革命を勝利に導いた主体としての「人民」がどのような歴史的射程のなかで理解されているのかを示したものであり，1946年の国共内戦，19年の五・四運動，そして1840年のアヘン戦争を画期点として明示している。すなわち，中共結成が五・四運動を契機としており，また49年の中国革命の勝利が「帝国主義」の中国侵略の起点としてのアヘン戦争を再確認させたのである。

統治の正統性　　建国文書としての人民政治協商会議共同綱領は，人民が国家主権を行使する機関として各級人民代表大会と各級人民政府を明示している（第12条）。この点からすれば，人民共和国の正統性は，1953-54年の人民代表選挙と全国人民代表大会開催および憲法制定によって確認された。

2-⑬　建国式典での閲兵式

2-⑭　周恩来政務院総理兼外交部長の各国政府宛公式書簡

2-⑮　中央人民政府第1回会議における出席署名簿

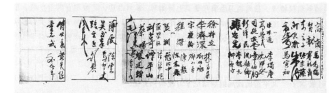

2-⑯　天安門付近

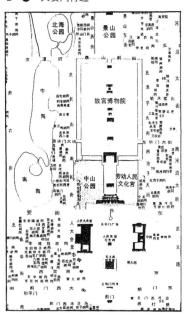

2-⑰　人民英雄記念碑

2-⑱　天安門

中華人民共和国のシンボル。北京市街区の中心に位置し，故宮の前面にあり明清両代は皇城の正門であった。中華民国以後，門前の広場が民衆の抗議集会に用いられるようになった（1919年の五四運動，26年の三・一八事件，36年の一二・九運動など）。49年10月1日，天安門の楼上で毛沢東が中華人民共和国中央人民政府の成立を宣言した。58年，広場の本格的な拡張工事が行われ，集会時に50万の人々を収容できる世界最大の広場となった。この広場のなかや両側には首都を代表する建造物が並んでいる。広場中央には人民英雄記念碑が，その南面に毛沢東記念堂がある。さらに東西両面には，建国10周年を記念して建てられた中国歴史博物館・中国革命博物館・人民大会堂が並んでいる。

第5章　中華民国期「中国」の諸相

1 │ 植民地・租界と「国家」

1　日本植民地台湾

飴と鞭　1895年以降，1945年まで約50年間，日本は台湾を植民地とした。その政策は，住民の風俗，習慣，言葉にいたるまで日本に徹底的に同化させるものであった。1898年，児玉源太郎（1852-1906）が台湾総督，後藤新平（1857-1929）が民政長官になると，軍政を止め，民政へと移行した。だが，同時に保甲制を復活させ，「匪徒刑罰令」を出し，多数が集まると首謀者は死刑，謀議に参与した者は死刑など厳罰主義をとった。

産業・交通の発展　1900年，植民地支配は軌道に乗り始めた。1899年，台湾銀行（資本金500万円）の創設，新式製糖工場の操業開始，貨幣統一，教育の普及などが実施された。1903年に土地調査事業を終え，06年に縦貫鉄道が開通，金本位制も確立した。かくして，樟脳，アヘン，塩を専売事業とし，三井・三菱など大資本が進出し，新式製糖工場などを次々と設立した。台湾銀行などが金融を独占した。このようにして台湾の資本主義は発展したが，日本の国益優先の姿勢が濃厚で，長期開発の意図なく，民衆の生活水準は低かった。

抵抗と弾圧　1907年の北埔事件で日本人数十人が殺害された。台湾民衆側は死者81人，自殺10人，死刑9人であった。ついで，12年林圯埔事件では派出所が襲われ，警官3人が殺害されたが，12人が検挙され，うち8人が死刑となった。15年の西来庵事件では日本人による台湾人の大量虐殺（人数不詳）があり，裁判後も大量の死刑者を出した。著名なのが30年の霧社事件である。無謀な道路工事への強制動員に反発した原住民が武装蜂起し，日本人134人を殺害した。それに対して，日本軍・警察による徹底的な武力鎮圧が行われ，原住民約1000人が死去したとされる。これが，武力抵抗運動のピークであった。なお，1920年代には，台湾文化協会（21年），台湾民衆党（27年），台湾共産党（28年）なども合法・非合法な形で日本植民地体制に抵抗した。

　1931年の満洲事変以降，皇民化政策が推進された。日本語が強制され，日本語普及率は，1905年0.38％であったものが，1937年には37.86％，41年57.02％，44年には実に71％にのぼった。なお，戦争中，南方に送られた台湾人9万2748人，日本の兵器廠に徴用された者8000人，勤労奉仕27-30万人，徴兵2万2000人とされ，ほかに増税，金品徴発も行われた。45年，日本敗戦により国民政府軍が台湾を接収した。だが，国民党の強圧的支配に対して，47年には，台湾全島におよぶ二・二八事件が勃発している（→228頁）。

1-❶ 台湾抗日運動地図

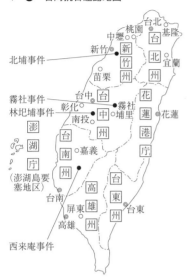

北埔事件

霧社事件
林圯埔事件

西来庵事件

桃園
台北
中壢
基隆
新竹
台
北
州
苗栗
宜蘭
台中
彰化
台
中
州
霧社
埔里
花
蓮
港
庁
花蓮
南投
澎
湖
庁
嘉義
台
南
州
高
雄
州
台東
（澎湖島要
塞地区）
台南
屏東
高雄
東
州
台東

1-❷ 児玉源太郎

1-❹ 金瓜石鉱山

＊基隆から16キロ。金・銀・銅を産し，日本の大
分県佐賀関で精錬された。

1-❸ 台湾神社

＊日清戦争後（1895年），日本の植民地となった台
湾では，「創氏改名」などの同化政策がとられた。
1938年には，宗教への弾圧が開始され，多くの
寺院が破壊された。そして，その材木を使用し
て神社が次々と建てられ，参拝が強要された。
日本敗戦後，台湾神社は破壊され，その跡地に
は高級ホテルの円山飯店が建てられた。だが，
その他の多くの神社のなかには鄭成功廟，さら
に抗日烈士廟などに改編されたものもあった。

1-❺ 霧社事件の指導者でマヘボ社の頭
目モーナ・ルーダオ（中央）

2　香　港

　イギリス植民地の香港はその戦略・通商上の重要拠点として，またアヘン密貿易の根拠
地としても重要な位置を占めた（→26頁）。

> 香港海員大スト

中国人による反英闘争は何回も発生している。1921年，中華海員工
業連合総会が結成され，船会社に賃上げを 3 回にわたり要求したが，
無視された。そこで，22年，ストに突入，英・仏・日・蘭各船の船員も呼応し，広州に 2
万人が集結した。さらに香港の運輸労働者も呼応し，スト人員は 3 万人に膨れあがった。
こうして，香港政庁の解散命令を無視して抵抗を続けた。24年，イギリス兵が発砲，3 人
死去という沙面事件が発生した。これにより全国に反英運動が拡大し，沙面事件での賠償
を含め，労働者側の勝利に終わった。特に1925年 6 月の香港大ストは中共党員の鄧中夏ら
の指導もあり大規模で，23日労働者，農民，学生ら10万人がデモに参加し，「帝国主義打
倒」，「不平等条約撤廃」などを明確に打ち出した。これに対して英・仏の軍隊が発砲し，
50数人が死去した。だが中国全土からの支援もあり，16か月間にわたり闘い続けた。

> 香港と抗戦

1937年の盧溝橋事件以降，日本軍は広州（38年10月），海南島（39年 2 月）
を占領し，沿岸封鎖を実施した。だが，香港経由で英・米・仏などの船
舶会社グループが大量の軍需物資を 蒋 介石（1887-1975）・国民政府に供給した。39年には
香港の貿易額は輸出入合計6930万ポンドに増大した。38年12月，アメリカは2500万ドルに
のぼる対中緊急借款を与えた。また，イギリス系の香港上海銀行（中国名は匯豊銀行）も重
慶国民政府に巨額の借款を供与した。この時期，中国人難民も激増し，31年 3 月85万人で
あったものが，41年 3 月には144万人に達した。その他，自由な言論を求めて左右の著名
言論人・文化人も集まり，中国演劇界の大スター梅蘭 芳（1894-1961），胡 蝶（1908-89）
らも活動舞台を香港に移した。

> 日本軍の香港占領

1941年12月，日本軍は真珠湾攻撃と同時に，援蒋ルートである香
港攻略戦を開始した。香港島占領に際し，イギリス軍は激しい抵
抗を繰り広げた。だが，日本軍はイギリス軍を次第に追い詰め，そのうえ，全市の飲料水
供給を全面的に断絶した。こうして，12月25日，3 週間にわたる香港をめぐる日英の戦闘
はイギリス軍の全面降伏で終わった。29日に日本軍第23軍は軍政庁を開設，軍政を施行し
た。さらに42年 1 月，香港総督部が軍政庁に代わった。軍政下では人口疎散，軍票発行，
在来企業の日本企業への再編，食糧配給制，娯楽統制などが強権的に推し進められた。こ
の結果，物資不足とインフレ下で民衆の生活は困窮化した。かつ，日本人憲兵の弾圧によ
り多くが中国大陸に逃げ戻った。日本敗戦後，香港は再びイギリスの直轄植民地に戻った。
当時の日本軍の憲兵隊長は戦犯として処刑され，また，対日賠償請求委員会が組織された。

1-❻ 梅蘭芳

1-❼ 梅蘭芳の素顔

1-❽ 胡蝶

1-❿ 1941年の香港

1-❾ 香港占領地総督部組織系統図

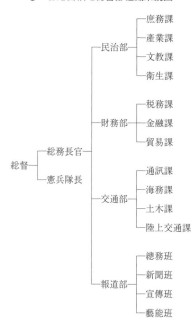

1-⓫ 香港占領地総督部前
の磯谷廉介陸軍中将
<ruby>磯谷廉介<rt>いそがいれんすけ</rt></ruby>

(1886-1967)

1-⓬ 軍票

3 租 界

租界の形成　租界が①1か国の所属は専管租界，②数か国所属は共同租界と称す。専管租界は中国政府が一定地域を譲渡するもので，天津旧租界，漢口，広州，杭州，蘇州，福州，廈門などにあった。中国政府が許可する共同租界は，中国人所有者との交渉形態をとり，上海共同租界，同フランス租界，鼓浪嶼共同租界，および天津イギリス租界（旧租を除く）などがある。特に，上海，天津，漢口，広州，廈門の租界が重要である。1842年の南京条約後，イギリスが通商と居住のために創設した上海租界が最初の租界で，最も典型的であった。専管租界のなかで貿易・経済が最も繁栄したのがイギリス租界で，居留民自治の度合いも最も高かった。その後，アメリカも租界を開設したため，それをあわせて共同租界とした。1914年頃には8か国が租界を設立し，数は最多で，専管租界25，共同租界2となった。次第に治安，衛生，道路なども整備され，各国が行政権を行使した。かくして，中国の支配権の及ばない独立地域となった。その結果，租界が中国人革命家・抗日運動家に活動する場を与えた側面も見逃せない事実である。

日本租界　日本租界は日清戦争後の1896年，まず天津と漢口に開設，ついで重慶，蘇州，杭州に開設した。上海の場合，共同租界の一角に日本人居留地をつくり，それを「日本租界」と称した。その後，上海虹口中心に日本人街をつくり，日本のイメージアップを図った。だが，日本人の多くは貧しい農村出身者，他は雑貨商や娼婦で，かつ習慣の違いもあり，しばしば嘲笑を受けた。それでも北四川路には日本人用の高級な家屋，アパート，公園，神社，学校，病院などもつくられ，半数の日本人が妻子同伴であった。ただし日本人は，欧米人に過度の劣等感を抱く一方，中国人には優越意識や差別感情をもっていた。当然，日中関係が悪化すると，中国人の日本租界に対する反発も大きくなった。1931年に満洲事変が勃発すると，上海抗日救国会が日本品ボイコットを呼びかけ，かつ上海の日系紡績工場の9割以上が閉鎖に追い込まれ，必然的に日本人の生活が窮迫するようになった。そこで，12月，日本人は上海で「全支日本人居留民大会」を開催し，日本政府・軍部に武力行使を求めた。

租界の返還と消滅　第一次世界大戦で戦勝国となった中国は，まず1919年にドイツとオーストリアの天津租界などを回収した。24年にはソ連が旧ロシア租界を返還した。中国はナショナリズムの高まりを背景に，27年，イギリスの漢口，九江両租界，29年，イギリスの鎮江・廈門両租界などを回収した。それ以外の英・仏・伊・日の専管租界，上海や鼓浪嶼の共同租界は存続したが，43年，イギリスは重慶国民政府に，日本やフランスのビシー政権は汪精衛政権に租界を返還した。ただし，敗戦まで日本による実効支配が続き，51年になって日本は対日平和条約で租界の権利を完全に失った。

1－⑬　上海日本総領事館

1－⑭　日本人の宴会

1－⑮　上海虹口日本人居住地区

1－⑯　第1次上海事変時，日本軍・日本人居留民による上海民衆の捕縛

1－⑰　第2次上海事変で日本軍爆撃により上海閘北一帯の炎上

1－⑱　第2次上海事変での中国民衆避難状況

1－⑲　日本軍による英米租界占領(1941年12月)

1－⑳　汪精衛傀儡政権下の紙幣「儲備券」

4　「満洲国」

「満洲国」建国　1932年3月，日本は傀儡政権「満洲国」を建国した。その執政には，清朝最後の皇帝・溥儀（1906-67）が就任している。1934年3月に「満洲帝国」と改め，皇帝を愛新覚羅溥儀に据え，首都を「新京」（長春）とし，「王道楽土」と「五族協和」（満，漢，蒙，朝，日5民族であったが，漢族だけで90％）を綱領とした。国旗は「新五色旗」である。公用語は日本語であった。その地域は奉天・吉林・黒龍江3省で，33年以降は熱河省を加え，実に総面積130万 km²，人口は4323万人であった。この建国は中国各界の怒りを巻き起こして抗日支援や，東北義勇軍による抗日ゲリラが激化した。

「満洲国」と関東軍　政治団体・協和会の「一国一党」の形態をとったが，実権は関東軍が掌握していた。全官吏中，岸信介（1896-1987），星野直樹（1892-1978）ら日本人が30％を占めた。「日満議定書」（1932年9月）で日本は「満洲国」を承認した。日本軍は無制限に常駐でき，34年2個師団6万人（45年日本敗戦時，24個師団78万人）であった。なお，徴兵により「満洲国」軍10万人が組織されていたが，警察と同様，関東軍の統制下にあった。また，日本は「10戸連座制」を設け，民衆の反日運動を圧迫した。さらに教育面では，日本語で教え，学校で中国史を教えさせず，「共存共栄」，「赤化思想粛清」を叩き込み，民族意識を弱めさせた。そのうえ，ケシ栽培を広範に行わせ，37年商業性の大烟館は2万7800か所あり，アヘン吸飲者は1300万人（人口の3分の1）にのぼった。なお，1932年9月，平頂山事件では住民3000人余が虐殺され，また731部隊は中国人の生体実験も行っている。

「満洲国」の経済　「日満一体不可分」により日本経済への従属が目的とされた。金融面では，東三省官銀号，黒龍江省官銀号などを合併し，「中央銀行」に改組し，紙幣（連銀券）を発行させた。その目的は①無価値な連銀券を法幣と交換し，外国為替を購入する，②占領地区内の財力，物力の吸収などがあげられよう。また，実業開発に11億6000万元もの資金が投入された。巨大な力をもったのは，「南満洲鉄道株式会社」（満鉄）である。満鉄は「満洲国」の全鉄道を独占，自動車，航空運輸事業も統制した。また，鞍山製鉄所，撫順炭鉱のほか，満洲石油株式会社など多くの付属企業を有していた。資源，特に軍需原料は日本に輸出された。農業面では1932-36年に日本は武装移民を5回送り込み，中国農民の土地180万畝を奪い，同時に満洲拓殖会社を設立，移民と土地入手の工作をした。その他，大豆，小麦，棉花等を強制的に栽培させ，安価で日本に輸出させた。日本での研究でも，その発展は住民の生活向上をめざすものではなく，多くは軍事的であったと認める。だが，他方で通貨統一で経済近代化が促進され，交通網の整備が進み，34年までに満洲は中国で最も工業化された地域になったと強調する。

1-㉑ 溥儀

1-㉒ 「満洲国」政府組織図（1940年）

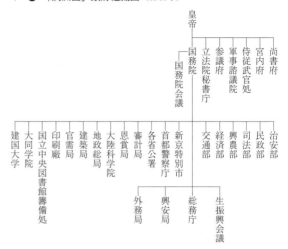

皇帝
尚書府
宮内府
侍従武官処
軍事諮議院
参議府
立法院
国務院
国務院秘書庁
国務院会議
治安部
民政部
司法部
興農部
経済部
交通部
新京特別市
首都警察庁
各省公署
審計局
恩賞局
大陸科学院
地政総局
建築局
官需局
印刷廠
国立中央図書館籌備処
大同学院
建国大学
生振興会議
総務庁
興安局
外務局

1-㉓ 長春の旧関東軍司令部

＊現在は中国共産党吉林省委員会

1-㉔ 新京（長春）の街並み（1940年）

1-㉗ 「満洲国」の紙幣

＊紙幣の表の下に「大日本帝国内閣印刷局製造」の文字が見える。

1-㉕ 大同炭鉱で働かされる子ども

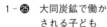

1-㉖ 女優「李香蘭」（りこうらん）
（1920-2014。山口淑子）

2 社会の変容

1 近代教育の普及とアカデミズム

近代教育の導入と地方エリート　1898年の戊戌変法は，最高学府として北京に京師大学堂を創設するとともに，地方の書院を高等学堂・中学堂・小学堂に転換しようとした。光緒新政の一環とする新学制は，明治期日本をモデルとしていた（→49・60頁）。だが，近代教育の普及のための財源確保は保守的エリートや民衆との衝突を招き，しばしば暴動に発展した。一方，これらの推進を図る開明的エリートは各地で「学会」と呼ばれる結社を組織，その多くは清朝公認の法定団体である教育会に改組されていった。

「壬戌学制」と義務教育実施案　民国初期の教育は，政情不安により教育方針も一定せず安定した財源確保も困難であった。こうした状況のもとで教育の革新と普及に貢献したのが，各地の教育会やその他の教育団体であった。教育会は毎年全国教育会連合会を開催，様々な課題を検討するとともに，教育部への建議，教育内容や普及策の研究・実践を行った。1922年，教育部は連合会の草案を受け入れ，「壬戌学制」を実施した。これにより中国の教育制度は，日本モデルからアメリカモデルに転換する。1910年代，胡適（1891-1962）・陶行知（1891-1946）・晏陽初（1890-1990）はアメリカに留学し，プラグマティズム運動の指導者デューイ（1859-1952）に師事した。19-21年，デューイは中国に滞在，その後陶や晏らによって問題解決能力を重視する平民教育や郷村教育運動が展開された。

　1929年，国民党4全大会は義務教育実施案を議決し，三民主義イデオロギーの浸透を目的とする教育の普及をめざした。35年に教育部は4年制初級小学の義務化に向けたスケジュールを公表したが，日中全面戦争により頓挫した。

アカデミズムの成立　1912年，京師大学堂から北京大学に再編されたが，それは依然として官吏養成機関的性格が強かった。17年に校長に就任した蔡元培（1868-1940）は，陳独秀（1879-1942）や胡適ら新進気鋭の学者たちを招へい，新文化運動の拠点となった（→78頁）。1920年代には，留学帰国者を中心に純然たる学術団体としての学会が各分野で結成されるとともに，各大学でも学術面での人材養成の成果があらわれた。

　1928年，国民政府は中央研究院（アカデミア・シニカ）を設立，大型の研究プロジェクトが実施された。たとえば歴史語言研究所による殷墟発掘は，同時期の北京原人発見とともに中国ナショナリズムの高揚をもたらした。日中戦争が勃発すると，大学や研究機関の多くは奥地に移転・疎開し，困難な状況下での研究を強いられることになった。

2-❶　寧波女子師範学校の授業風景

＊1932年「師範学校法」公布後，女子中等師範教育が全国で発展した。

2-❷　平津青年会による青少年サマーキャンプ

＊日中戦争前の大学生の大部分は裕福な中産家庭の出身であり，サマーキャンプのような活動が実施されることがあった。

2-❸　長征する大学

＊①国立北平大学，②国立北京師範大学，③私立朝陽大学，④国立北京大学，⑤国立清華大学，⑥私立南開大学，⑦国立北洋大学，⑧私立斉魯大学，⑨国立山東大学，⑩国立中央大学，⑪私立金陵大学，⑫私立金陵女子文理学院，⑬私立東呉大学，⑭私立光華大学，⑮私立復旦大学，⑯私立大夏大学，⑰国立同済大学，⑱国立浙江大学，⑲私立之江大学，⑳省立安徽大学，㉑国立武漢大学，㉒私立武昌華中大学，㉓国立湖南大学，㉔私立湘雅医学院，㉕私立福建協和大学，㉖私立華南女子文理学院，㉗国立厦門大学，㉘国立中山大学，㉙私立嶺南大学，㉚国立四川大学，㉛国立東北大学

2-❹　闇行為に抗議する女子学生（1949年）

＊1930-40年代になると女子学生による抗議行動はめずらしいものではなくなった。

2　都市の再編と近代メディア

近代交通システムの形成　19世紀末以降，開港場と新しく敷設された鉄道・自動車道路と古くからの水路によって構成される近代交通システムが形成された。これによって人と物資の活動範囲は大きく拡大するとともに，交通中枢都市の後背地域に対する商工業の浸透力を強めることになった。すなわち，東部の港湾と鉄道・水路・自動車道路の交差地点に位置する都市，鉄道・水路・自動車道路の交差地点に位置する都市，およびこれら交通の結節点と周辺農村という階層的な市場ネットワークに整序されていった。

近代メディアの発展　1900年以降，新政改革のなかで中国人経営の新聞社が各地に登場する。近代中国には全国紙はなく，上海の『申報』『新聞報』，天津の『大公報』などの有力地方紙のほか，地方都市には多くの地方紙が発行された。

　聖書の印刷・出版から始め商業出版に転じて成功した海南島出身の宋嘉樹（1861-1918）は，近代上海を出版メディアにおける代表的人物である。かれは孫文（1866-1925）の革命運動を支援するとともに子女の教育にも熱心であり，後に宋慶齢（1893-1981）と宋美齢（1898-2003）は孫文と蒋介石の妻となり，宋子文は国民政府の財政部長となった。1897年に上海で設立された商務印書館は近代中国最大のメディア企業である。小中学校の教科書の出版によって急速に成長した。その後『東方雑誌』『教育雑誌』『小説月報』など中国を代表する雑誌を次々に発刊するとともに，実用書から古典にいたる多様な書籍を出版した。1912年に設立された中華書局とともに，この上海の二大出版社が中華民国期の出版界をリードした。

　知識人が発行した言論誌は各地に読者層を獲得し，大きな影響力を獲得した。すなわち，『新青年』（1915-22年），『独立評論』（1932-37年），『観察』（1946-48年）が各時期における代表的言論誌である。

ラジオと映画　1920年代になると，ラジオや映画，レコードなど新たなメディアが普及し始めた。映画は1896年に上海で初上映された。1920年代以降各地に映画館が誕生，ハリウッド映画とともに中国での映画製作も本格化した。30年代になると映画会社には左翼系劇作家や俳優を起用するものも現れ，娯楽性とともに政治的メッセージを内包する個性的な作品が生まれた。また挿入歌が流行しレコード化されるようになった。阮玲玉（1910-35）は1920-30年代の無声映画時代を代表するスターであり，社会各層の女性を演じ分けた。上海歌舞団の周璇（1918-57）は「金の喉」といわれ，ラジオやレコードを通して人々を魅了した。映画「馬路天使」（37年）以降，日中戦争期約20片の映画に主演した。

2-❺　中華民国期の鉄道網

2-❻　清末から民国時期までに敷設された華北地域の鉄道

名　　　称	始発地～終着地	建設期間	距離
膠済鉄道	青島～済南	1899-1904	432km
道清鉄道	道口～清化	1902-1904	154km
京漢鉄道(盧漢・平漢鉄道)	北京～漢口	1898-1905	1214km
正太鉄道	石家庄～太原	1904-1907	243km
京奉鉄道(津楡鉄道など)	北京～奉天	1878-1911	844km
津浦鉄道	天津～浦口	1908-1911	1013km
平綏鉄道(京張鉄道)	北京～包頭	1903-1922	813km
隴海鉄道	連雲港～宝鶏	1905-1937	1226km
同蒲鉄道	大同～蒲州風陵渡	1907-1936	860km

2-❼　商務印書館の船版印刷工場（清末）

2-❽　阮玲玉

2-❾　周璇

2-❿　「義勇軍行進曲」

＊『嵐のなかの若者たち』と「義勇軍行進曲」　電通は1933年に設立された映画機材会社である。1934年に映画製作を開始するや、まず『若者の不運』を発表、続いて『嵐のなかの若者たち』『自由神』『都市風光』を製作して、当時の左翼映画のひとつの典型を示した。『嵐のなかの若者たち』では北へ行き、敵と戦うことを訴える詩人の苦悩を描いた。主題歌の「義勇軍行進曲」（田漢作曲・聶耳作曲）は抗日運動のなかでヒットし、のちに人民共和国の国歌となった。

3　農村：行政権力の浸透

農村の変容

前近代，中華帝国においてフォーマルな官僚機構の最末端に位置していたのは県の長官である知県であった。郷紳層は，知県の統治を補完するとともに，科挙制を媒介として儒教的社会秩序の体現者としての社会的権威と統治機構に参画しうる政治回路を事実上独占していた。地域政治に対するかれらの関与は20世紀初めの新政を契機に様々な法的保証を獲得し，そのことが国民革命の打倒対象としての「土豪劣紳」と批判される新たな社会的地位を有することになる。

　1930年代，国民政府による保甲制度（10戸を1甲・10甲を1保に編成）が導入された地域では，国家行政の政治的伝達ルートは各世帯にまで伸長し，郷紳がそれまで担ってきた役割は新しい機構によって回収されていく。すなわち保長は，合法的な地方公務の執行者として地方の公的資金の管理権限を保有し，食糧の徴収・負担金の割り当て・徴兵の割り当てなどの権力を握ることになった。

中共権力と農村社会

1927年，第1次国共合作崩壊後の中共は紅軍を組織して農村地域での割拠を試みた。敗残部隊を率いて井崗山に退去した毛沢東がまず着目したのが袁文才（？-1930）・王佐（？-1930）ら緑林と呼ばれる人々であった。後に人民革命軍の規律となる「三大規律・六項注意」は，紅軍がこうしたアウトローと提携しながら一般民衆の支持を獲得するうえで必須のものであった。この中共の権力を支えたのは，貧農など一般農民ではなく，中等学校レベルの教育を受けた没落しつつある地主の家庭出身の青年男女であった。共産党の組織性・規律性は，集団性が著しく低い中国農村にあって革命運動の展開に有利であったが，それでも「同族」「血縁」という村落の伝統秩序を解体・再編するにはいたらなかった。

抗日根拠地の「農村革命」

日中戦争期，中共によって樹立された抗日根拠地では「農村革命」が進行していた。1942-43年，中共は，地主を含む全階級を統一戦線のなかに維持しつつ，その枠内で可能なかぎり階級闘争を推進して富と権力の再分配を実施しようとする「農村革命」に着手した。すなわち，「減租減息」のスローガンとともに多様な形態の「清算闘争」を提起して農民大衆を地主との闘争に立ち上がらせ，後者に対する前者の政治的優位の創出と維持がめざされた。44年秋冬，徹底的な減租の実施，旧支配層の権力の徹底排除，農民権力の確立を要求する大衆運動の急進化がみられた。この結果，村政府から旧支配層が一掃され，農会・党支部・民兵隊が組織された。これらの組織と工作隊を通じて，中共の権力は村レベルに深く浸透した。

2-⓫　地主階級の特徴

- **1．大地主（1%）**
  - 1.1　資本主義の影響を受けた者（0.1%）
  - 1.2　「新旧折衷的」な者（0.7%）
  - 1.3　安全に封建的な者（0.2%）

- **2．中地主（19%）**
  - 全県の権力の中心
  - 子弟の多くは中等学校
  - 政府部門の多くのポストを掌握
  - 商売はあまりしないが，やりだすと大々的に
  - 大部分は封建経済のなかに生きる
  - 「新尋派」（青年革命同志会）に代表される

- **3．小地主（80%）**
  - 小規模な商売にたずさわる者が多い
  - 子弟の教育，初等小学にほぼ全員，高等小学に8割，中学に3割
  - 「合作社」（中山中学派）に代表される

- **3.1　老税戸（32%）**
  - 3.1.1　余裕のある者（0.96%）
    - 反革命
  - 3.1.2　年ごとに生活の悪くなる者（22.4%）
    - 革命に参加
  - 3.1.3　破産戸（8.64%）
    - 革命に参加
    - 高級小学，中学卒業生を輩出

- **3.2　新発戸子（48%）**
  - 金銭を重視，ケチ
  - 悪性の高利貸し
  - 子弟の教育には不熱心
  - 農村で最も悪質な敵対階級

＊括弧内は，地主階級全体に占める比率を示す。

2-⓬　紅軍の三大規律・六項注意

〈三大規律〉　1．一切の行動は指揮に従う，2．人民からは針一本・糸一本取らない，3．土豪から没収したものは全体のものとする

〈六項注意〉　1．売買は公正に，2．話は穏（おだ）やかに，3．睡眠のときに使用した戸板は元に戻す，4．借りたものは必ず返す，5．所かまわず大小便をしない，6．捕虜の財布に手をつけない

〈三大規律〉　1．命令には敏速に服従する，2．農民からは針一本取ってはならない，3．敵や地主から没収したものはすべて公のものとする

〈八項注意〉　1．言葉づかいはおだやかに，2．買物は公正に，3．借りたものは返す，4．壊したものは弁償する，5．人を段ったり罵ったりしない，6．農作物を荒らさない，7．婦人に淫らなことをしない，8．捕虜をいじめない

＊「三大規律・八項注意」とは，紅軍時代に徐々にまとめられていった中国人民解放軍の軍紀を簡明に言い表したものである。1927年秋，湖南での秋収蜂起後，井崗山に向かう途中，毛沢東は「行動は指揮に従う」「大衆のものは芋1つでも取り上げない」「土豪から没収したものは公のものに」や，「売買は公平に」「人夫は徴発するな」「人を殴るな」などの注意を与えた。これらが整理され，28年4月に湖南省桂東で「三大規律・六項注意」が部隊に布告された。この後さらに追加・変更が加えられ，47年10月，人民解放軍総司令部は「三大規律・八項注意の訓令」を発布した。

2-⓭　減租減息等による階級変動（平山県4か村＊）

▲＝減

	1937年7月		1941年6月		増　減	
	戸　数	%	戸　数	%	戸　数	%
地　　主	28	3.5	23	3.0	▲ 5	▲17.8
富　　農	71	8.9	77	9.9	6	8.4
中　　農	261	32.8	367	47.3	106	40.0
貧　　農	317	39.8	212	27.3	▲105	▲33.1
雇　　農	65	8.2	34	4.4	▲ 31	▲47.7
労　働　者	22	2.8	22	2.8	0	0.0
商　　人	32	4.0	41	5.3	9	28.1
合　　計	796	100.0	776	100.0	▲ 20	▲ 2.5

＊4か村＝郭蘇鎮，侯家庄，元坊，峡峪。

2-⓮　「土地法大綱」（1947年10月）

＊農民に宣伝するために壁に書き記す工作隊員。

3 ｜ 辺　境

1　モンゴル

内モンゴル　ソ連の影響下で1924年にモンゴル人民共和国が成立し，中国から分離独立した。他方，内モンゴル熱河特別区では，孫文の影響下にあった白雲梯を中心に内モンゴル国民党が成立した。同党およびホロンバイル青年党は25年10月合作して，張家口で第 1 回内モンゴル人民革命党大会を開催した。その綱領には，中国における各民族自決権，国民革命政府の樹立，王公専制廃止，信教自由などがうたわれた。だが，1926年の奉天軍閥・張作霖の張家口占領により綱領を実施できなかった。国共分裂の影響を受け，27年 9 月には内モンゴル人民革命党も左右両派に分裂した。

徳王の台頭　1931年の満洲事変後，徳王（とくおう）（1902-66）が台頭し，33年 8 月に「内蒙自治宣言」を出し，10月チヤハル・綏遠両省を管轄する蒙古自治政府（委員長雲王，政務庁長徳王）の成立を宣言。国民政府は中国分裂の危機と捉え，妥協が図られた。34年 1 月，国民政府の「蒙古自治弁法」で自治権の大幅削減となり，内モンゴル側は猛反発した。そこで国民政府と再協議し， 4 月に内モンゴル全域を統轄する「蒙古地方自治政務委員会」（いわゆる蒙政会。委員長雲王，秘書庁長徳王，指導長官は国民政府軍政部長何応欽）が百霊廟に成立した。このころ日本の侵略も露骨になり，親日派の徳王と反日派の索王（さくおう）（?-1936）間の対立も深まった。36年 1 月，国民政府は索王を蒙政会委員長とした。他方，徳王は 5 月に徳化に内蒙軍政府を成立させた。11月，徳王は関東軍の支援を受け，内モンゴル軍 2 万余で攻撃したが，傅作義（ふさくぎ）（1895-1974）率いる国民政府軍 7 万の逆襲を受け，敗北（綏遠事件）（→104頁）。

関東軍と徳王　1937年10月，日本軍は帰綏（現，フフホト）を攻略し，蒙古自治政府（主席雲王，副主席徳王，最高顧問に金井章次）を成立させた。11月，蒙古自治政府，察南自治政府（張家口），晋北自治政府（大同）各代表が集結し，蒙疆（もうきょう）連合委員会が組織された。ただし，関東軍が隠然たる力を有し，最高顧問金井が代行したが，39年 4 月徳王が総務委員長に就任した。 9 月に 3 自治政府は合併し，蒙古連合自治政府（主席徳王・張家口）が成立した。なお，徳王は日本人が最高顧問から県公署にいたるまで実権を有することに不満をつのらせた。1941年 2 月，徳王は訪日し，「第三国」との交渉権を要求したが，日本政府に拒絶された。日中戦争末期，徳王は蔣介石と連絡をとった。45年，ソ連軍の張家口進軍により蒙古連合自治政府は瓦解した。日本敗戦後，国民党による内蒙古共和国臨時政府が成立し，徳王は反共戦に参加。45年11月，中共指導下で内蒙古自治運動連合会に代わり，46年に東蒙古人民自治政府と統一され，47年に内蒙古自治区となる。

3-❶ 雲王

3-❷ 徳王

3-❸ 索王

3-❹ 蒙古連合自治政府の成立大会
（1939年9月）

3-❺ 同左

3-❻ 蒙古連合自治政府の人員

2　新　疆

ソ連・中国国民政府と新疆　1911年の辛亥革命後，新疆は軍閥楊増新（1864-1928）の支配下にあった。ロシア十月革命以降，新疆・ソ連関係は大転換をみせ，20年「イリ臨時通商協定」が締結され，双方とも商務代表機関を設けた。北洋軍閥が打倒され，27年に蔣介石（1887-1975）の南京国民政府が成立すると，6月，楊は青天白日旗，三民主義を掲げ，帰属が決定された。だが，楊は暗殺され，金樹仁（1879-1941）が省政府の臨時主席兼総司令に就任すると，身内で政権を固め，増税，紙幣乱発かつ汚職蔓延により全新疆を動乱に陥れた。31年5月馬仲英（1912-37）が新疆に進撃したため，金は盛世才（1897-1970）を東路剿匪総指揮に任命した。これを機に盛は次第に頭角を現し，34年にはソ連赤軍の支援を受け，馬に勝利した。そして，新疆民衆反帝連合会を組織し，35年，盛自ら会長に就任して「反帝・親ソ・和平・清廉・和平・建設」の六大政策を提起した。これが盛と中共との統一戦線形成の基盤となった。さらに「反帝抗日」とともに，財政整理，地方自治，各民族平等，アヘン吸飲禁止，信教の自由，言論・出版の自由など進歩的政策を次々打ち出した。農業面でも開墾，耕牛・種貸出などを実施し，農業機械化を推進した。また，ソ連軍事顧問団の支援下で各種の軍事訓練班も設立した。

　1937年10月，中共は抗日民族統一戦線のもと，盛と連繋し，迪化に八路軍弁事処を設立し，財政，経済，文化，教育などを支援した。この時期，新疆は中ソ間の西北国際ルートの重要な一環を形成し，大量の軍需品を含む物資を流通させた。

反共路線への転換　1942年になると，盛は姿勢を転換し，「反ソ反共」を唱え，蔣介石・国民党と同一歩調をとるようになった。かくして，中共党員や進歩人士を逮捕した。そして43年，獄中にいた中共党員の陳譚秋（1896-1943），毛沢民（1896-1943），林基路（1916-43）を殺害している。そのうえ，一方的にソ連との通商関係を断った。44年9月，農牧民による三区革命が勃発した。盛は省政府主席を免職され，代わって国民党の呉忠信（1884-1959）が就いた。続いて11月にイリ蜂起が勃発し，三区革命臨時政府が成立した。46年7月，新疆連合省政府が成立し，西北行営主任の張治中（1890-1969。国民党内民主派）が省政府主席を兼任し，中ソ親善，国家統一，民主政治，民族団結を推進しようとした。だが，それらの政策に対して，47年に国民党右派から軟弱政策と非難された。そして，蔣介石は汎イスラム主義の麦斯武徳（Masud 1887-1951）を省主席に任命し，連合省政府は分裂を余儀なくされた。49年8月，中共中央は鄧力群を派遣し，「新疆和平解放」を促進し，10月には人民解放軍が迪化に進軍した。50年，中華人民共和国に吸収された。しかし，今もウイグル族と漢民族との矛盾・対立が根強く残り，時に衝突を繰り返している。

3-**❼**　楊増新

3-**❽**　金樹仁

3-**❾**　盛世才

3-**❿**　陳譚秋

3-**⓫**　毛沢民（毛沢東の弟）

3-**⓬**　張治中

3-**⓭**　西北国際ルート（中国甘粛・新疆両省を経てソ連に入る中ソ運輸路）

区　　　　間		備　　考
1．西安—長安—平涼—蘭州		ソ連の対中貸付協定によれば，第1期締結（1938年3月）で，爆撃機62機，戦闘機216機，高射砲，各砲弾など，第2期（同6月）は爆撃機116機，戦闘機50機，機銃弾など，第3期（1939年6月）は爆撃機100機，戦闘機150機などであり，それらの多くが西北国際ルートを経て中国に運搬された。中国は対ソ借款をタングステン，アンチモニー，錫，農産物などで償還した。
2．重慶—成都—広元—鳳県—天水—蘭州		
蘭州—古浪—甘州—猩猩峡		
猩猩峡—哈密（ハミ）—廸化（ウルムチ）		
廸化—綏来—烏蘇—塔城		
塔城—セミパラチンスク		
1．西安—セミパラチンスク	総計4,091キロ	
2．重慶—セミパラチンスク	総計5,070キロ	

＊第1ルート，第2ルートとも蘭州で合流し，後は甘粛・新疆両省を経てソ連に入る。

3 チベット

ダライ・ラマ13世とイギリス

1911年の辛亥革命に乗じて，ダライ・ラマ13世（→55頁）は「完全独立」を宣言，西康を包括する「大チベット主義」を主張した。だが，四川・雲南両都督が率いる軍に敗退した。12年，イギリスは軍隊を派遣，ダライ・ラマ13世に組閣させた。そして，チベットに西康，青海を加え，それを「大チベット」と称し，「外チベット」を独立させ，イギリスが「内チベット」自治を決定した。13年には，袁世凱 (1859-1916) の要請を拒絶し，「独立」を宣言。こうして14年，チベット・イギリス・中国の三者により英領インドのシムラ会議を開催，チベット側はチベットと西康の「完全独立」を要求，イギリスもチベット自治を主張，他方，中国側はチベットの主権を認めず，決裂した。22年に「英蔵軍事援助協定」が締結され，イギリスはチベットに武器支援を開始し，イギリスの影響力が強まった。なお，当時，チベット社会は封建的奴隷制で，ダライ・ラマを頂点に三大領主がすべての土地と人口の95％を占める農奴，奴隷を支配していた。28年，南チベットでは農奴による大規模反乱が鎮圧されている。

パンチェン・ラマ9世と中国

ダライ・ラマ13世の圧迫により，23年にパンチェン・ラマ9世 (1882-1937) はチベットを脱出し，北京政府保護下におかれた。28年の北伐完成後，南京国民政府下に入り，29年，行政院蒙蔵委員会委員に任命された。その際，西康・青海を除いた「小チベット」主義をとった。31年の満洲事変後，日本はパンチェン・ラマ9世の利用を画策したが，失敗。33年にダライ・ラマ13世が死去すると，イギリスが打撃を受け，それを好機に国民政府はラサに蒙蔵委員会チベット弁事処を設置した。さらに34年，パンチェン・ラマ9世を国民政府中央委員に任命したが，イギリスの妨害で失敗した。当時，チベットはイギリスが金融・交通・軍事・警察を操縦し，36年にはラサに常設政治代表部を設立した。37年の日中戦争勃発後，中英関係は好転し，40年，ダライ・ラマ14世 (1935-) の即位式には国民政府代表の呉忠信，イギリス代表ネパールが参列した。41年の太平洋戦争の勃発後，日本がビルマルートを閉鎖すると，中国はそれに代わる援蒋ルートをチベットに考えたが，チベット政府は中立を理由に拒絶。こうして，チベットは次第に独立的傾向を強めた。43年夏，チベットは「独立国」たることを示そうとしたが，中国の反対を受けた。

人民共和国成立

1951年に人民解放軍により「解放」された。だが，大規模暴動が発生するなど矛盾は解消せず，現在もチベットは中国の少数民族対策，信教の自由，貧富の格差，民族独立問題，さらに中印国境問題も絡まり，複雑な様相を呈している。59年にダライ・ラマ14世はインドに亡命，現在も海外から中国政府への提言・批判を続けている。

3-⓮ ダライ・ラマ14世

3-⓯ パンチェン・ラマ9世

3-⓰ ポダラ宮（1900年代初頭）

3-⓱ 四川省阿壩チベット族自治州

3-⓲ チベット族の家屋内

4　華　　僑

　まず華僑について簡単に説明しておきたい。戦後は華僑（中国国籍），華人（現地の国籍）
となったが，それ以前は双方とも主に華僑と称した。かれらの故郷は福建，広東両省が多
いが，戦乱，追放，飢饉，求職などのため，海外に出かけていった。その歴史は古く，8
世紀以降と称されるが，主に明清時代，特に16世紀以降，人口急増により中国人が海外に
向かった。辛亥革命期に孫文を日米華僑などが物心両面の支援をしたことは有名である。
日本でも周知のごとく函館，横浜，神戸，長崎に異国情緒が漂う四大華僑街が現存してい
る。美味な中華料理を味わえる。ここでは，華僑が対日抗戦に重要な役割を果たしたアジ
ア・太平洋戦争時期について述べておきたい。

　　欧米華僑　　欧州では，1931年満州事変後，華僑も次第に団結力を強め，日本品ボイコ
　　　　　　　　ットを強力に推進するとともに，祖国中国に抗日要求を突きつけた。この
ように，蔣介石（しょうかいせき）（1887-1975）・国民政府が「安内攘外」政策をとり，日本よりも中共撃滅
策を実施していたとき，仏，独，ベルギー，イタリア，ソ連などの華僑救国各団体を組織
し，1936年9月中国の抗日民族統一戦線の結成よりも早く，全欧華僑抗日救国連合会の創
出という先駆性を示した。37年日中全面戦争後，全欧抗連はフランス政府，各政党などに
中国抗戦への支持獲得に尽力した。アメリカでは，ニューヨーク中心に華僑の抗日活動が
活発化した。華僑反帝大同盟，華僑クリーニング連合会，留学生連合会，および司徒美堂（しとびどう）
（1868-1965）の致公堂（「反清復明」の秘密結社）は抗日宣伝と募金に奔走し，1937年10月に
は華僑55団体による大規模な抗日救国籌餉（ちゅうしょう）総会を組織した。こうした動きはロサンゼル
スなどでも同様であった。1941年，太平洋戦争後，ホノルルでアメリカ空軍第14地上勤務
大隊はすべて華僑であった。

　　シンガポール華僑　　東南アジアでも1936年シンガポール華僑による各界救国連合会が
　　　　　　　　　　　　成立した。また，著名な華僑陳嘉庚（ちんかこう）（1874-1961）の発起によりシン
ガポール華僑籌賑会も成立している。これらは「党派・宗教・男女・老若を分かたぬ」民
族連合戦線の樹立を主張した。また，華僑巨頭で客家の胡文虎（こぶんこ）（1883-1954）も抗日運動を推
進した。太平洋戦争の勃発後，日華僑抗敵動員会が組織され，武器を持って日本軍と戦った。

　　日本軍の占領　　1942年2月15日，日本軍はシンガポールを占領した。17日，日本軍第
　　　　　　　　　　25軍司令官の山下奉文（やましたともゆき）（1885-1946）は「敵性華僑」検証と称して華僑
を集合させ，大雑把な基準で，「5000人」（シンガポールでは「5万人」）と称される虐殺事件
を引き起こした。だが，華僑は臆することなく，次々と抗日遊撃隊を組織し，日本敗戦まで
戦い続けた。占領下のベトナムでは華僑救亡会などがストライキ，食糧拒否で闘い続け，
フィリピン，ビルマなどでもゲリラ，抗日宣伝によって日本軍を悩まし続けた。

3-⑲ 華僑の主要出身地

3-⑳ 福建華僑の一族集団住居「土楼」

3-㉑ 陳嘉庚

3-㉒ 胡文虎

3-㉓ 司徒美堂

3-㉔ シンガポール大「検証」事件(1942年2月)

3-㉕ アメリカ華僑の抗日集会（1938年）

参考文献・史料

阿部治平『もうひとつのチベット現代史』明石書店，2006年。

石川禎浩『赤い星は如何にして昇ったか：知られざる毛沢東の初期イメージ』臨川書店，2016年。

石島紀之『中国民衆にとっての日中戦争：飢え，社会改革，ナショナリズム』研文出版，2014年。

石島紀之ほか編『重慶国民政府史の研究』東京大学出版会，2004年。

ヴォーゲル（エズラ）ほか編『日中戦争期中国の社会と文化』慶應義塾大学出版会，2010年。

大里浩秋ほか編著『中国における日本租界』お茶の水書房，2006年。

奥村哲『中国の現代史：戦争と社会主義』青木書店，2000年。

菊池一隆『中国抗日軍事史』有志舎，2009年。

菊池一隆『戦争と華僑』汲古書院，2011年。

菊池貴晴『中国第三勢力史論』汲古書院，1987年。

久保亨ほか『統計でみる中国近現代経済史』東京大学出版会，2016年。

倉沢愛子ほか編『岩波講座　アジア・太平洋戦争』8巻，岩波書店，2005-06年。

桑山節郎『満洲武装移民』教育社，1979年。

小林英夫ほか『日本軍政下の香港』社会評論社，1996年。

笹川裕史『中華人民共和国成立の社会史』講談社メチエ，2011年。

田中仁『1930年代中国政治史研究：中国共産党の危機と再生』勁草書房，2002年。

田中仁編『21世紀の東アジアと歴史問題：思索と対話のための政治史論』法律文化社，2017年。

陳徳仁ほか『孫文と神戸（補訂版）』神戸新聞総合出版センター，2002年。

西村成雄『張学良：日中の覇権と「満州」』岩波書店，1996年。

野澤豊編『日本の中華民国史研究』汲古書院，1995年。

狭間直樹ほか『データでみる中国近代史』有斐閣選書，1996年。

水羽信男『中国近代のリベラリズム』東方書店，2007年。

森久男『徳王の研究』創土社，2000年。

安井三吉『帝国日本と華僑：日本・台湾・朝鮮』青木書店，2005年。

安井三吉『柳条湖事件から盧溝橋事件へ：1930年代華北をめぐる日中の対抗』研文出版，2003年。

* * *

竹内実・21世紀中国総研編『日中交文献集』蒼蒼社，2005年。

日本国際問題研究所中国部会編『中国共産党史資料集』12巻，勁草書房，1970-1975年。

野村浩一ほか『新編　原典中国近代思想史』7巻，岩波書店，2010-2011年。

東京大学東洋文化研究所「データベース：世界と日本」（http://www.ioc.u-tokyo.ac.jp/~worldjpn/）

NIHU 東洋文庫拠点・政治史資料研究班編『20世紀中国政治史文献案内』（OUFC ブックレット，vol. 11）2017年。（http://www.law.osaka-u.ac.jp/~c-forum/booklet.htm#vol11）

華僑華人の事典編集委員会『華僑華人の事典』丸善出版，2017年。

現代中国の軌跡

　第 3 編は，1949年の中華人民共和国の建国から今日までの，二度にわたる大転換の過程を跡づける。

　第 1 の転換は，資本主義から社会主義への転換である。日中戦争とそれに続く内戦で疲弊した国民経済を立て直した中国共産党政府は，旧ソ連に学んだ第 1 次 5 か年計画（1953-57年）を導入し，農業の集団化，工商業の社会主義改造を実施した。しかし，共産主義の早期実現をめざす毛沢東により大躍進（1958-61年）が発動され，短い調整期を経てプロレタリア文化大革命（1966-76年）が提起されると，政治優先のなかで経済が停滞し，社会は閉塞状況におかれた。

　第 2 の転換は，1978年の改革開放を契機とした社会主義から市場経済（資本主義）への転換である。農村改革から出発した漸進的な市場化の動きはやがて都市改革へと進み，計画指標が市場調整にとって代わられた。これと並行して積極的な外資導入と貿易振興策がとられ，中国は国際市場に深く依存するようになった。他方，経済改革と比較すると政治改革の動きは緩慢であり，1989年の天安門事件（第 2 次）に象徴されるように，政治的な揺れ戻しが市場経済への移行を妨げる局面も現れた。

　また本編では，「脱中国化」をめざす台湾と大陸との統合を進める香港の60年についても取り扱う。

年	中　　　　　　国	世　　　界
1949	10.中華人民共和国成立　12.中華民国政府，台湾へ	4.NATO　10.東独成立
50	2.中ソ友好同盟相互援助条約	6.朝鮮戦争
51	10.人民解放軍，ラサに進駐	9.対日講和条約
52	土地改革終了	1.英軍スエズ運河封鎖
53	5.第1次5か年計画（-1957）　6.過渡期の総路線	3.（ソ）スターリン死去
54	9.第1期全人代，憲法公布，毛沢東国家主席	6.周恩来・ネルー平和5原則
55	7.毛沢東・農業協同化演説	4.バンドン会議
56	9.中共8全大会　この年，社会主義的改造の達成	2.スターリン批判
57	4.中共・整風運動　6.反右派闘争（-58）	11.モスクワ会議
58	5.中共・社会主義建設の総路線　8.人民公社化運動	3.（ソ）フルシチョフ書記長首相兼任
59	3.チベット反乱　4.劉少奇国家主席　7.廬山会議	8.中印国境衝突
60	3.鞍鋼憲法　11.中共・人民公社「共産風」是正	12.81か国モスクワ声明
61	1.中共・調整政策へ（農業・商業・工業・教育など）	5.（韓）クーデタ（朴正熙）
62	中共・七千人大会　9.毛沢東，過渡期階級闘争論	10.キューバ危機
63	5.中共・農村社会主義教育運動	9.中ソ公開論争
64	8.毛沢東，内陸部建設方針　10.最初の核実験	8.トンキン湾事件
65	9.林彪，人民戦争勝利万歳　11.姚文元論文発表	9.インドネシア，九・三〇事件
66	5.五・一六通知　8.プロレタリア文化大革命決定	3.同上，スカルノ大統領失脚
67	2.上海コミューン，二月逆流　7.武漢事件	8.ASEAN結成
68	10.中共・劉少奇除名決議	8.ソ連軍などチェコ侵入
69	9.中共9全大会，林彪後継者指名　11.劉少奇獄死	3.中ソ武力衝突（珍宝島）
70	4.初の人工衛星　8.陳伯達批判（国家主席問題で）	10.アラブ連合ナセル死去
71	9.林彪クーデタ事件	10.中国国連復帰
72	2.ニクソン米大統領訪中　9.田中首相訪中	6.（米）ウォーターゲート事件
73	3.鄧小平復活　8.中共10全大会（四人組抬頭）	10.第1次石油危機
74	2.批林批孔運動　李一哲大字報	8.（米）ニクソン大統領辞任
75	1.周恩来，四つの現代化，憲法公布　4.蔣介石死去	4.ベトナム南部解放
76	1.周恩来死去　4.天安門事件（鄧失脚）　9.毛沢東死去 10.四人組逮捕，華国鋒党主席	7.（日）ロッキード事件（田中逮捕）
77	7-8.鄧復活，中共11全大会	11.サダト大統領イスラエルへ
78	5.真理基準論争　12.中共第11期3中全会，大転換	8.日中平和友好条約
79	9.中共・農業発展決議　12.北京西単民主の壁閉鎖	1.中米国交　2.ベトナム侵攻
80	2.劉少奇名誉回復　8.趙紫陽首相　9.農業責任制	8.朝鮮全斗煥大統領（-88）
81	1.林彪・四人組判決　6.歴史決議，胡耀邦党主席	2.（米）レーガン大統領
82	9.中共12全大会，胡耀邦党主席　12.82年憲法	2.（ソ）ブレジネフ死去，（日）中曽根内閣
83	6.第6期全人代，李先念国家主席　10.反精神汚染	10.ワレサ，ノーベル平和賞
84	10.中共・経済体制改革決定　12.中英香港共同声明	10.インデラ・ガンジー暗殺
85	6.人民公社解体，郷政府樹立　9.中共全国代表会議	3.（ソ）ゴルバチョフ書記長
86	4.第7次5か年計画（-1990）　9.社会主義精神文明	2.（比）アキノ大統領
87	1.胡耀邦辞任　10.中共13全大会，趙紫陽総書記	11.（日）竹下内閣
88	1.蔣経国死去，李登輝総統就任　8.竹下訪中円借款	4.アフガン和平協定
89	4.胡耀邦辞任　6.天安門事件　9.江沢民総書記	12.東欧激動，マルタ会議
90	2.香港基本法（草案）　12.中共中央10か年計画	8.イラク，クウェート侵入
91	6.中国南部大洪水　12.秦山原発稼動	8.（ソ）クーデター失敗
92	1-2.鄧小平南方視察　10.中共14全大会	11.（米）ブッシュからクリントンへ

93	11.憲法に「社会主義市場経済」を明記	8.(日)細川連立内閣
94	1.人民元，管理変動相場制に	7.(朝)金日成主席死去
95	2.人口12億人となる　10.中米首脳会談(ニューヨーク)	5.WTO 発足
96	3.台湾海峡危機，李登輝総統当選　11.江沢民主席訪韓	11.(米)クリントン大統領再選
97	2.鄧小平死去　7.香港返還　9.中共15全大会	7.(タイ)バーツ切下げ，東アジア通貨危機
98	6.クリントン大統領初訪中(三つの「ノー」)	5.スハルト政権崩壊
99		6.(米)在ユーゴ大使館誤爆　7.「サラエボ宣言」
2000	3.西部大開発戦略，陳水扁総統当選	5.(ロ)大統領にプーチン就任　6.南北コリア・サミット(金大中・金正日)
01	1.台湾との「小三通」　6.上海協力機構(SOC)　7.江沢民講話(三つの代表)　12.WTO 加盟(台湾も)	1.(米)W．ブッシュ大統領就任　4.(日)小泉純一郎首相　9.(米)9月11日事件
02	11.広東 SARS 拡大(-03.7)　11.16全大会(胡錦濤総書記)	9.日朝首脳会議
03	10.日中韓首脳会合共同宣言(パリ)	3.アメリカ，イギリスなどイラク侵攻
04	3.陳水扁総統再選	5.「北京コンセンサス」論　12.ASEAN＋3首脳会議
05	3.全人代「反国家分裂法」　4.反日デモ	1.(米)ブッシュ大統領2期　12.アジア・サミット(EAS)
06	1.農業税廃止　6.16期6中全会(和諧社会建設論)	10.(朝)核実験
07	4.温家宝総理来日　10.17全大会(胡錦濤2期)	5.(仏)サルコジ大統領　6.(英)ブラウン首相
08	3.チベット反政府デモ　3.馬英九総統当選　5.四川大地震　8.北京オリンピック・パラリンピック	5.(ロ)メドベージェフ大統領　9.(米)サブプライムローン破綻　11.G20 緊急首脳会議
09	7.新疆ウイグル自治区でデモ	1.(米)オバマ大統領
10	5-10.上海万博　10.劉暁波，ノーベル平和賞受賞	1.(希)財政危機が表面化
11	2.中国版ジャスミン革命　7.浙江省温州市で高速鉄道事故	3.(日)東日本大震災
12	3.薄熙来解任　9.尖閣国有化で反日デモ　11.中共18全大会(習近平総書記)	12.(日)安倍首相
13	2.北京 PM2.5問題　10.一帯一路構想　11.東シナ海に防空識別圏	2.(韓)朴槿恵大統領
14	2.「抗日戦勝・南京追悼」記念日制定　11.日中首脳会談	3.(ロ)クリミア編入
15	10.一人っ子政策廃止　11.習馬会談　12.人民元 SDR 決定	8.(日)安倍談話　10.TPP 合意　12.ASEAN 経済共同体　12.(日韓)慰安婦合意
16	1.AIIB 設立　5.(台)蔡英文総統	5.オバマ米大統領広島訪問　7.南シナ海仲裁裁判決
17	10.中共19全大会	1.(米)トランプ大統領　5.(韓)文在寅大統領
18		4.(韓朝)板門店宣言　6.米朝シンガポール会談

＊(ソ)：ソヴェト連邦，(韓)：大韓民国，(米)：アメリカ合衆国，(日)：日本，(比)：フィリピン，(朝)：朝鮮民主主義人民共和国，(ロ)：ロシア連邦，(希)：ギリシャを示している。

第1章　社会主義建設期

1 新民主主義革命の実現

1 社会変容と民族統合

土地改革　中華人民共和国成立前後の土地改革によって地主制が廃絶され，農民的土地所有が実現した。このような農村での政治運動は，権力奪取にいたる過程で中共が獲得した工作方法——工作隊の派遣，積極分子の選抜，闘争大会の開催，新たな権力の樹立——によって実施された。中央権力による基層社会の掌握は，党組織と人民解放軍の実力を背景として展開された大衆動員型の農民運動の過程で実現した。またこの過程で，明清以来の中国農村の有力者層である郷紳層が打倒され，共産党の「幹部」がこれにとって代わった。

女性解放　1950年，婚姻の自由，一夫一婦制，男女平等を規定する中華人民共和国婚姻法が公布・施行された。こうして両性の自由な意思によらない婚姻は無効であるとして，大衆動員方式によって婚姻法貫徹運動が展開され，「生産力の発展・生産建設」に有利な「民主的で睦まじい幸福な家庭」がめざされた。女性解放とは社会的労働への参加にほかならないという基本方針のもと，ほとんどの女性が「労働者」となり，このことによって男女共働き社会が出現する。同時に，学校教育において男女を区別する諸制度も廃止された。なお，社会的労働への参加だけでは解消しえない女性性（ジェンダー）に関わる課題群はほとんど意識されることはなかった。

諸民族の統合　1945年8月の中ソ条約によって，内モンゴル地域が中国の領域内の一地域として再編されるという枠組みが確認された。同地域で試みられたいくつかの民族政権樹立の試みは，ウランフ（1906-88）指導のもと人民共和国の一部をなす内モンゴル自治区の創設に収斂していく。日中戦争終結後の新疆では，国民政府は「東トルキスタン共和国」（三区革命派）と「協定」を締結，46年7月に新疆省連合政府を樹立した。中共と三区革命派との接触は49年9月以降である。親ソ派のボルハン（1894-1989）とサイフジン（1915-2003）が実権を握った政府はトルコ民族主義者を排除し，10月ウルムチに王震（1908-93）率いる中共軍の進駐を受け入れた。49年7月，チベット政府は中華民国政府代表を退去させた。人民共和国政府は，50年人民解放軍によるチベット作戦を発動，10月にはチャムドに達した。51年5月，軍事的圧力のもとで「17か条協定」に合意，10月，人民解放軍がラサに進駐した。

1-❶ 土地改革法を農民に伝達

1-❷ 妓女教育

＊廃娼運動 中国共産党は人民
共和国成立前後から約10年を
かけて大規模な廃娼運動を展
開した。都市ごとのすべての
妓院を封鎖して経営者の家産
を没収した。妓女に対して労
働・学習・職業訓練などを通
じて意識改革を実施、また必
要に応じて病気の治療も行わ
れた。さらに労働者との結婚
も奨励されるなど就業・生活
問題の解決を図ったことが売
春根絶の主要因となった。こ
の結果、70年代半ばまで職業
的な売春は存在しなかった。
写真は、指導員から自活のた
めの教育をうける元妓女たち
（1950年代）。

1-❹ 人民解放軍のラサ進駐
（1951年10月）

1-❸ 中華人民共和国土地改革法（1950年6月）

第1章 総則

第1条 地主階級の封建的搾取の土地所有制を廃止して、農民的土地所有制を実
行し、それによって農村の生産力を解放し、農業生産を発展させ、新中国の
工業化のために道を開く。

第2章 土地の没収と徴収

第2条 地主の土地、役畜、農具、余分の穀物および農村に所有する余分の家屋
を没収する。ただし、地主のその他の財産は没収しない。

第4条 工商業を保護し、侵害してはならない。

地主が兼営する工商業および工商業を経営するうえで直接使用している土地財
産は没収してはならない。封建的な土地財産を没収することによって工商業
を侵害してはならない。

工商業者が農村にもつ土地および元来農民に居住させていた家屋は徴収すべき
である。ただし、農村にあるその他の財産と合法的な経営は保護し、侵害し
てはならない。

第3章 土地の分配

第10条 没収および徴収で得たすべての土地とその他の生産手段は、本法が国家
の所有に帰すと規定するものを除き、すべて郷農民協会が接収し、土地のな
い者、土地のすくない者、およびその他の生産手段に欠乏している貧困の農
民に、統一的に、公平かつ合理的に、分配して所有させる。地主にたいして
も同じわけまえを与え、地主が自分の労働によって生活を維持できるように
させ、そしてまた労働のなかで自己を改造させる。

第5章 土地改革の執行機関と執行方法

第28条 土地改革工作にたいする人民政府の指導を強化するため、土地改革の期
間中には、県以上の各級人民政府は、人民代表会議が推薦するか、または上
級の人民政府が派遣する適当な数の人員で土地改革委員会を組織し、土地改
革関係の各種の事項を指導し処理する責任を負わせる。

第29条 郷村農民大会、農民代表会議およびそれらが選出する農民協会委員会、
区・県・省の各級農民代表大会およびその選出する農民協会委員会は、土地
制度を改革するための合法的な執行機関である。

第30条 土地改革完了後、人民政府は土地所有証を交付し、すべての土地所有者
がその土地を自由に経営し、売買し賃貸する権利を承認する。土地制度改革
以前の土地契約は、すべて廃棄する。

1-❺ 民族自治区域

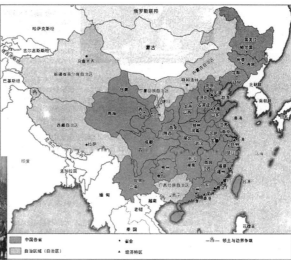

2 緊迫する国際情勢，朝鮮戦争

中国革命と東アジア
国共内戦による中共の勝利は実力によるヤルタ協定の変更であり，したがって冷戦に傾斜しつつあるアメリカの東アジア政策の変更――中国ではなく日本を機軸とする東アジア地域秩序の構築――をもたらすことになる。この点からすれば，1949年の中華人民共和国の成立は，翌年の朝鮮戦争，さらに51年のサンフランシスコ講和条約と日米安全保障条約締結を一連の出来事と捉えることができる。

中ソ条約の締結
人民共和国の対外方針は，米ソ冷戦でソ連側に立つとともに，中華民国時代の外交関係を否認して新たな外交関係の構築がめざされた。1949年12月に毛沢東（1893-1976）がソ連を訪問，3か月にわたる交渉によって，翌年2月，対「日」軍事同盟構築をうたう「中ソ友好同盟相互援助条約」が締結された。これによって中国はソ連から3億米ドルの借款供与を獲得したものの，新疆や東北におけるソ連に対する特恵措置を認めざるをえなかった。

朝鮮戦争
1948年8-9月の南北朝鮮独立によって朝鮮半島では分断状況が生まれていたが，中国革命に鼓舞された金日成（1912-94）は，中ソ指導部の了解を得て南北の武力統一を計画した。50年6月，朝鮮戦争が勃発，北朝鮮軍は韓・米軍を釜山周辺に追いつめた。これに対してアメリカは，国連安保理の北朝鮮非難決議（ソ連欠席）に基づき米軍を主体とする国連軍を投入して反撃し，北朝鮮軍を鴨緑江近くまで追いつめた。10月，中国は「人民義勇軍」の名目で出兵して国連軍に反撃を加えた（50年2月，国連総会は中国を「侵略者」と決議）。その後戦線は北緯38度線近くでこう着状態となり，53年7月に休戦協定が締結された。

サンフランシスコ講和条約と中台分断
中国内戦が中共優位に推移するなかで，アメリカの日本占領方針は，民主改革と軍事的・経済的・政治的監視から早期講和と経済復興を軸とするものに転換する。1950年6月朝鮮戦争が勃発すると，トルーマン（1884-1972）米大統領は，第7艦隊を台湾海峡に派遣するとともに，台湾の「中華民国」政府に対する援助を再開した。アメリカは，「中華民国」の国際連合の中国代表権と常任理事国としての地位の継続を支持し，同時に日本に対して，台湾側と平和条約を締結するよう圧力をかけた。51年9月にサンフランシスコ講和条約と日米安保条約を締結した日本政府は，翌年4月，台北政権と日華平和条約を結んだ。このことは，アメリカと韓国・フィリピン・台湾との安全保障条約締結，および対中国戦略物資輸出規制実施（52年 CHINCOM）という東アジア冷戦実体化の一環であった。

1 - ❻ 中ソ同盟条約調印（1950年2月14日，モスクワ）

1 - ❼ 東西両陣営の安全保障体制

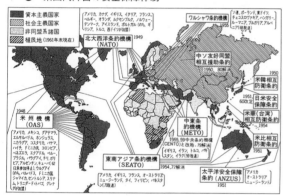

1 - ❽ 朝鮮戦争の推移

1 - ❾ 日華平和条約

1952年4月28日台北で署名
1952年8月5日批准書交換

第一条 日本国と中華民国との間の戦争状態は，この条約が効力を生ずる日に終了する。

第二条 日本国は，1951年9月8日にアメリカ合衆国のサン・フランシスコ市で署名された日本国との平和条約（以下「サン・フランシスコ条約」という）第二条に基き，台湾及び澎湖諸島並びに新南群島及び西沙群島に対するすべての権利，権原及び請求権を放棄したことが承認される。

第四条 1941年12月9日前に日本国と中国との間で締結されたすべての条約，協約及び協定は，戦争の結果として無効となったことが承認される。

第五条 日本国は，サン・フランシスコ条約第10条の規定に基き，1901年9月7日に北京で署名された最終議定書並びにこれを補足するすべての附属書，書簡及び文書の規定から生ずるすべての利得及び特権を含む中国におけるすべての特殊の権利及び利益を放棄し，且つ，前記の議定書，附属書，書簡及び文書を日本国に関して廃棄することに同意したことが承認される。

2 第1次5か年計画の政治と経済

1 計画経済の確立

「過渡期の総路線」 1953年6月，全国財経工作会議において毛沢東（1893-1976）により提起された「過渡期の総路線」では，中華人民共和国の成立から「社会主義改造」の基本的完成までを資本主義から社会主義への過渡期と規定し，比較的長い期間（約15年）をかけて徐々に社会主義への移行を実現する方針が出された。しかし，国内外の厳しい政治・経済情勢は，こうした穏健路線の実施を許さず，中国は集権的社会主義の確立を急ぐことになる。集権的社会主義の2本柱は，農工業の「社会主義改造」によるミクロ経営メカニズムの確立と計画的資源配分を特徴とする第1次5か年計画（1953-57年）の実施である。

農業の集団化 1952年に完成した土地改革により，地主・富農が所有する耕地は農民に無償で配分され，約3億人の自営農家が誕生した。しかし，農家の過度に零細な経営規模が農業生産の発展に不利なこと，都市労働者の食糧となる商品化食糧の確保が困難に直面したことなどの理由から，政府は1953年12月，「農業生産合作社に関する決議」を採択し，農業の集団化に踏み切ることになる。当時，農村工作部長であった鄧子恢（1896-1972）の指導のもと，政府は，農民の自発性をもとに労働力を相互に提供しあう互助組や，耕地・役畜を提供して生産を行う初級合作社（平均20-30戸）の組織化を目的として，時間をかけて集団化を実施する方針を打ち出した。ところが，1955年7月，「農業合作社問題について」の毛沢東報告を契機として，耕地や役畜の共同所有を基礎とした高級合作社（平均200戸）へと事態は短期間に急展開し，1956年末には，ほぼすべての農家が土地の共同所有を基礎とした農業生産協同組合（高級合作社）に組織された。

工業の社会主義改造 都市部では，外国資本や国民党所有の企業資産を接収し，国民経済の骨格となる国有企業部門がすでに形成されていたが，共産党を支持する民族資本家が所有する私営企業や個人経営の商店などが多数存在していた。これらを社会主義に適合的な経済組織に改造することが目標とされた。まず，私営企業については，「公私合営」形態を通じた改造が行われた。すなわち，原材料の供給・製品の卸売りの国家統制を通じて，企業外部から国家統制を行う初級段階から，政府が企業の所有・経営に立ち入る高級段階を経て，個別企業の業種別合併が行われた。その結果，資本家は提供した財産に応じて「定額利息」（所有株の5％）を受け取るだけの存在となった。これと並行して，個人手工業者の手工業協同組合（後の都市集団所有制企業）への再編が急テンポで進んだ。

2-❶ 農業の集団化（組織率）

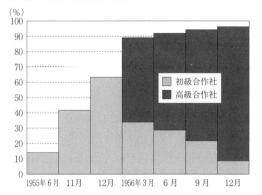

初級合作社
高級合作社

2-❷ 毛沢東に批判された
鄧子恢

2-❸ 公私合営企業の発展

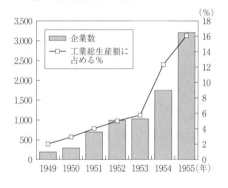

企業数
工業総生産額に
占める％

2-❹ 「定額利息」の株式証書

2-❺ 手工業協同組合の発展（組織率）

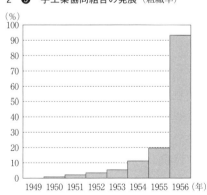

2-❻ 拡大する公有制経済

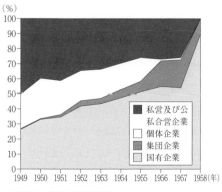

私営及び公
私合営企業
個体企業
集団企業
国有企業

＊数字は工業総生産額の構成比。

2　第1次5か年計画の実施

第1次5か年計画の実施である。周恩来（1898-1976）や陳雲
（1905-95）が指導した5か年計画は，旧ソ連の経験を模倣したものであり，希少な資源を
国家が一手に掌握し，それを集中的に利用することによって，急速な工業化の実現をめざ
すものであった。具体的には，旧ソ連の援助項目を中心として，基本建設投資（公共投資
と国有企業の固定資産投資の合計）の42.5％が工業部門へ投下され，主に大型重工業プラン
トの建設につぎ込まれた。

　これらの建設プロジェクトの多くが内陸部に立地していたことも，この時期の工業建設
の特徴の1つである。旧ソ連の援助で建設された156項目の大型プロジェクト（実際に建設
されたのは150項目）のうち118項目，約5分の4のプロジェクトが内陸部に立地していた。
また同時期，自力で建設された694項目の重点プロジェクト（投資額1000万元以上）の地域
分布をみても，やはりその68％が内陸部への投資であった。内陸地域への傾斜投資は，そ
の後の文革期にさらに大規模に展開されることになる。

第1次5か年計画期のGDP成長率は年率9.4％の高率を記録
した。5か年計画は大きな成功を収めたようにみえたが，その
水面下では大型プロジェクト建設による高度成長の歪みが各方面に現れ，資材不足や物価
騰貴がみられた。また，農村部での行き過ぎた集団化は，合作社からの農民の脱退と都市
への「盲流」，都市労働者のストライキや食糧デモの発生といった問題を噴出させた。他
方，1956年のフルシチョフ（1894-1971）によるスターリン批判は，政治的な自由化の雰囲
気をこの国にもつくり出した。こうした政治・経済情勢は，高度に中央集権的な社会主義
体制を見直し，より穏健な政策運営への転換を可能にする条件を生み出した。

こうしたなかで，1956年9月に第8回党大会（8全大会）が開催された。
劉少奇（1898-1969）や鄧小平（1904-97）らは，社会主義制度が基本
的に樹立されたとして，今後は国民経済の総合的均衡を図るなかで穏歩前進すること，社
会主義的民主と法政の整備，個人崇拝の防止を進める方針を決議した。毛沢東も同年4月
に「十大関係論」を発表し，バランスのとれた発展が必要であるとの認識を示した。

　ところが，こうした自由化の動きは短命に終わった。政治面では，1956年の「百花斉放，
百家争鳴」において知識人の自由な言論活動を鼓舞しておきながら，翌57年の「反右派闘
争」では，これに応じて政府批判を行った知識人を徹底的に弾圧した。こうした動きに呼
応するように，1958年，10年で英米諸国に追いつき，共産主義の早期到達をめざす大躍進
運動（→174頁）が開始された。

2-❼　基本建設プロジェクトの地域配置

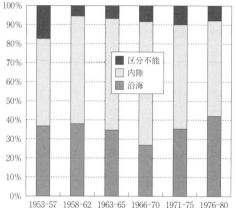

凡例：
- 区分不能
- 内陸
- 沿海

（縦軸：0%〜100%、横軸：1953-57, 1958-62, 1963-65, 1966-70, 1971-75, 1976-80）

2-❽　第１次５か年計画の通俗図解書

2-❾　毛沢東の十大関係論

　①重工業と軽工業・農業
　②沿海工業と内陸工業
　③国家・生産単位と生産者個人
　④経済建設と国防建設
　⑤中央と地方の関係
　⑥漢族と少数民族の関係
　⑦党と非党の関係
　⑧革命と反革命の関係
　⑨是非の関係
　⑩中国と外国の関係

2-❿　武漢長江大橋

2-⓫　反右派闘争

2-⓬　長春第一汽車

3 党・政府による社会の包摂

社会資源の国家支配 社会主義体制の構築過程で，国家は社会資源を統御し，制度を通じてそれらを周到に組織することで，いかなる代替的資源の存在・生成をも許さない構造をつくった。人的資源もまた国家に属する資源と考えられ，社会構成員の流動性は厳しく制限された。農村の自由市場，都市の個人商工業者など国家の統御外に代替的社会資源が生じると，「資本主義のしっぽを切る」として政治運動により消滅へと追いやった。

身 分 制 同じ時期，人の属性についても各種の「身分」による定義と区分が行われた。「階級的身分」は，出自や革命への貢献による区分である。農村では土地改革とともに人々が地主，富農，中農，貧農などに分類され，都市では社会主義化の過程で，革命幹部，工業労働者，資産階級，手工業者などの区分が行われた。「戸籍上の身分」は，人々を都市戸籍と農村戸籍に分断した。また，人々を職業・職位により幹部・労働者・農民に分ける「就業身分」は，後述する単位制や行政制と結びついて幹部の地位の優越性を補強した。

単位制・行政制 単位とは，都市に住む人が所属する各種職場の総称である。社会主義体制の形成・維持において，単位は単なる職場以上の重要な機能をもった。あらゆる単位に共産党の支部や委員会がおかれて指導にあたる「政治的機能」のほか，賃金の支給や生活物資の配給を行う「経済的機能」，住宅・公費医療・教育などを供給する「社会保障機能」，所属単位が個人の社会的身分・職業・地位を象徴し個人の信用を決定づける「社会的機能」があげられる。つまり，生計の維持に必要な一切が単位経由でのみ供給され，都市住民が単位を離れて生活するすべは事実上なかった。こうして，国家と個人の間に「統治・管理−依存」の関係が生じ，単位が両者を媒介する構造がつくられた（単位制）。

国家組織どうしの行政関係，等級・地位もまた人々の社会的地位の決定要因であった。各単位に付された行政的等級の高低が，その地位と権力の優劣を決する。また単位に属する構成員の地位も，単位の行政的地位により決まる（行政制）。行政制はしばしば単位制と結合し，単位構成員の間に区別をもたらした。

このように，この時期には各種のヒエラルキーが権力の手でつくられ，それぞれが複合的に補完しあって社会構成員を区分・序列化する構造が生まれた。その過程で，国家の行政的権力の主導的地位が確立し制度化された。伝統社会にみられた「官本位制」の現代的再解釈ともいえる。こうした官本位制は，改革開放期には階層格差へと変化していく。

2-⓭　単位制概念図

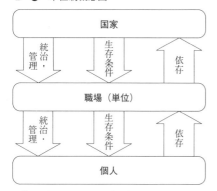

① 国家は，あらゆる生存条件（食糧，住居，教育，医療，福祉など）を個人に供給する。それにより，個人を統治・管理することができる。
② 個人は生存条件の一切を国家に依存し，同時に統治・管理を受ける。
③ ①②のいずれも，個人が属する職場（単位）を窓口として行われる。個人の実感としては，職場との関係が国家よりいっそう直接的なものに感じられただろう。

2-⓮　糧票（米穀の配給券）

＊建国初期より，生活必需品の供給には配給制がとられた。背景にあったのは，物資不足と，国家による物資管理を是とする社会主義イデオロギーである。配給券には糧票のほか麵票（小麦粉），油票（食用油），布票などがあった。配給制は戸籍管理と連動して行われ，配給券は所属単位を通じて支給された。「壹市斤」は500グラム。

2-⓯　単位制社会の食生活

＊賈蕙萱・石毛直道『食をもって天となす：現代中国の食』（平凡社，2000年）より。（賈蕙萱：1961-66年，北京大学に在学。1966年に就職［単位に配属］。）

【学生食堂】

賈　月十五元ぐらいで三食食べられました。そのころ，北京大学では，毎月，食堂からカードが支給されました。一日三食，ひと月三十一日分の欄があるカードで，食堂へ食べに行けば，そのカードに，食べたという印がつきます。メニューはみんな同じ──「饅頭」なら「饅頭」，餃子なら餃子で，量も同じです。（中略）

石毛　先生が学生だったころは，教師は学生とは別の食堂で食べていたわけですか？

賈　別の食堂でした。教師の食堂は値段も高いし，種類も多いから，学生は先生の食堂では食べてはいけないことになっていました。

【中日友好協会の食堂】

石毛　先生が就職された1966年ころは，職場の食堂を利用することが多かったのではないですか？

賈　当時はどんなに小さな機関でも食堂が付いていました。外食が難しい時代でしたから。昼はもちろん，夕食を食べてから残業をして帰るとき独身者は

一日三食を食堂で食べますから三食分用意してあって，いつ食べに行ってもよいことになっていました。（中略）

石毛　中国の工場や機関は，ただ働く場というだけでなく，ときには同じ敷地内に住宅もあり，学校もあり，食堂もあるのでしたね。

賈　いまの新しい企業では，工場でも食堂のないところがふえてきましたから，このごろは家庭で弁当を作ったり，出前をとるというふうになってきていますけれども。

石毛　先生が働き始めたときはまだ「糧票」（食糧配給キップ）が必要でしたね。（中略）「糧票」と引き換えに主食を食べたのですか？

賈　そうです。「糧票」のうち，「粗糧」はおコメで，「細糧」は小麦粉です。それから小豆，緑豆，トウモロコシなどは全部「糧票」が必要でした。（中略）
　当時の食堂は，現金は受け取りませんでした。毎月，食堂の会計に「糧票」を持っていって，必要な分だけ専用の食券をもらったのです。でも80年代後半になると，食堂でもいろいろなものを売ってくれるようになりました。

3 ｜ 大躍進とその帰結

1　急進的社会主義路線から大躍進へ

毛沢東の世界観と急進路線　1953年から社会主義改造に着手した中国は，「ソ連に学べ」を合言葉に，党・国家体制，計画経済，工業・インフラ建設，国防技術など各方面でソ連式の建設を進めた。同年に開始した第 1 次 5 か年計画はソ連の多大な援助を受けた。だが，国際情勢と社会主義路線をめぐる毛沢東とフルシチョフの対立から，中ソ関係は1957年10月以降急速に悪化する。同じころ，ハンガリーなど東欧での社会主義体制の危機をみた毛沢東は，急進主義へと傾斜した。1957年11月，「ソ連は15年でアメリカに追いつく」というフルシチョフに対抗して，毛は「中国は15年でイギリスに追いつく」と宣言する。劉少奇，周恩来，陳雲らは慎重であったが，毛の急進路線が力を得て，大躍進運動への道筋がつくられた。

大　躍　進　1958年 5 月，「社会主義の総路線」が定められ，「多く，速く，よいものを，無駄なく建設せよ（"多快好省地建設"）」のスローガンのもと農業・工業生産の大幅増をめざす大躍進運動が始まった。そのねらいは，高度経済成長を達成してソ連を含む先進国に追いつくことと，集団化と協同化によって共産主義をなるべく早く実現することの 2 点であった。具体的目標として，工業の年成長率26-32％，農業の年成長率13-16％というきわめて野心的な数値がめざされた。しかしその実施方法は，在来技術および大衆の組織化に依拠したものであった。労働力の大量投入による人海戦術的な社会主義建設が目覚ましい成果を生むというのが，毛の思い描くビジョンであったのだ。

農村の公有化・集団化　共産主義の実現にいたる方法として，自然村を基礎とする農村共同体が共産党の手で組織化され，従来の合作社（→168頁）を合併する形で人民公社が設立された。農村の大規模化と集団化は毛沢東の信念であり，生産力向上を実現できると考えられていた。人民公社は1958年後半ににわかに出現したにもかかわらず，同年末には全国の農村の99.1％が公社に組織された。人民公社は，自然村から派生した行政組織，農業生産を集団で行う生産組織，共産党のイデオロギーを末端に浸透させる政治組織の機能を有した。また，人民公社は社員である農民の生存の全条件（衣食住，学校，医療など）を保障したことで，社会政策・福祉政策としても機能した。それは同時に，農民を厳しく組織し管理するシステムでもあり，農民の生活の一切は公社とその下部組織によって統一的に管理されていた。都市の住民が単位制のもとで厳しく組織され管理されていたのと同様，農民には人民公社を離脱する選択肢はなく，自主的農業経営も許されなかった。

3-❶　人民公社の公共食堂

＊公共食堂で無料の食事をとる人民公社社員たち。広東省番順県
龍山公社にて。

3-❷　公私合営

3-❸　人民公社化の過程（1958年）

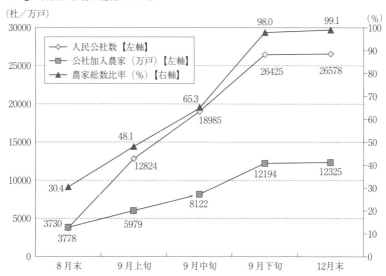

2　大躍進運動の熱狂と失敗

大躍進期には急激な増産をめざすあまり，しばしば極端な方法が

大躍進運動の現実

とられた。稲をびっしり植えることで収量が上がるとする「密植」農法がもてはやされたが，実際には土壌を疲弊させて連作ができなくなる非現実的なものであった。「すべての農村が工場になる」というかけ声のもと，土法高炉が全国の農村に建設され，農民など延べ1億人が製鉄に動員されたが，十分な設備も技術もないなか，使用に耐える製品を生産することはむずかしかった。1958年の鉄鋼生産総量の30％近くにあたる300万トンは粗悪品であったという。熱狂的なかけ声とは裏腹に増産運動は成果を上げず，資源だけが浪費された。現に，土法製鉄などに労働力を投入した結果，1958年以降の農業生産量は大きく落ち込んだ。

　急激に組織された人民公社には物質的制度的条件がともなわず，生産効率は必ずしも改善しなかった。上からの命令による生産管理は社員（農民）の意欲を大きく減殺し，「働いても働かなくても給料は同じ」という悪平等的システムがこれに拍車をかけた。無料の公共食堂は人民公社の目玉であったが，莫大な資源浪費を生み，また世帯単位の食事という日常の営みを破壊した。

　上級部門が策定する目標はしばしば野心的にすぎ，各下級政府はその目標を「達成」するため，数字を水増しして虚偽報告を行った。急進路線の行き過ぎに異議をとなえることは誰にとっても困難であり，チェック機能が働く余地はなかった。そうした数字が積み上がった結果，中央は現場の実情を把握できず，ずさんな管理の責任の所在は闇に埋もれた。

　「自然改造」をうたう大規模なインフラ建設も実施された。水利・灌漑施設などの建設が実現したものの，自然と共存するのではなく人間の力で自然を征服する発想が根幹を貫き，かつ，建設工事がもたらす自然破壊が長期的に及ぼす影響もあまり考慮されなかった。

深刻な後遺症

1959年には大躍進のひずみが各地で顕在化し，食料難による餓死者も出ていた。しかし，同年夏の廬山会議で大躍進の問題点を指摘した彭徳懐（1898-1974）は毛沢東の逆鱗にふれて失脚する。毛にとって大躍進運動の実施それ自体がフルシチョフに対する反論を意味し，それに対する批判は「フルシチョフ路線」にほかならなかった。大躍進政策は継続したが，農業生産の減少と経済の停滞は悲惨な結果を招いた。推計によれば1500万人から2000万人もの餓死者が出たとされ，熱狂的な大躍進運動はその後の国民経済に大きな代償を残した。なお，59年から61年までの3年間，中国は深刻な自然災害に見舞われ，これが食糧生産低落の主たる要因だとする説が一般的だが，この時期の気象記録を検証した結果「自然災害はなかった」とする研究もある。

3-❹ 土法高炉による製鉄

*鉄鋼大生産運動に動員された人数は，わずか半年の間に全国で1億人近くにのぼったという。

3-❺ 大躍進前後の穀物生産の推移（1957-65年）

単位：100万トン

年	現在の中国 公式統計	当時の米国 推計	当時の中国 公式発表
1957	195.1	185.0	185
58	200.0	193.5	250
59	170.0	167.7	270
60	143.5	159.0	150
61	147.5	166.5	162
62	160.0	178.3	174
63	170.0	179.1	183
64	187.5	182.7	200
65	194.5	179.9	200

3-❻ 1958年の鉄鋼生産計画

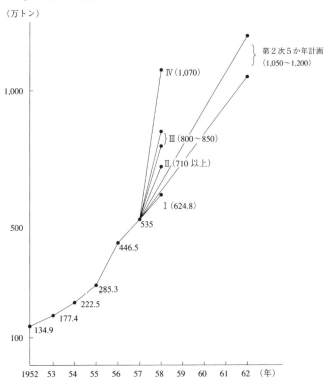

*Ⅰ．58年の当初計画値。Ⅱ．第8回党大会第2回会議。Ⅲ．5月末の政治局拡大会議。Ⅳ．8月の北戴河会議計画値。

3　経済調整路線とイデオロギー路線の相克

| 実務派主導の経済立て直し |

1962年に開かれた中共中央拡大工作会議（七千人大会）では，大躍進運動が「天災3分，人災7分」と総括され，毛沢東はその失敗について自己批判を余儀なくされた。この会議を契機に，党中央は劉少奇や鄧小平らが主導する経済立て直し政策を優先し，政治イデオロギーは二の次とする方向に大きく舵を切った。具体的には，自留地・自由市場・損益の自己負担，それに農家の生産請負制を奨励する「三自一包」の措置がとられた。また，農産物買い上げ価格の大幅な引き上げやボーナスの支給なども行われた。いずれも，農民に物質的なインセンティブを与えて生産を活性化することをねらいとする。他方，生産活動の無駄を省いて経済効率を改善するため，人民公社の規模縮小や過剰な生産設備の閉鎖にも手がつけられた。こうした施策は功を奏し，1963年から65年にかけて経済の回復が実現する。鄧小平が「白猫であろうと黒猫であろうと，ネズミを捕る猫が良い猫である」（白猫黒猫論）というよく知られる言葉を述べたのは，この時期であった。

| 国際間の緊張関係と毛沢東の世界認識 |

この時期の毛沢東は経済調整路線に賛同せざるをえなかったものの，機会あるごとに「階級闘争を忘れるな」という主張を繰り返した。毛の理論では，当時の中国はなお社会主義と資本主義の闘争段階にあった。しかもそれは単に内政の問題にとどまらず，中国と諸外国の緊張関係にも起因していた。すでに1958年の段階から，それまで蜜月状態だったソ連との関係は悪化していた。同年，アメリカとは台湾をめぐって緊張関係が高まり，8月，中国は台湾の金門・馬祖島を砲撃する。また，59年春のチベット動乱に起因するダライ・ラマ14世の亡命（→156頁）をめぐってインドとも対立した。60年代に入ると，ソ連が中国への各種支援を打ち切ったほか，中ソ国境・中印国境で紛争が頻発した。一連の事件に際して中国がとった路線は，帝国主義と真っ向から対決する短期決戦的強硬外交であり，国際社会の緊張を増すものであった。だが毛沢東にとっては，それまでの一連の事件，さらに62年のキューバ危機でソ連がミサイル撤退を決めたこと，同年，米ソ英が部分的核実験停止条約に調印したことなどは，いずれも社会主義の危機であり，国際社会において中国の孤立を強める由々しき事態であった。こうした国際情勢に対処するには階級闘争を強化しなければならないというのが毛の考えであり，その意味で国内の経済重視路線は資本主義につながる危険なものにほかならなかった。毛のこのような意識が，文化大革命の発動へとつながる導火線となった。

3-❼　経済調整政策と毛沢東政治の交錯（1960-66年）

年	調整政策的潮流	毛沢東政治的潮流
1960	8　李富春，国民経済調整提案（八字方針） 11　周恩来，12条指示（一平二調の是正， 　　　　　　　　　自留地承認など）	
1961	1　中共8期9中全会（同上2提案承認） 3　党中央工作会議，農業60条（62.9.に 　　　　　　　　　正式承認） 6　商業40条 7　自然科学研究14条 9　高等教育60条，工業70条	
1962	1　七千人大会（拡大中央工作会議） 2　劉少奇主宰政治局常務委員会，陳雲 　　　　　　　　の調整演説 5　中央工作会議－全面調整政策 　　　　　　（年末には回復局面へ） 9　中共8期10中全会	9　毛沢東，2つの路線強調
1963	2　中央工作会議－ひきつづき調整政策 　　　　　　（1965年には達成） 9　中央，農村社会主義教育運動「後10条」	5　毛沢東，農村工作「前10条」 9　毛沢東，対ソ修正主義批判 　　　　　　　　（〜64年7月） 12　毛沢東，文芸界批判開始
1964	 劉少奇と毛沢東（左）	5　『毛主席語録』（解放軍） 夏　イデオロギー批判拡大 　　　　　　（哲学，歴史学など） 8　毛沢東，国防のための「山地」建設論 9　中央，「後10条修正草案」 12　毛沢東，農村社会主義運動「23条」 〜　（資本主義の道を歩む実権派） 1
1965	5　羅瑞卿，対独勝利20周年記念論文	9　林彪，人民戦争勝利万歳 11　姚文元，新編歴史劇「海瑞罷官」を評す
1966	2　彭真，「二月提綱」	2　江青，文芸工作座談会紀要 3　毛沢東，「二月提綱」批判

4 | 国際的孤立と文化大革命

1 「自力更生」による経済建設

大寨と大慶 計画がうまく機能せず，市場の存在が否定されるなかで，地方政府や企業はやむなく必要な物資を自分で生産し，自分で調達する自給自足経済を追求せざるをえなくなった。そのモデル地域とされたのが，大寨と大慶である。

大寨は山西省昔陽県に立地する山村である。自然条件に恵まれないこの村で，生産大隊党書記の陳永貴（1915-86）は，農民を組織して水利工事，土壌改良，棚田建設を行い，大増産を実現した。陳はその後，中央の副首相に抜擢された。また大慶は，黒竜江省西南部に位置する石油工業都市である。1959年にこの地で石油が発見されると，中共中央は全国から大量の技術者，労働者を動員し，油田の掘削，開発に努めた。その結果，63年に油田の自力開発に成功した。中央政府も1971年から「農業は大寨に学び，工業は大慶に学ぶ」運動を展開し，「自力更生」による経済建設を理想のモデルとして普及させようとした。

細胞経済 「自力更生」が強調された結果，郷村レベルを単位とした「細胞経済」(cellular economy) が出現した (Donnithorne1972)。本来，工業化とは相容れないはずの農村部でも，鉄鋼，化学肥料，セメント，農業機械製造・修理，発電所など，農業支援を目的とした「五小工業」の設立がめざされた。また，企業レベルでは「大而全，小而全」（大きくても全面的，小さくても全面的。ワンセット主義を意味する）が追求された。「自力更生」への志向は，毛沢東個人の個性と深く結びついている。1958年に毛沢東は，「地方は方法を講じて独立の工業体系を建設すべきである。まずは協作区，その後は多くの省において，条件のあるところはすべて比較的独立した，しかし状況の異なる工業体系を建設すべきである」と語った。こうした毛沢東の「自力更生」への願望が，「細胞経済」を生む背景となったのである。

「三線建設」の提起 1964年以降，ベトナム戦争に介入した米国や関係が悪化していたソ連との軍事衝突が不可避と考えた中共中央は，持久戦争に備えて「三線建設」と呼ばれる内陸部への工業施設の移転を強行した。「三線建設」とは，沿海地域を「一線」，沿海や国境に近い内陸部を「二線」，沿海からも国境からも遠い内陸部（四川，貴州，雲南，陝西，甘粛など）を「三線」に分け，沿海から「三線」地域に軍需関連施設を移転する産業立地政策をさす。「三線建設」の基本方針は，「山間部を拠点に，分散配置を進め，地下化をはかる」であった。このスローガンに表れているように，経済効率がほとんど考慮されず，もっぱら国防上の観点から産業立地が行われた。多大な犠牲を払った「三線建設」は，「戦争に備える」という面では役立たなかったが，沿海部に偏っていた産業配置の改善には一定の成果を上げた。

4 - ❶ 大寨（1970年撮影）

4 - ❷ 毛沢東に接見する陳永貴（左）

4 - ❸ 大慶油田（1965年撮影）

4 - ❹ 三線建設の範囲

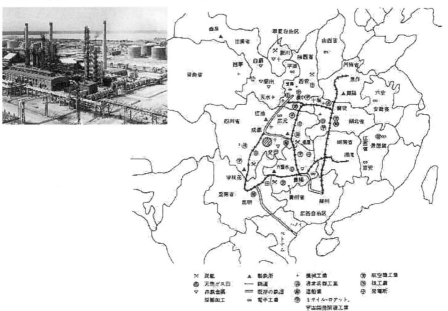

4 - ❺ 工業は大慶に，農業は大寨に学べ

2　毛沢東の権力奪取と文革の熱狂

毛沢東の「実権派打倒」　党内で力を失っていた毛沢東は，劉 少 奇・鄧 小 平の打倒を図った。きっかけは1965年11月，姚文元（1932-2005）の論文「新編歴史劇『海瑞罷官』を評す」を口火とする実権派批判で，翌66年5月に毛は「文化大革命の司令部」として中央文化大革命小組を設立し，「資本主義の道を歩む実権派」の打倒を叫んだ。そして，「徹底的な革命」を大衆に呼びかける形で政治運動を発動した。

文化大革命の熱狂　学生や労働者らはこれに熱烈に呼応した。学生たちは「紅衛兵」を名乗る組織をつくり，運動はまたたく間に全国へ波及した。毛沢東は「造反有理」の言葉でかれらを支持し，8月の中共中央第8期11中全会で提唱された「四旧の打破」（旧思想，旧文化，旧風俗，旧習慣の打破）も紅衛兵の指針となった。同会議では「文革16条」が定められて文化大革命（以下，文革）が党中央のコンセンサスとなり，同時に鄧小平が党総書記の座を追われ，劉少奇も降格した（劉は68年10月の党第8期12全大会で永久除名）。対照的に「毛沢東思想」を堅持する林 彪（1907-71）が副主席に指名された。このほか，党内で一気に実権を握ったのは，江青（毛沢東夫人）（1914-91）・張 春橋（1917-2005）・姚文元・王洪文（1935-92）の「四人組」である。四人組は毛沢東の主張に最も忠実で，毛の信頼を後ろ盾に権勢をふるった。

革命運動の実態　「革命運動」とは具体的にどのようなものだったか。党中央で繰り広げられた権力闘争はしばしば道理の通用しないもので，秩序ある政治とは程遠かった。紅衛兵の造反運動とは，「反革命的」と目した対象を襲って拘束し，言葉や暴力など各種の攻撃を加える「批判」を行って「罪を認め」させたり，その家財を奪ったり焼いたりすることであった。打倒すべき「身近な権威」はしばしばかれらの教師や年長者であった。また一般大衆にとっては，反革命分子として密告されはしないかという恐れ，周囲の人々との相互監視の圧力など，気苦労に満ちた日常が文革の現実であった。密告の恐怖は家族の間にさえ存在し，家庭・地域・学校・職場など各種社会集団の正常な運営は滞った。また，毛沢東に対する極端な個人崇拝が社会を席巻した。さらに，親の出身階級の善し悪し（紅五類／黒五類）を根拠に子どもの政治思想にレッテルを貼る「出身血統主義」が一方で糾弾され，他方で紅衛兵どうしの過激な批判の応酬のなかでよりエスカレートした。

　暴走する紅衛兵を党指導部も制御できなくなり，1967年2月，秩序回復を目的に軍の主導のもとで革命委員会が設立された。これ以降，軍事独裁に近い状況が現出する。

4 - ❻ 天安門広場を埋め尽くす紅衛兵（1966年）

4 ❼ 紅衛兵（黒龍江省）

4 - ❽ 天津港へ向かう人々の行進（1970年頃）

4 - ❾ 文革中の江青

3　文革の終結と国際関係の新段階

文革の終結と負の遺産　中共中央の権力闘争は混迷の一途をたどり，毛沢東と林彪（もうたくとう）（りんぴょう）との関係も1970年頃には悪化する。71年9月，毛の暗殺を企てて失敗した林彪が空軍機で逃走中，モンゴル上空で墜落死したとされる事件が発生した（林彪事件）。しかし，林の遺体は発見されず，真相は今も明らかでない。

　1968年から69年にかけ，都市の若者たちに対し，「農民に学ぶ」名目で農村への大規模な移住が指示された。これを下放（かほう）といい，全国で1600万人の若者が下放青年となった。文革初期の熱気と裏腹に，多くの下放青年が農村の貧困と厳しい労働に打ちのめされ，文革の末路に失望し，また自らの将来を悲観した。

　熱狂から混乱・空虚へと変質した文化大革命は，公式には1976年9月の毛沢東死去，翌10月の「四人組」逮捕をもって収束する。文革は中国に莫大な損失と傷をもたらした。死者少なくとも40万人，被害者総数1億人という驚くべき数字だけではない。政治も経済も各種社会活動も機能停止に陥り，教育や学術活動も停滞して，次世代の人材育成の面で痛手となった。伝統が打倒の対象とされた結果，歴史遺産が破壊され，伝統芸能が攻撃されるなど，文化的損失をも招いた。価値規範やモラルの破壊も深刻であった。

国際的地位の変化　国際社会に視線を転ずると，この時期，中国をめぐる関係は激動した。米中接近（→190頁）に続き，1971年には中華人民共和国の国連加盟ならびに中華民国（台湾）の国連脱退という一大転換が起きた。これは中国が国際社会の一員として承認されたことを意味し，逆に台湾にとっては大きな逆風であった。国際機関に中国が加わったことは，その国際認識の転換を促した。つまり，イデオロギー面の敵か味方かを基準とする世界観から徐々に脱却し，1982年の中共12全大会で「独立自主外交」を打ち出す契機となった。

　1972年には日本と中国の国交が回復し，同時に日本と台湾の国交が断絶した。これにより，日本に住んでいた中華民国国籍の華僑には身分や生活環境に重大な変更が生じた。日本国籍を得るか，中華人民共和国国籍を得るか，日本を離れて台湾に帰るかという3つの選択肢が示されたが，かれらの多くにとってそれは困難な選択であった。他方，中国大陸系の華僑にとっては，それまで往来がむずかしかった祖国との交流に道が開かれた。一般の日本人にとっても，国交正常化は中国との距離が縮まる契機となり，中国から日本に贈られたパンダ「康康」（カンカン）「蘭蘭」（ランラン）への関心に象徴される中国ブームが起きた。さらに，終戦後に帰国できず中国に残った日本人残留孤児にとっては，日中国交断絶中の27年間に及ぶ空白を経て，肉親捜しや帰国の道がようやく開けた。もっとも，日本政府による訪日調査の開始は1981年まで待たなければならなかった。

4-⑩ 紅衛兵の手で封鎖された個人宅

4-⑫ 知識青年の農村への下放

4-⑪ 歴史遺産を破壊する紅衛兵

＊紅衛兵たちは「四旧」を打倒すると称して，古文書や文化
財・書画などを焼き払い，彫刻作品を打ちこわし，名所旧
跡を破壊するなどの行為を繰り広げた。その損失の大きさ
は，現在にいたって徐々に認識されつつある。

4-⑬ 毛沢東追悼大会（1976年9月18日）

第2章　改革開放政策の開始

1 | 改革開放前夜

1　文革政治からの訣別

激動の1976年　1976年1月8日，毛沢東を支えた周恩来首相が死去。極左勢力である「四人組」による「走資派」（資本主義の道を歩む修正分子）批判が展開されるなか，4月の清明節に北京の「人民英雄記念碑」は周恩来への献花で埋め尽くされた。中央政治局は，毛沢東の指示に基づき，「（第1次）天安門事件」は「反革命政治事件」であるとして，鄧小平（1904-97）副首相の解任と華国鋒（1921-2008）の首相昇任を決議した。7月6日，毛沢東の軍事的盟友であった朱徳（1886-1976）が90歳で死去。7月28日，河北省唐山で大規模な地震が発生し，24万人を超える市民が犠牲になった。9月9日，毛沢東は82歳で死去。毛沢東という後ろ盾を失った「四人組」は，10月6日に葉剣英（1897-1986）や華国鋒の指揮のもとに逮捕された。同月7日，華国鋒は党主席に就任。

華国鋒政治の矛盾　「四人組」逮捕に功績のあった華国鋒だが，その政治的な立場はきわめて微妙であった。華国鋒は党内に有力な勢力をもたず，毛沢東の教えを忠実に守ること以外に自らの存立基盤を見出せなかった。それゆえに，「二つのすべて」（毛沢東の決定をすべて擁護し，毛沢東の指示をすべて遵守する）を掲げ，毛沢東の死後も毛沢東路線を踏襲しようとした。これに対して鄧小平は，「実践が真理を検証する唯一の基準」を掲げ，文革および毛沢東への個人崇拝からの解放を意図した大規模なキャンペーンを展開した。こうした動きに民衆も反応し，1978年半ば頃から北京の繁華街・西単の壁に大字報がはり出され，政治的な要求が掲げられた。

鄧小平の復権　華国鋒と鄧小平の路線闘争は，鄧小平の勝利に終わった。1978年12月に開かれた第11期3中全会では，華国鋒への批判が公然化し，思想面では「実事求是」を掲げ，政治面では「階級闘争論」と「継続革命論」を放棄し，経済面では人民の生活改善要求に応える政策の実施を決定した。1980年9月，党主席・国務院総理であった華国鋒は総理を辞任して趙紫陽（1919-2005）に後を譲り，さらに81年6月の第11期6中全会では党主席の座を胡耀邦（1915-89）に明け渡した。3中全会の政治路線の転換を理論的，歴史的に位置づけたものが，第11期6中全会で採択された「建国以来の党の若干の歴史問題についての決議」であった。この決議のなかで中共中央は，文革の誤りを率直に認め，新たな課題は「四つの現代化」の実現（→188頁）にあるとした。毛沢東に対しては，晩年の誤りと毛沢東思想とを区別し，その功績は誤りをはるかに上回るものと評価した。

1－❶　1976年4月，人民記念碑に集まる群衆

1－❷　葉剣英（右）と華国鋒

1－❹　法廷の四人組

1－❸　唐山大地震の被害状況

1－❺　趙紫陽（右）と胡耀邦

2　対外経済関係の改善

「四つの現代化」の提起　1970年代から80年代にかけて，中国の周辺部ではアジア
NIEsと呼ばれる韓国，台湾，香港，シンガポールが日本
についで高度成長を実現しつつあり，中国の政治指導者に強いインパクトを与えた。1972
年２月のニクソン訪中以来，中国を取り巻く国際環境にも一定の緩和がみられた。こうし
たなかで，1975年１月，周恩来は，第４期全国人民代表大会において「四つの現代化」
（農業，工業，国防，科学技術の近代化）を提起した。「四つの現代化」を早期に実現するため
には，国外から先進的な技術や設備を導入することが必要不可欠である。こうした意図を
もって1973年から77年まで，化学肥料プラント13基，合繊プラント４基，石油プラント３
基，発電所プラント３基を含む，総額39億6000万ドルのプラント導入が行われた。これら
のプラントはその後の経済発展に有用な役割を果たした。

華国鋒の「洋躍進」　1976年に華国鋒が提起した「10か年経済発展戦略（1976-85年）」
は，「四つの現代化」を引き継ぐものだった。しかし，この発展
戦略では，10年間に10か所の鞍山製鉄所クラスの製鋼所を建設して鉄鋼生産量を2390万ト
ンから6000万トンに増加させるといった，国力を無視した誇大な目標値が掲げられていた。
結局，10か年計画は事実上棚上げにされ，第11期３中全会において全面的な見直しの対象
とされた。とはいえ，外国からの大型プラント導入の動きは止まらなかった。1978年２月，
日中長期貿易取り決めが日中間の民間団体の間で結ばれたのを機に，上海・宝山製鉄所プ
ラントに代表される日中商談ブームが巻き起こり，多数の大型プラントの導入契約が結ば
れた。ところが，1979年から81年にかけて，外貨制約のために中国政府はその大部分をキ
ャンセルせざるをえなくなった。

対中ODAの開始　これに対して日本政府は，中国に経済協力を行うことで事態の打
開を図るという素早い対応をした。1979年12月，大平正芳（1910-
80）首相が訪中し，対中円借款の供与が提案され，翌80年に第１次円借款500億円が供与
された。対中円借款には，中国側の戦後賠償放棄に対する「補償」の意味が込められてい
るが，外貨不足に悩む中国を救済し，改革開放を支援することも重要な目的の１つであり，
これにより宝山製鉄所の第２期工事の継続が可能となった。また大平首相は，「日中友好
のシンボル」として，近代的な病院（日中友好病院）を北京に無償で建設することも約束
した。ちなみに，2003年末までの円借款の累計額は，３兆472億円（貸付実行額２兆964億円，
償還額9401億円）にのぼった。その後，中国の高度成長を背景に2007年12月をもって円借
款の新規供与は終了し，無償援助も，2018年度の新規案件を最後に終了，対中ODAは40
年の歴史を閉じた。

1-❻ 政府報告を行う周恩来（1975年1月13日）

1-❼ 「四つの現代化」のポスター

1-❽ 上海宝山製鉄所

1-❾ 対中 ODA（円借款）の推移

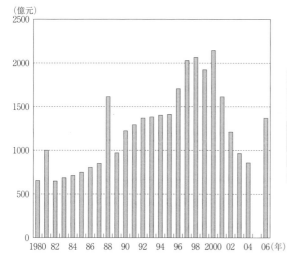

1-❿ 日中友好病院（北京）

3　独立自主の対外政策

米中接近　1974年に提起された「三つの世界論」において，中国は第二世界（西側先進国），第三世界（発展途上国）の国々と協力して第一世界の米ソに対抗することを対外戦略の目標に掲げた。しかし，その隠された意図は，アメリカとの関係改善を通じて，ソ連との対決を緩和させようとするものであった。米中和解の最大の焦点は台湾問題であった。中国が主張する「一つの中国」の原則に対するアメリカ側の理解をとりつけ，1972年2月のニクソン（1913-94）訪中が実現し，「上海コミュニケ」が発表された。また中国は，1978年8月締結の日中平和友好条約と1979年1月の米中国交正常化の交渉過程において，事実上「反ソ」を意味する「反覇権」条項を日米に認めさせた。その直後，鄧小平は歴史的な訪米を成功させ，米中の関係強化を通じてソ連に対抗する姿勢をより鮮明にした。そして同年4月，中国は中ソ友好同盟相互援助条約の破棄をソ連に通告した。

中越戦争の勃発　米中関係の改善がもたらしたマイナス面の1つは，ベトナムとの関係悪化であった。1975年に南北統一を実現したベトナムは，社会主義に基づく経済建設を進めたが，南ベトナムの経済を牛耳っていた華僑の大規模な対外流出（ボート・ピープル）を招いた。カンボジアのポル・ポト（1928-98）政権を支持する中国との対立が深まるなか，1978年12月，ベトナムはカンボジアに侵攻し，ポル・ポト政権を打倒した。これに対して中国は，1979年2月，「懲罰」を加えるという名目でベトナムに軍事侵攻し，中越戦争が勃発した。大規模な戦闘は3月までに終了し中国軍は撤退したが，その後も国境線をめぐって長く紛争状態が続いた。中越戦争で露呈した軍の近代化の立ち遅れは，国防費と兵力の大規模な削減による経済建設重視への政策転換を進める一方で，軍の「現代化・正規化」（装備の近代化と組織の専門職業集団化）を押し進める契機となった。

旧ソ連との和解　1960年代半ば以降，社会主義建設のあり方をめぐって悪化していた中ソ関係は，1969年3月，ウスリー川の中州にある珍宝島（ダマンスキー島）での軍事衝突によって，一触即発の事態を迎えた。その後の外交努力により全面戦争の危機はなんとか回避されたものの，1970年代に米中接近が進んだため，両国の対立は容易に解消しないままで推移した。こうしたなか，1982年にブレジネフ（1907-82）はタシケント演説を行い，中国との関係改善を呼びかけた。これに対して中国は，「独立自主の対外政策」を打ち出した。いかなる大国にも従属せず，すべての国と平和五原則に基づく外交関係を結ぶ用意があることが宣言されたのである。1985年に書記長に就任したゴルバチョフ（1931-）は，ブレジネフ・ドクトリン（社会主義全体の利益のためには一国の主権を制限してもかまわない）の見直しを図り，89年5月，訪中を果たして「北京コミュニケ」を発表した。これにより，中国は米ソ両国から距離をおく独立自主の対外政策を確立した。

1-⑪ TIME 誌（1979年1月1日号）の表紙を飾った鄧小平

1-⑫ ニクソン訪中（1972年2月）

1-⑬ 中越国境の激戦地，老山の記念館

1-⑭ 珍宝島（ダマンスキー島）の位置

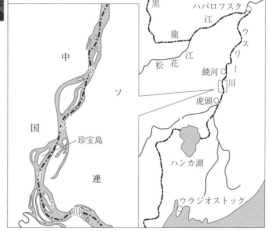

1-⑮ ゴルバチョフ書記長（左）と鄧小平（1989年5月16日）

2 | 改革開放政策

1　農村改革

小崗村の実験

改革開放の出発点は農村にある。農村改革の発端は，乞食の故郷ともいわれ，貧しい農村の代名詞であった安徽省鳳陽県から始まった。1978年12月12日の午後，鳳陽県小崗村にある全農家18戸が集まり，秘密の会合を開いた。集まった農民たちは，協議のうえ3か条からなる誓約書を起草し，宣誓のうえで拇印した。①上（政府）を欺いても下（仲間）は欺かない。どんなことがあっても事を外部に漏らさないこと，②国への上納分，集団への留保分を絶対にごまかさないこと，③万一事が露見し逮捕者が出ることがあれば，その子どもが18歳になるまで全農家が責任をもって扶養すること。農民たちの決死の覚悟が伝わってくる条文であるが，小崗村の農民たちが政府の承認なしにこっそりと実施しようとしたことは単純である。それは，農家ごとに農作業を請け負い，定額上納分を差し引いた残りをすべて自分のものにする請負生産方式の導入であった。

処罰覚悟で実施された小崗村の請負生産は，またたく間に全国に広がった。当初3年と短かった請負期間は，その後15年に，さらには30年に延長された。請負制の普及は，農村の政治・経済構造に大きな変化を与えた。1985年春までに，6万5000の人民公社に代わって9万2000の郷鎮政府が設立（復活）された。中国社会主義の象徴であり，20年間続いた人民公社体制が，小崗村の秘密会議からわずか数年で解体してしまうとは，誰一人予想できなかったことである。

郷鎮企業の勃興

請負制の導入は，農民の生産意欲を飛躍的に増大させた。それと並行して，低位に据えおかれていた農産物買付価格が大幅に引き上げられ，後には統一買付制度そのものが廃止された。この措置は，農民の生産意欲をさらに増強するものとなった。さらに，農民は，自分が働いて得た資金を元手に激しい勢いで非農業領域に進出した。郷鎮企業の急成長の開始である。

郷鎮企業とは，農村末端行政組織（郷・鎮・村）が経営する企業，および農民が共同あるいは単独で経営する企業の総称である。郷鎮企業のほとんどは従業員数が10人程度の零細規模の製造業だが，全国有数の家電メーカーに成長し，香港市場で株式上場を果たした科竜集団（広東省順徳市）のように，郷鎮企業の大群のなかから，いくつかの大企業，企業グループが出現している。このように，土地の集団所有や都市戸籍と農村戸籍を区分する戸籍制度は残存したものの，請負制の導入を梃子として豊かさを求める農民の巨大なエネルギーが開放され，農村は大きく変貌することになった。

2-❶ 請負制に参加した農民たち

2-❷ 安徽省鳳陽県小崗村18戸の誓約書

2-❸ 中国の食糧生産と都市農村間格差

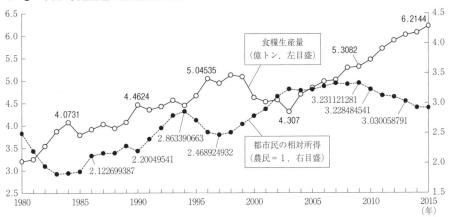

2-❹ 無錫市の郷鎮企業

2-❺ 農村の行政組織の転換

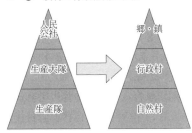

2　指令性経済からの脱却

指令性計画の縮小

　農村改革の成功に自信を深めた政府は，1984年から改革の重点を都市に移した。それまで政府が一手に握っていたマクロ経済管理の権限が，地方政府や企業レベルに下放された。国家が生産計画に直接関与する指令性計画が縮小され，国が参考価格を提示するにとどまる指導性計画，あるいは政府がまったく関与しない市場価格の範囲が次第に拡大していった。1984年の第12期3中全会で採択された「中共中央の経済体制改革に関する決定」では，「計画的な商品経済」という概念が提起され，「商品経済」という表現でそれまでタブーとされていた市場経済がなかば公式に承認された。

　指令性計画を縮小する過程で，政府は，計画価格と市場価格とを意識的に並存させる「双軌制」（Dual-Track System）を導入した。計画部分については政府が計画価格で購入するが，計画を上回って生産した超過部分は市場価格で企業が自由に販売してもよいというこの制度は，生産拡大への強烈なインセンティブを企業に与える反面，計画価格で購入し市場価格で販売して巨利を得る官僚ブローカー（「官倒」）の暗躍を許すことになった。それは，1989年に「（第2次）天安門事件」（→198頁）が起きる経済的背景ともなった。

企業自主権の拡大

　他方，国有企業改革については，所有制には手をつけず企業が生産・販売計画，価格や雇用に関して自主的に決定する権限を拡大する試みから出発し，1980年代半ばには，大中型企業では「経営請負制度」（経営者に企業経営を請け負わせる方式）が実施された。この制度は一定の成果を上げたものの，企業の所有者である政府と経営者との間に「情報の非対称性」が存在するため，増産して得られた利益の大半が企業内部で留保され，企業利潤の国家上納額は増えないという問題が発生した。さらに，小型企業では企業の売却，リース経営など多様な手法がとられた。

金融・財政制度の見直し

　計画統制の緩和と並行して，金融・財政制度の見直しも進んだ。国家財政から国有企業に無償で支出されていた投資資金は，銀行有償借入方式に切り替えられた。中国人民銀行が中央銀行に格上げされ，一般貸付や外為業務は中国工商銀行，中国農業銀行，中国建設銀行，中国銀行の国有4銀行に移管され，1990年代半ばまでに各種商業銀行の新規設立，外国銀行の支店開設が承認された。さらに，1990年から91年にかけて，上海，深圳に相ついで証券取引所が設立された。他方，中央政府と地方政府との財政関係にも大きな変化が生じた。改革開放と時期を同じくして地方ごとに財政収支を請け負う地方財政請負制度が導入され，地方財政の自主性が強まるとともに，中央政府の再分配機能が低下した。このため1994年から地方税と中央税を区分し，中央政府の財政基盤を強化することを目的とした「分税制」が導入された。

2-❻　政府の政策・規定の変化

時期区分	主要規定	主たる内容
第1段階（1978-84年）	公有制を基礎とした計画経済　計画経済を主とし，市場調整を従とする	鳥かご経済（陳雲）：計画経済という「鳥かご」の中で「市場」という鳥を飛ばす
第2段階（1984-89年）	公有制に基づく計画的商品経済　国家が市場をコントロールし，市場が企業を誘導する	商品経済という表現で市場経済を事実上容認
第3段階（1989-92年）	計画経済と市場調節との有機的な結合	市場化の一時後退
第4段階（1992年-）	社会主義市場経済	①現代企業制度の確立，②統一した国内市場の形成③間接的なマクロ調整

2-❼　中国人民銀行本店

2-❽　鉄鋼総販売量と計画配分量

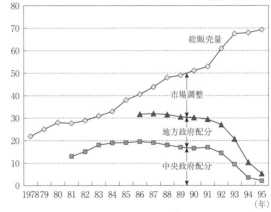

単位：100万トン

2-❾　上海で発行された株式購入証（1992年）

2-❿　省間の所得再分配効果（変動係数）の推移

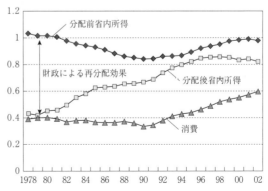

3　対外開放政策の始動

経済システムの改革と並行して，中国は大胆な対外開放政策を採用

経済特区の設立

した。中国は外国政府や国際機関に借款を要請するとともに，対外
開放の拠点として，1980年，広東省の深圳，珠海，汕頭，福建省の厦門の4か所（後に海
南省がこれに加わる）に「経済特区」を設立した。経済特区では，中央政府の主導により重
点的なインフラ建設が進められるとともに，外資に対して所得税の減免など様々な優遇措
置が認められた。経済特区には，輸出加工基地の役割と同時に，国内では得ることができ
ない希少な資本・技術・経営ノウハウを国外から導入し，それを国内経済に移転させる
「窓口」の役割が期待された。

　経済特区は1980年代を通じて目覚ましい発展を遂げた。しかし，経済特区は第2国境と
呼ばれる境界線で区切られた地域であり，国内市場とのリンケージを十分にもたない「飛
び地」にすぎなかったとする批判もある。また，80年代前半期に限定すれば，政府が期待
した先進国による製造業での投資は相対的に少なく，華僑資本によるホテル，飲食業や貿
易などサービス部門への投資に偏ったものであった。

「全方位開放」へ

1988年初頭に趙紫陽が提起した「沿海地域経済発展戦略」は，条
件に恵まれた沿海地域において，豊富で低廉な労働力を利用した
労働集約的製品を輸出し，それらの産業が獲得した外貨を利用して既存産業の産業構造の
高度化を実現しようとする構想であった。この構想に沿った形で，1984年には沿海14都市
に経済特区並みの優遇条件をもつとされる「経済・技術開発区」が設置された。また，
1985年には広東省広州を中心とした珠江デルタ，上海を中心とした長江デルタ，福建省厦
門を中心とする閩南デルタの3デルタ地域が対外開放された。さらに1988年には，遼東半
島，山東半島がこれに加わった。そして92年には，内陸部の18省都，長江沿岸の5都市と，
陸続きで国境を接する辺境地域も対外開放地域に指定された。対外開放は点から面へと拡
大し，中国全土に対外開放地域が広がる「全方位開放」の局面を迎えた。

高まる貿易・外資依存

外資の積極的な受け入れと並行して，為替レートの引き下げ，
企業や地方政府に外貨留保を許す外貨請負制度などの輸出振
興策がとられた。その結果，中国は短期間で急速に貿易額を増大させた。1980年代の中国
の輸出は年平均19％の高い伸びを示し，それはアジアNIEs（11％），ASEAN（9.8％）を
上回るものであった。

　対外開放政策の外資依存体制は，輸出入額に占める加工貿易および開国企業貿易の比率
の高さに現れている。特に深圳などの経済特区では，外資企業が原材料を免税で輸入し，
現地で加工した完成品を海外に輸出する来料加工などの委託加工貿易が盛んに行われた。

2-**⓫**　経済特区，経済開発区，開放区の拡大

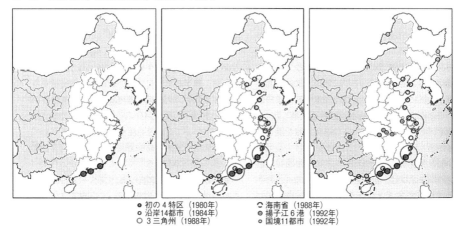

● 初の4特区（1980年）	◑ 海南省（1988年）
◎ 沿岸14都市（1984年）	◒ 揚子江6港（1992年）
○ 3三角州（1988年）	◓ 国境11都市（1992年）

2-**⓬**　1982年の深圳経済特区

2-**⓭**　外国系企業輸出額の地域区分（1992-98年）

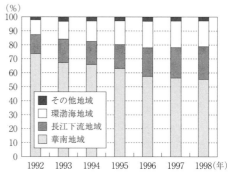

凡例：
- ■ その他地域
- □ 環渤海地域
- ▨ 長江下流地域
- ▧ 華南地域

2-**⓮**　対外貿易に占める加工貿易・外資系企業貿易の比率（%）

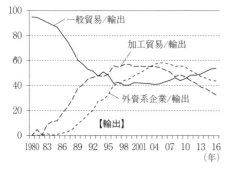

【輸出】

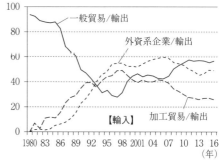

【輸入】

3　天安門事件とその後

1　民主化要求と挫折

民主化要求の背景　急激な改革・開放は経済のひずみやインフレを招き，80年代後半の中国は困難に直面した。党・政府内では改革派と保守派が対立したが，88年には李鵬（りほう）(1928-2019) らの引き締め路線に押される形で趙紫陽（ちょうしよう）の党中央も経済調整へと転じる。この動きは政治改革を重要視する知識人や学生に閉塞感と危機感をもたらし，民主化要求の契機となった。また，一部の党幹部や官僚が資材取引などの利権を独占する「官倒」現象（→194頁）も人々の不満と批判の的になった。各地の学生による政治改革要求に続き，1989年に入ると方励之（ほうれいし）(1936-2012)，厳家其（げんかき）(1942-) らの知識人も運動を展開したが，党中央はこれらを「西側ブルジョア諸国への傾倒」と批判した。

デモ，対峙，武力鎮圧　4月15日，改革派の胡耀邦が急逝した。追悼のために天安門広場に集まった学生らは18日以降，改革の推進を要求して座り込みなどのデモに入った。参加者は日ごとに増え，広場を人が埋め尽くした。4月26日，『人民日報』は前日の鄧小平（とうしょうへい）の講話を受けて「旗印を鮮明にして動乱に反対せよ」という社説を掲載した。運動を「動乱」と規定したことはデモ参加者を刺激し，運動は長期化する。広場の人数は最大100万人に達した。趙紫陽は運動を「愛国的行動」と発言するなど学生を擁護したが，5月19日に失脚したとされ，その後消息を絶つ。他方，鄧小平や李鵬らは強硬な対応を主張した。6月4日未明，軍が広場の学生らを強制排除し，流血の惨事となった。これが天安門事件である。死傷者の数には諸説あるが，当局の発表で死者319人，負傷者9000人とされる。

天安門事件の影響　鄧小平は事件後，西側諸国による「和平演変」（平和的転覆。社会主義体制を平和的手段で転覆しようと図ること）の企てという「大気候」に国内のブルジョア民主化という「小気候」が加わってこの事態を招いたと分析した。こうして，建国後初めて首都に戒厳令が出された事件に対する当局の対応は正当化された。学生リーダーの多くは香港経由で亡命し，国内はその後3年余り停滞と閉塞感に覆われる。

　天安門事件では，党幹部などの特権享受に学生や庶民の不満が集中した。しかし，20年以上が経った現在でも，権力を背景とする社会資源の非対称性には根本的な変化がない。さらに近年，中国の経済成長と国際的地位の高まりを根拠に共産党の独裁を正当化するイデオロギーは強化され，政治改革への道は遠い。中国に残って言論活動を続けてきた運動のリーダー・劉暁波（りゅうぎょうは）(1955-2017) が2010年にノーベル平和賞を受賞したことも，この間の中国の政治体制の「変わらなさ」を反映しているのかもしれない。

3-❶ 民主化要求運動の宣伝ビラ

新闻导报

*『新聞導報』と名付けられたビラ（1989年 5 月27日，北京大学その他大学共同発行）には，「5 月26日夜のアメリカ・VOA の報道」として，趙紫陽中共中央総書記が李鵬ら強硬派との闘争に敗れてポストを追われたこと，李鵬はストを続ける学生らを武力鎮圧する恐れがあることなどを伝えている。

3-❷ 劉暁波

2 天安門事件後の国際社会と中国

孤立する中国と冷戦の終結　中国当局が天安門事件の際に行った武力制圧は国際社会に衝撃を与え，西側諸国は民主と人権に対する弾圧として中国を厳しく批判した。各国は経済交流や政府間交流を中断し，G7アルシュ・サミットでは中国への経済制裁が決定した。こうした動きは国際社会における中国の孤立を強めた。この時期にはまた，世界規模でさらに大きな構造的変動が起きつつあった。戦後を通じて続いた冷戦体制の瓦解である。ソ連・東欧の多くの国家が社会主義を放棄し，1989年11月には東西冷戦の象徴ともいうべき「ベルリンの壁」が崩壊した。世界が政治イデオロギーをめぐるパラダイムの根本的転換に直面するこの大状況もまた，中国への圧力として作用した。そのことが1992年の鄧小平の南巡講話（→202頁）を準備したといえる。

「和平演変」批判と経済的苦境　国際社会の批判に対し，中国は「内政干渉」として反発し，一連の批判と制裁は西側諸国による「和平演変」の企てだと反論した。とはいえ，改革開放政策開始以来10年余り，西側諸国との経済交流を進めてきた中国にとって，経済制裁は大きな痛手であった。また，市民の不満を集めて天安門事件につながった幹部の特権乱用のうち「公用の外車を私用に乗りまわす」行為が象徴としてやり玉にあがった結果，外車をはじめ外国製品に対する関税・付加価値税が大幅に引き上げられ，これも経済に冷水を浴びせる要素となった。

　こうしたなか，中国をいち早く支援したのは日本であった。主要国が中国への経済制裁を決めた際には日本も第3次対中円借款の供与を中断したが，中国を国際社会から孤立させるべきでないと訴え続け，中国と西側諸国の架け橋の役割を果たした。1990年7月には海部俊樹（1931-）首相が天安門事件以来初の西側指導者として訪中し，円借款を再開した。

党内路線対立とその結末　舵取りの困難な内外情勢のなかにあって，共産党内では李鵬，袁木（1928-2018）らの保守派が台頭した。かれらは民主化運動弾圧の先頭に立ち，「和平演変」批判を展開し，ソ連や東欧における社会主義体制の危機を前に中国国内のさらなる思想引き締めを図った。それに対して改革支持派は，改革推進と経済発展によって社会の安定と人民の支持を得る道を主張し，党内の路線は対立した。現実に，西側諸国との間の経済活動は中国の経済発展を支える屋台骨であり，改革の後退によってそれが途絶えることは中国にとって死活問題であった。その事実の前に保守派は沈黙し，いかに経済を発展させるかという課題が優先されることとなった。そこには，後の南巡講話で「貧しいことが社会主義なのではない」と喝破したプラグマティスト・鄧小平の哲学が反映していたが，それは同時に改革の継続と経済発展を切望する多くの人々の声の反映でもあった。

3-❸　貿易成長率と経済成長率（1981-2002年）

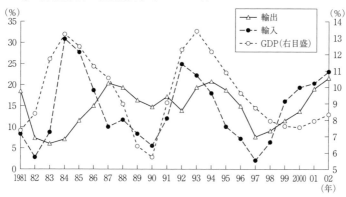

＊1980-2003年の3年移動平均値。すべて名目値による。

3-❹　アルシュ・サミット，ヒューストン・サミット政治宣言

▼アルシュ・サミット政治宣言（仮訳）

1989年7月15日

中国に関する宣言（仮訳）

　我々は，既に，中国における人権を無視した激しい抑圧を非難した。我々は，中国当局に対し，民主主義と自由に対する正当な権利を主張したに過ぎない人々に対する行為を中止するよう強く促す。

　この抑圧に鑑み，我々各自は，深甚なる非難の意を表明し，二国間における閣僚その他のハイレベルの接触を停止し，また，中国との武器貿易があれば，これを停止するといった適切な措置をとるに至った。更に，我々各自は，現下の経済的不確実性に鑑み，世界銀行による新規融資の審査が延期されるべきことに同意した。我々は，また，中国人留学生が希望すれば，その滞在を延長することも決定した。

　我々は，中国当局が，政治，経済改革と開放へ向けての動きを再開することにより，中国の孤立化を避け，可能な限り早期に協力関係への復帰をもたらす条件を創り出すよう期待する。我々は，これらの出来事以来香港の人々が有している深い懸念を理解し，共有する。我々は，中華人民共和国政府が，香港に対する信頼を回復するために必要な対応をとるよう求める。我々は，国際社会の継続的な支援が，香港に対する信頼を維持する上で重要な要素になると考える。

▼ヒューストン・サミット政治宣言（仮訳）

1990年7月10日

　我々は，中国における最近の進展のいくつかを是認するものであるが，一層の政治経済改革，特に人権分野における改革により，協力関係の更なる緊密化への見通しが強まるものと信ずる。我々は，昨年のサミットでとられるに至った措置を，この一年の間に修正を受けた形で，維持することにつき意見の一致をみている。我々は，中国における更なる前進に呼応して，将来我々も調整を行い得るよう，これらの措置を継続的なレビューの下に置く。たとえば，基礎的な生活関連の既存融資分に加え，世界銀行の他の融資のうち，中国経済の改革に資するようなもの，特に環境分野での関心に応えるものがあるかを模索するものとする。

第3章 　社会主義市場経済への転換

1 　市場経済化の進展

1 　鄧小平の南巡講話

「四つの基本原則」の堅持

1992年１月から２月にかけて，鄧小平（とうしょうへい）（1904-1997）は広東省深圳など南方地域を視察し，後に「南巡講話」と呼ばれる談話を発表した。この談話のなかで鄧は，一時期後退した市場化の歩みを元に戻すべく，大胆な問題提起を行った。この講話には，鄧小平理論のエッセンスが詰め込まれている。講話の冒頭では，鄧小平理論の核心ともいうべき「一つの中心，二つの基本点」の堅持が強調されている。ここでいう「一つの中心」とは経済建設をさし，「二つの基本点」とは，「四つの基本原則」（社会主義の道，人民民主独裁，中国共産党の指導，マルクス・レーニン主義と毛沢東思想）と「改革開放」をさす。市場化を通じた経済発展と社会主義の原則の優先順位をめぐっては，今日なお右派（自由主義）と（新）左派の対立が存在する。

「姓資姓社」論争

改革開放のなかで出現した新生事物（たとえば経済特区）をめぐっておきた，中国は資本主義か社会主義かという論争にピリオドが打たれた。その判断基準を「それが社会主義社会の生産力の発展に有利かどうか，社会主義国家の総合国力の増強に有利かどうか，人民生活水準の向上に有利かどうかにある」とし，「経済特区は『社』であって『資』ではない。外資企業の発展は税収や労働者の賃金を増やすし，技術や管理の仕方を学ぶこともできる。外資企業は社会主義に役立っている」と論じた。

計画と市場

計画か市場かは，社会主義と資本主義の本質的な区別ではないと論じ，「社会主義市場経済システム」への道を切り開いた。「計画経済は社会主義と同じではなく，資本主義にも計画はある。市場経済は資本主義と同じではなく，社会主義にも市場はある。社会主義の本質は最終的にみんなが豊かになることだ。証券や株式市場がいいものか悪いものか，資本主義特有のものか，社会主義でも使えるものか，断固試してみるべきだ。いいと思ったら１，２年やってみて，それで大丈夫なら自由にやらせる。間違ったと思えば，直せばいいし，やめてもよい」。

「先富論」

地域格差や所得格差の一時的な出現を積極的に容認した。「一部の条件の整っている地域（人）をまず発展させ，さきに発展した地域（人）が遅れた地域（人）を引っ張って最後にはみんなが豊かになる。先に豊かになった地域（人）が多くの税金を払い，貧困な地域（人）の発展を助けるのだ。もちろん，急ぎすぎてはだめだ。発達している地域（人）の活力をそいではならない」。

1-❶ 鄧小平南方視察旅行日程

日　程	場　所	備　考
1月17日	北京発	
18日	武昌（武漢）	湖北省書記, 省長と面談
	長沙	湖南省幹部と面談
19日	深圳着	広東省書記・深圳市書記, 深圳市長と面談
		企業訪問, 民族文化村見学など
23日	深圳発	
	珠海着	珠海市書記, 市長と面談
		企業訪問など
29日	珠海発	
30日	鷹潭	江西省幹部と面談
31日	上海着	

1-❷ 鄧小平の南巡講話をたたえるパネル画
（深圳市, 1993年）

1-❸ 鄧小平理論

1-❹ 中国の右派と左派：対立の構図

対立軸	左　派	右　派
国家と個人	個人の利益は国家利益に従属	個人の権利が国家権力に優先
「民主」の考え方	大衆参加型の直接民主主義を唱える	議会を通じた間接民主主義を唱える
毛沢東時代をどう見るか	「大民主」をもたらした側面を肯定的に評価	「毛沢東時代との決別」を強調
国際関係	先進国の覇権主義を警戒, 「売国奴」を批判	極端なナショナリズムを批判, 先進国との協調をはかる
経済政策	市場に対する政府の介入を重視, 福祉国家の実現をめざす	市場に対する政府の干渉を批判, 自由な市場競争をめざす

2 社会主義市場経済の提起

国家目標と発展戦略の変遷　第8回党大会（1956年）では，旧ソ連にならった計画経済による社会主義の建設が目標に掲げられていた。しかし，第9回党大会（1969年）では，社会主義体制下でも階級闘争を継続すべきとする「継続革命」や，「革命をつかんで生産を促す」という表現に表れているように，政治優先が前面に押し出され，中国独自の社会主義の模索が始まる。政治優先に変化が生じるのは，第12回党大会（1982年）である。「経済建設を中心とする」ことが国家目標に掲げられ，同時に計画を補完するものとして市場メカニズムの導入が図られた。その後も，経済建設を優先する目標は揺るがず，第13回党大会（1987年）では「商品生産を発展」させるという表現で市場の存在が事実上承認され，第14回党大会（1992年）で「社会主義市場経済システム」の確立が目標モデルに掲げられた。

　ここで注目しておきたいのは，次の2点である。第1は，1950年代から今日にいたるまで，「生産力の発展」や「強大な社会主義国家の建設」，あるいは「経済建設を中心とする」といった表現で，経済発展の促進による国力増強が常に国家目標として位置づけられていたことである。要するに，その手段が「革命をつかんで生産を促す」政治優先型から，「経済建設を中心とする」経済優先型へ変化したにすぎない。第2は，社会主義への強いコミットメントである。改革開放以前はいうまでもないことだが，それ以降も，「中国の特色ある社会主義」の建設が国家目標に据えられ，市場経済は「社会主義初級段階」にある生産力水準を引き上げるための手段というロジックが使われている。ここでいう初級段階とは，社会主義を初級段階と高級段階に区分し，その初級段階には市場メカニズムを利用して生産力の発展を図るべきだとする考えをさす。

社会主義市場経済の本質　1993年11月23日，第14期3中全会において採択された「社会主義市場経済システムを確立するうえでの若干の問題に関する中共中央の決定」は，市場経済への移行を実現するにあたっての課題と移行の具体的な措置を提示した。これは，「来世紀に向けての行動綱領」となるべき政策文書であるとされる。「決定」は，①現代企業制度の確立，②全国統一的で開放的な市場体系の構築，③政府の間接的なマクロ管理機能の確立の3本柱からなる。

　この3本柱に現れているように，少なくとも目標モデルとしての社会主義市場経済と先進資本主義国の経済システムとの間に本質的な違いはみられない。社会主義という形容詞はついているものの，その本質は資本主義（市場経済システム）にほかならない。ただし，権威主義的政府による強い経済介入が存在するなど，中国資本主義には他の資本主義国と異なる独自性がみられる。

1-❺　計画経済 VS 市場経済

【計画経済】	【市場経済】
■特徴 ①政府（計画当局）が資源配分を決定 ②価格統制（コストをもとに政府が決定） ■問題点 ①財の配分基準が不明確（特権階層の出現） ②情報の非対称性が計画を台無しにする。	■特徴 ①市場において資源配分を調整 ②価格は自由（財の希少性を反映して変動） ■問題点 ①激しい景気変動が起きる。 ②所得格差を調整するメカニズムがない。

1-❻　1980年代と1990年代における市場改革の対比

	1980年代の改革	1990年代の改革
キーパーソン	趙紫陽	朱鎔基
意思決定	慎重で合意形成的	トップダウン的
改革の力点	市場原理を徐々に導入	市場を支える制度の強化
中心となる分野	農業・工業	金融・規制緩和
市場経済のルール	個別ルールの適用（請負制，二重価格制度）	ルールの統一化
競争促進政策	市場参入の自由化	国有企業改革（民営化）
権限・利益の分配	分権化（「権利を放ち，利益を譲る」）	再集権化
改革の帰結	モノ不足，インフレ経済	モノ余り経済，価格の安定化
基本的性格	「敗者なき改革」	「敗者のいる改革」

1-❼　市場改革への2つの道

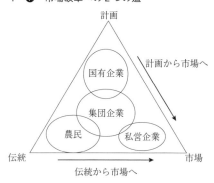

1-❽　中国の特色ある社会主義？

3 地域保護主義の打破と農民工の大移動

地域保護主義の打破

毛沢東時代の「細胞経済」から出発した中国では，市場化は決して直線的には進まなかった。国内市場はしばしば地域ごと，産業ごとに分断され，様々な障壁が財・サービス，生産要素の地域を越えた流動を阻害していた。1980年代半ば，各地域が競って生産を増大させたため，カイコ，綿花や羊毛など農産物や石炭など資源をめぐる争奪戦が繰り広げられ，「カイコ戦争」，「石炭戦争」などと呼ばれた。反対に，ビールやテレビといった食品や家電製品についても，地元企業を保護して，税収や雇用を確保しようとする地方政府が，様々な手段を使って地域市場を保護する行為が盛んに観察された。こうした行為は，地方政府があたかも封建領主のごとく振る舞うという意味から「諸侯経済」と呼ばれる。

1990年代に入ると，法制度の整備が進んだため，道路に関所を設けて域外製品の流入制限をするといった「超法規的」手段を地方政府がとることはむずかしくなり，国内市場の統合に向けた動きが徐々に進んでいった。近年では地方政府は保護主義的な政策というより，産業集積（クラスター）の形成を促すことによって地域経済の活性化を図っている。代表的な産業集積は広東省や浙江省など沿海部に集中していたが，近年では内陸部にも次第に形成されつつある。

大移動する農民工

豊かさを求める農民は，戸籍制度など制度的な障壁を徐々に乗り越えて，農村からの脱出に成功していった。農村戸籍を保有したまま，都市で非熟練労働を中心とした非農業就労を行う，いわゆる「農民工」の大移動が始まったのである。1980年代は「離土不離郷」（離農はするが離村はしない）という形態であり，地元の郷鎮企業が主たる就業先であった。1990年代には，「離郷不背井」（一時的に離村するものの，いつかは帰郷する）という形態であり，家族を田舎に残して都市部で一人生活する者が多かった。さらに2000年以降になると，それまでの出稼ぎ形態に加え，長期間都市部で働いて定住し，家族を呼び寄せる挙家離村による移動が次第に増えていった。農民工は，建築業，飲食・サービス業，製造業など，都市労働者が嫌う3K（きつい，きたない，きけん）労働に従事し，中国の高度成長に貢献した。

近年，広東省の外資企業などでは，出稼ぎ者の賃上げや待遇改善を求めたストライキが頻発するようになった。こうした動きを受けて，政府は，2008年1月から新しい「労働契約法」を施行し，期限付き労働契約を期限なし労働契約に切り替えるなど，出稼ぎ者の権利保護にようやく動き出した。2014年には「国家新型都市化計画（2014-2020）」が発表され，農村戸籍と被農村戸籍の区別をなくして都市居住証に切り替え，農民に都市住民並みの生活保障を与える改革が進んでいる（→216頁）。

1 - ❾ 沿海地域への投資配分増大

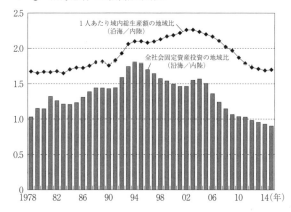

- 1人あたり域内総生産額の地域比（沿海／内陸）
- 全社会固定資産投資の地域比（沿海／内陸）

1 - ❿ 地方保護主義

1 - ⓫ 産業クラスターの分布（2008年）

1 - ⓬ 城鎮人口・非農業戸籍人口比率

- ‥‥‥ 非農業戸籍人口比率
- ▲ 城鎮人口比率

1 - ⓭ 農民工の移動（1991-2000年）

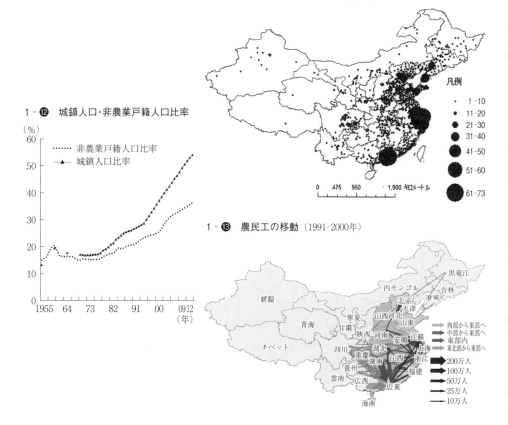

凡例
- ・ 1–10
- ● 11–20
- ● 21–30
- ● 31–40
- ● 41–50
- ● 51–60
- ● 61–73

0　475　950　　　1,900 キロメートル

西部から東部へ
中部から東部へ
東部内
東北部から東部へ

200万人
100万人
50万人
25万人
10万人

黒竜江
内モンゴル　吉林
北京　遼寧
新疆　天津
山西河北　山東
寧夏　甘粛　陝西　河南　安徽江蘇
青海　　重慶　湖北　上海
四川　　　　　江西浙江
チベット　貴州　湖南　福建
雲南　広西　広東
海南

2 競争と自己責任の時代

1 企業経営の変革と競争

私有経済の復活 1978年時点では，全国で15万人の個人経営が残存していただけであったが，個人経営と私営企業をあわせた私有経済は，市場化の進展とともに都市部では右肩上がりに，農村部でも着実に増加した。国務院が1981年に公布した「都市・鎮の非農業個人経営に関する若干の政策規定」において，「個人経営は国営経済と集団経済に必要な補完物」とされ，88年の「私営企業暫定条例」では，私営企業は「企業資産が個人所有に属し，雇用人が8人以上の営利的な経済組織」と定義された。さらに1999年の憲法で，個人経営，私営企業などの非公有制経済は「社会主義市場経済の重要な構成部分」に格上げされ，懸案であった私有財産の不可侵などその保護に関する文言が1982年憲法の2004年改正で明記された。こうした政策転換と法律の修正が私営企業の新規設立と公有企業の民営化を促し，国有経済の比率は2010年代には30％前後にまで低下した。

　大富豪100人の出身分野を中国とロシアで比較してみよう。ロシアでは石油・天然ガス，冶金，銀行など特定分野に集中していたのに対し，中国では不動産，冶金，食品，金融，IT，小売など，様々な産業に分散していることがわかる。特にIT分野では，有力な国有企業が存在しなかったこともあり，アリババ，百度，テンセントのいわゆる「BAT」をはじめ，カリスマ的な経営者が創業した私有企業が急速に規模を拡大した。

地方政府間での激しい競争 1990年代の成長の担い手は，私有経済だけではない。労働者個人間での激しい競争に加え，地方政府間での激しい競争も成長に重要な役割を果たした。80年代の農村発展を担った郷鎮企業は，末端の行政組織が所有・経営する企業であった。郷鎮企業は90年代半ばまでに私営企業に改変されたものの，外資企業の誘致やインフラ整備などで，県市政府が相互に激しい競争を繰り広げながら，地域の発展を推進するという独特の成長モデルが広く観察された。地方政府の官僚に対して，GDP成長率など明確な指標を与えて競争させる手法が有効に働いたと考えられる。

　2000年代に入ると，企業間競争が激化するなかで，私営企業と国有企業との間に摩擦や対立の局面も次第に顕在化してきた。「国進民退」と呼ばれる現象で，政府の後押しを得た国有企業が私営企業を押しのけて業績を伸ばしたり，極端な場合では，国有企業が優良私有企業を半ば強制的に吸収合併したりする事例が現れた。激しい競争に勝ち残るためには，過当競争を抑制し，経営規模を拡大する必要があるとする政府側の言い分にも一定の理があるものの，私営企業家の企業家精神を圧殺することがあってはならない。

2-❶ 中国における企業形態

経済形態（出資者の種類）	主な法律形態					
	私営企業	外資企業	有限会社	株式会社	集団企業	国有企業
	○	○	○	○		
公私合同企業		○	○	○		
公企業			○	○	○	○

2-❷ GDPに占める国有経済（2014年）

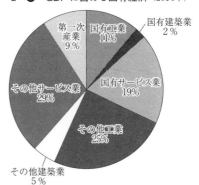

2-❸ 大富豪100人の出身分野のロシアと中国との比較（2004年）

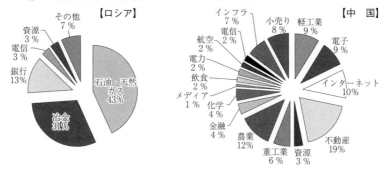

2-❹ 「国進民退」

2 国有企業改革と失業の増大

国有企業改革の本格化 1980年代の国有企業改革では，経営者の自主権を拡大させ，インセンティブを引き出す「放権譲利改革」が行われた。これにより国有企業の生産性は改善されたが，企業利益が成長のための投資資金よりも従業員や経営者への支払いに優先的にあてられる「インサイダーコントロール（内部者支配）」の問題が生じた。そこで，1990年代後半の改革の第2段階では，国有企業の株式化，売却，グループ化などを行って所有権を明確にし，内部者支配に陥らないコーポレートガバナンスの実現をめざす「所有権改革」が本格化していった。朱鎔基副首相（のちに首相）のイニシアティブのもとで1993年に会社法が公布され，有限会社と株式会社という「現代企業制度」が国有企業の改革のモデルとされた。所有権改革の手段としては，国有企業の資産を株式換算し，それに外部資本を注入するという方法が選択された。

他方，中小型国有企業の民営化では，企業の純資産を内部従業員に売却し，株主になってもらう「株式合作制」が盛んに行われたが，やがて内部経営者に株式が集中する方向へ転換し，私営企業に脱皮した。一部の企業ではMBO（経営者による企業買収）が行われた。

国有支配企業の実像 国有企業の大胆な構造調整が行われた結果，国有企業数や就業者数は急減したが，国民経済の骨幹として，国有企業を堅持する政府の姿勢に変わりはなかった。株式制へ改組された後も，個人株や法人株など他の所有形態より国有株の割合が多い企業は，国有支配企業と呼ばれている。国有企業の株式制への移行において，焦点となったのは国有企業が内部に抱えている非経営的資産（病院や学校など）や不良資産の処置であった。国有企業を改組して株式公開を果たした企業の大半はいわゆる「部分上場方式」，つまり企業資産の一部だけを切り離して上場させる方式を採用している。すなわち，優良資産を分離したうえで，それをもとに株式会社を新設し，残りの不良資産や非経営的資産また余剰人員は別の企業に回す。それらの企業の上に集団公司がつくられ，持株会社として両方の資産を所有するという構造である。

一時帰休者と失業 改組しても経営が成り立つ見通しのない国有企業は，破産法に基づき清算された。2008年までに合計4980社が破産し，967万人の労働者が職を失った。また，政府主導のもとで余剰人員の整理が行われた。「下崗（一時帰休）工人」と呼ばれるこれらの余剰人員数は2000年に1454万人に達し，都市従業員数の6.6％を占めた。一時帰休者は，企業に所属し，給与の一定額を保障されながら3年間の再就職プログラムに参加する。再就職できないときには，2年間失業保険が給付される。ちなみに，2000年の都市登録失業者に下崗工人を加えた推計失業率は11.5％にのぼった。

2-❺　上場企業における所有支配構造

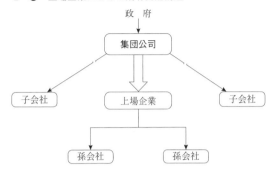

2-❻　国有企業改革を主導した朱鎔基

2-❼　失業率の推移

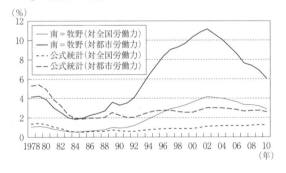

2-❽　失業証明書

2-❾　再就職訓練基地（四川省内江市）

3　公共サービスの再編と住宅の商品化

社会保障制度の改革

改革開放後，人民公社の解体，国有企業改革の進展により，それまで社会保障の主体であった国有企業や農村集団組織の性格が大きく変化した。特に，国有企業改革にともなうリストラを通じた失業者の増大は，大きな社会問題となった。国務院は，1999年に「失業保険条例」を公布し，国有企業に限らず都市部の就業者を失業保険の対象にした。

　一方，医療保険制度については，都市部では，1998年に個人口座と全国統一基金からなる全国統一の新型医療保険が設立された。農村部では，2003年から，各地で農村合作医療保険制度が本格的に実施されるようになり，沿海部農村ではほとんどの農民が加入するなど大きな進展がみられた。

　また年金制度については，1997年から都市の正規労働者を対象とした新養老年金制度が開始され，企業と年金支払いとが切り離された。さらに2014年には「新型農村社会年金」および16歳以上の非就労者（公務員は除く）を対象とする「都市住民基礎年金」を統合した「都市・農村住民基礎年金制度」が実施され，「国民皆保険制度」が形式上は整った。しかし，社会保障の水準をめぐる正規労働者と，農民・都市非正規労働者との間にはいまだ大きな格差が存在するのが実情である。

住宅の商品化とバブル

改革開放以前，すべての住宅は国や企業が現物供与するものとされ，維持管理はずさんで，都市の住宅環境は劣悪であった。1994年に国務院が「都市部住宅制度改革を深化させる決定」を出し，住宅の商品化の方向性が初めて示された。また1998年の通達では，従業員への住宅の現物配給・譲渡の禁止と住宅所得補助一時金と公的住宅積立金制度の導入を認めた。これ以降，都市部の再開発ブームと相まって，商品住宅が続々と建てられ，2004年時点で都市部の住宅保有率は81％に達した。

　2000年代に入ると不動産の高騰，すなわちバブル経済が問題になる。背景には，急速な都市化によるマンション需要の増加と地方政府による土地の転売行動がある。前者については，都市に住む青年は，「マンションをもっていなければ結婚できない」といわれるほどの状況をもたらした。一連の制度的なゆがみに加え，国内に十分な投資先がないなかで国内・海外の余剰資金が流れ込んだため，ストックとしての不動産価格は，2003年頃より都市におけるマンション・オフィス・商業施設を中心に高騰を続けている。このような不動産価格の高騰に加え，近年では土地開発にともなう強制立ち退き問題や賃貸料の上昇による市民生活の圧迫，暴利を上げている不動産業者や地方幹部への不満，などといった様々な社会問題が生じている。

2 - ❿ 高齢者比率の推移（65歳以上 / 総人口）

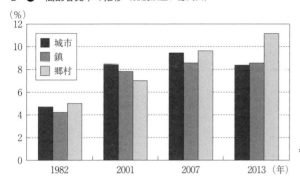

＊国家統計局の年次サンプ
ル調査（全国4800か所の
調査区を対象）による。

2 - ⓫ 年金以外の社会保険の加入者（都市部）

	失業保険			基礎医療保険 加入者数（万人）		労災保険 加入者数（万人）		生育保険
	加入者数 （万人）	受給者数 （万人）	給付総額 （億元）	在職者	退職者	加入者数 （年末）	保険金 受給者数	加入者数 （万人）
1995年	8,238	261	8	703	43	2,615	7	1,500
2000年	10,408	330	56	2,863	924	4,350	19	3,002
2005年	10,648	678	132	10,022	3,761	8,478	65	5,409
2010年	13,376	432	140	17,791	5,944	16,161	148	12,336
2015年	17,326	457	270	21,362	7,531	21,433	202	17,771

2 - ⓬ 用途別不動産価格の動向（全国）

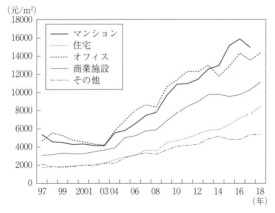

2 - ⓭ 2006年「住宅供給構造の調整，
住宅価格の安定に関する意見」
（15条）

1）住宅建設計画の制定・実施
2）普通住宅（建築面積90m²以下）の重点
　的供給
3）営業税の徴収方法の変更
4）不動産開発関連の貸出条件の厳格化
5）住宅ローン政策の調整
6）規模の普通住宅用の土地供給の保証
7）未開発の土地に対する罰則強化
8）立ち退き，取り壊しの規模を抑制
9）不動産開発の監督・管理の強化
10）不動産取引における違法行為の取締り
　　強化
11）低家賃住宅に関する制度作りを加速化
12）エコノミー住宅を発展
13）住宅販売・賃貸市場を積極的に発展
14）不動市場の情報システム，情報提供制
　　度を健全化
15）正確な世論の誘導

4 国家 – 個人関係の変動

市場化と個人負担の増大　社会主義市場経済への転換以降，それまで国家や単位（→172頁）が供給していたものの多くに個人負担が求められるようになった。前項で述べた住宅のほか，大学教育，医療，福祉など公共サービスが市場化した結果，無償から有償へ，低額負担から高額負担へのシフトが起こり，「国が何でもくれる世の中」は「何事にもお金のかかる世の中」へと変化した。それは消費経済の発展の帰結ともいえる。配給制度のもとでお仕着せの物資が与えられた計画経済期（→170頁）とは異なり，店頭に様々な商品とサービスが現れて，お金を出せば好きな商品やサービスが買えるようになった。

増える人生の選択肢　商品化現象は雇用の領域にも現れた。計画経済のもとでは，人的資源も国家の財産とされ，国家が大学教育のコストを負担する代わりに卒業後の就職先は「統一職業分配」という形で国家が決定した。これにより個人は単位に組み込まれ，自己都合の転職はきわめてむずかしかった。しかし1980年代に入り，「人材の適切な流動」の重要性が強調されると，個人の転職が徐々に出現した。そして1999年公布の「高等教育法」は，大学教育の有償化とともに大学の就職支援義務を定めた。それは，就職が国家の手を離れて学生自身の手に委ねられ，同時に国有単位が人事採用の裁量を得たことを意味した。こうして，統一職業分配は一部を除いて廃止され，建国初期より続いた単位制は大きく揺らいだ。フリーランスという生き方も可能になった。

　農村では，1980年代に郷鎮企業が発展し，農民が非農業に従事する選択肢が出現した。都市部への出稼ぎも急増した。その主な目的は経済的理由であるが，農村青年の「広い世界に出てチャンスを得たい」という欲求も大きな動機であった。かれらにとって出稼ぎは，人生を自ら切り開く機会であったが，同時に市場経済の荒波に直面する厳しい道でもあった。こうして，市場経済化にともなって人生の選択が国家から個人の手に移り，国家が戸籍と単位を通じて個人を支配するシステムは急速に弱体化した。

競争・自己責任・公正性　個人の選択肢が増えたことは自由の到来を意味するが，それは生存と勝利のための激しい競争を所与の前提とする自己責任社会の到来でもあった。しかも，競争に勝つために「関係」つまり人脈への依存度が増しているのも事実で，能力本位の健全な競争とは言いがたい。かつて社会主義体制のもと，限られた各種資源へアクセスする重要な手段であった「関係」が，競争社会のなかで新たな文脈を身にまとい，依然大きな影響を保っている。こうした状況は不公平・不公正な競争への不満を醸成し，社会不安要因となる恐れもある。

2-⓮ 求職関連の書籍

2-⓯ 住宅の登記書類

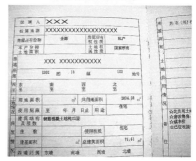

2-⓰ 人材交流会への入場を待つ長蛇の列(上海市,2000年)

2-⓲ 深圳の出稼ぎ労働者の生活

2-⓱ 求職者でにぎわう人材交流会会場(上海市,2000年)

3 格差社会と社会矛盾の蓄積

1 格差社会の出現

農民と都市における格差 農民と都市住民との間には，所得格差のみならず，政治・社会・文化など多方面にわたる格差構造が存在する。それは，中国の長い歴史的伝統を引き継いだものである。中国革命の指導者には，毛沢東をはじめとして農民出身者が少なくないが，この格差構造は社会主義時代にも継承されたばかりか，戸籍制度や配給制度を通じてかえって強化された側面さえ見受けられる。改革開放後も農民と都市住民との所得格差は拡大を続けた。

　他方，都市住民の間にも次第に所得格差が広がっている。もともと中国では地域間の経済格差は大きいが，個人間の所得格差，特に都市住民間のそれが拡大し，是正すべき水準にあると認識されるようになったのは，たかだかこの20年ほどの現象である。そのことを端的に示すのが，個人所得の不平等を示すジニ係数の動向である。2013年に2003年にまでさかのぼって公表された全国のジニ係数の値は，中国の所得格差が国際的に警戒ラインといわれる0.5の水準に近づきつつあることを示した。

　一方で，中国社会には，農民，および農民工と，都市住民がそれぞれ享受する社会保障や住宅環境などに関する格差，さらには政府によっては補足がむずかしい「灰色収入」の存在，ジニ係数では捉えることのできない格差の構成要素も大きい。

都市化政策の実施 長らく都市─農村間で二元的な制度上の分断が生じていた中国社会にとって，農村の都市化にともない，農民層に都市住民並みの社会保障や住居などを提供することは喫緊の課題である。その実現をうたうのが，2014年に提起された「国家新型都市化計画（2014-2020年）」（新型都市化政策）である。この新型都市化政策には，「農民の市民化」を通じた中間層の創出によって，肥大化した国内投資に代わる，需要面での成長のエンジンを創出するという意味合いもある。

　都市化政策と並行して，都市と農村の分断を生んできた従来の戸籍制度に代わり，都市ごとに条件を定め，それを満たした流入人口の定住化・市民化を進める戸籍改革も進んでいる。ただし，特に人口500万人以上の大都市の場合，市民としての権利を得るには個人の技能や学歴・納税状況・居住年数などに関するかなり厳しいハードルが課せられている。新型都市化政策の推進とその帰結は，社会の安定性に直接影響する，最重要課題の1つであることは間違いない。しかし，都市化の進展が大都市と中小都市の格差，あるいは都市住民間の差別といった新たな社会問題を生み出しつつあるのも事実である。

3-❶　ジニ係数の動向

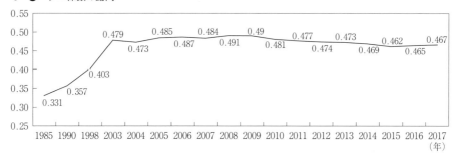

3-❷　企業別の平均賃金水準の推移

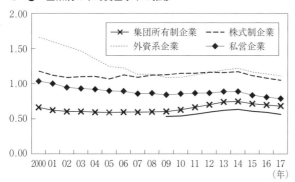

＊数字は国有企業を１とした時の値。

3-❹　中国の農民工

3-❸　都市居住証発行の要件

	県レベル以下の中小都市	人口50万〜100万人の都市	人口100万〜500万人の都市	人口500万人以上の大都市
定住している	○	○	○	○
定職に就いている		○	○	○
所定の期間社会保険に加入している			○	○
所定の期間定職に就いている			○	
所定の期間決まった住居に住んでいる				○
その他個別の条件				○

3-❺　フォーブス中国富豪トップ10（2018年）

順位	姓名	資産（億ドル）	年齢	業　　種
1	馬　雲	346	54	IT（アリババ）
2	馬化騰	328	46	IT（テンセント）
3	許家印	308	60	不動産（恒大集団）
4	王健林	227	64	不動産（万達集団）
5	何享健	195	76	家電（美的集団）
6	楊惠妍	171	37	不動産（碧桂園）
7	王　衛	149	48	宅配便（順豊エクスプレス）
8	李彦宏	146	49	IT（百度）
9	李書福	142	55	自動車（吉利汽車）
10	丁　磊	135	47	オンラインゲーム（網易）

2　政治腐敗への不満蓄積

深刻な政治腐敗　官僚が強い権限をもつ中国では，歴史的に政治腐敗が深刻な問題になってきた。1980年代の汚職は，計画と市場との狭間で暗躍する官僚ブローカー（「官 倒」）が主役だった。1990年代になると，商品価格が自由化されたために官僚ブローカーの活動場所はなくなったが，それに代わって国有銀行からの借り入れと土地の取引が汚職の源泉となった。貸し出し金利が低く抑えられ，かつインフレが進んだために実質金利はマイナスであり，金を借りることは補助金を得るのと同じだった。土地の一級市場は地方政府が独占し，その開発権を業者に譲渡する価格や方法をめぐって政府官僚の介入するグレーゾーンが大きく，腐敗の温床となった。さらに2000年代に入ると，官僚が握る秘密情報の漏洩が賄賂として摘発されるケースも現れた。

　2013年，習 近平政権になり，大々的な反腐敗運動が実施された。王岐山（1948-）が中央規律検査委員会のトップとして反腐敗キャンペーンを指揮した。周 永康（1942-）や徐才厚（1943-2015）といった「大物（トラ）」から，地方の役人（ハエ）にいたるまで，全国で約21万人が処分され，汚職のぬるま湯につかっていた官僚や党幹部たちを震え上がらせた。

続発する「群体性事件」　政治腐敗への憤りに限らず，行政や司法の不適切な事件処理，労使間での賃金紛争，環境汚染，国内移民が引き起こした摩擦など，様々な問題に対する一般大衆の不満は，時に集団的な暴動事件を発生させる。中国では，「10人以上が集合し，共同で法律法規に違反し，社会秩序を騒乱せしめ，公共の安全に危害を及ぼし，市民の身体の安全と公私の財産を侵犯する行為」を「群体性事件」と呼ぶ。2005年版『社会青書』は1993年から2003年までの10年間で「群体性事件」は1万件から6万件に増えたと指摘，2013 年版『社会青書』は，十数万件に達している可能性を示唆した。なかには激しい群体性事件のあと，民主的な選挙で村民代表を選ぶ試みが行われた烏坎村事件など，国際的な注目を集めたケースもある。

陳情村と共産党の対応　行政と司法とが一体化している中国では，司法の独立性が守られず，一般大衆の行政に対する異議申し立てを司法によって解決することがむずかしい。一般大衆の不満を救済する中国独自の手法として，「上 訪」あるいは「信 訪」と呼ばれる陳情制度がある。これは，上部機関に「信」（訴状）をもって訴え出るという制度である。北京南駅周辺には，一時期3万人にのぼる陳情者が住む「陳情村」が形成されていた。陳情制度は，上級政府への信任を担保しつつ，地方政府の誤りを正す方法として一定の効果がある。とはいえ，すべての陳情に適切でタイムリーな対応を行うことは容易ではないし，地方政府が陳情者を強制的に連れ戻すなどの不正行為もみられる。地方全人代の役割を強化して一般大衆の政治参加を進めることも必要だろう。

3-❻　実感汚職指数の国際比較（2017年）

順位	国　名	スコア	順位	国　名	スコア
1	ニュージーランド	89	175	スーダン	16
2	デンマーク	88	175	イェメン	16
3	フィンランド	85	177	アフガニスタン	15
3	ノルウェー	85	178	シリア	14
3	スイス	85	179	南スーダン	12
6	シンガポール	84	180	ソマリア	9
6	スウェーデン	84			
20	日　本	73			
77	中　国	41			

3-❼　王岐山中央紀律検査委員会書記（在位2012-17）

3-❽　腐敗問題で失脚した周永康（1942-）

3-❾　村民代表選挙が行われる烏坎村（2011年）

3-❿　最高人民法院の陳情所

3　民族間矛盾の顕在化

歴史的に蓄積された民族間矛盾

中国は多民族国家でもある。全人口の92％を占める漢族のほかに，55の少数民族が主として西南，西北部の辺境地域に居住している。そのなかでもチワン族，回族，満州族，ウイグル族は人口1千万人を超えている。また，内モンゴル自治区，新疆ウイグル自治区，チベット自治区では，「民族区域自治」を掲げた政治体制が確立されている。しかし，実質的な最高権力機関である自治区の共産党委員会では常に漢族がトップを占め，民族自治は形骸化している。また，「新疆生産建設兵団」のように，国防と資源開発を目的とした漢族の大規模な移民が1950年代から続いている。その結果，内モンゴル自治区では人口の8割，新疆ウイグル自治区では人口の4割を漢族が占めるまでになっている。

西部大開発とその矛盾

政府は，内陸部と沿海部との経済力格差が，民族間矛盾を生む原因の1つであると考えた。2000年に後進地域を活性化し，地域バランスのとれた発展を実現することで国内市場の統合を図る目的で「西部大開発」戦略を発動した。西部大開発の重点課題は，インフラ建設の加速，生態環境保護の強化，農業基盤の強化，工業構造の調整などであった。新疆と沿海部を結ぶ巨大なガスパイプラインや青海省とチベットを結ぶ青蔵鉄道の建設など，西部地域には現在にいたるまで多大な投資資金が投じられているが，インフラが整備され，沿海部の人や資本が内陸部に流入すればするほど，かえって漢族と少数民族との間の格差は拡大する可能性がある。漢族の側からみれば，後進地域の発展を支援することになるが，少数民族の側からみれば，漢族が入り込んできて資源や商権を握り，中国語の能力に劣る自分たちが漢族に支配され，収奪される構図となるからだ。その構図は，西北地域の大々的な開発プロジェクトを含む「一帯一路」（→第5章）にもそのまま受け継がれている。

顕在化する民族間矛盾

急進的な土地改革の実施など，中国共産党による支配強化に反発した僧侶たちが武装蜂起して生じた1959年のチベット動乱以来，チベットや新疆ウイグル自治区では繰り返し民族間の紛争が発生しているが，政府は民族間矛盾を抜本的に解決する手段を見出せないでいる。グローバリゼーションの進展が，民族紛争を活性化させた側面もある。近年の動きとしては，2008年3月，チベットのラサで数百名の僧侶が行ったデモを当局が弾圧し，これに反発した住民が暴動を起こした。2009年7月，新疆ウイグル自治区のウルムチでは，広東省で起きたウイグル人襲撃事件を発端とするデモをきっかけに，漢族とウイグル族との間に深刻な衝突が生じ多数の死傷者が出た。その後も，新疆各地に再教育施設の名目で多くのウイグル族を収容する施設が建設されていることが国際的な非難を浴びるなど，民族間の矛盾は解決されていない。

3 - ⓫　西部大開発の象徴，青蔵鉄道

3 - ⓬　ダライ・ラマ14世（1935-）

3 - ⓭　各省の粗投資率（2016年）

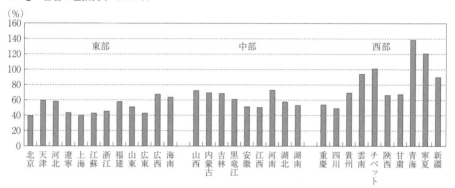

3 - ⓮　フリー・チベットを訴える人々（サンフランシスコ市，2008年）

3 - ⓯　ラビア・カーディル世界ウイグル会議議長（在位2006-17）

第4章　台湾・香港の50年

1 ｜ 冷戦時代の台湾・香港

1　台湾：国際的地位の激変

戦勝国から「台湾の統治者」へ

国民党が率いる中華民国は，1912年以来中国大陸を統治する唯一の国家であり，第二次世界大戦の戦勝国として国際連合の安全保障理事会常任理事国にもなった。しかし国共内戦の結果，国民党政権は台湾へ逃れて中華民国の統治継続を宣言する。1949年10月，共産党の中華人民共和国が中国大陸に成立すると，同国は中華民国を国連から追放するよう要求した。国連をはじめ国際社会は「二つの中国」の承認をめぐってむずかしい判断を迫られ，20年以上にわたってこう着状態が続いた。

　台湾での国民党は，大陸に反攻し武力統一をめざすとして準戦時体制をしき，1949年には戒厳令を発令した。また，親共産党的な思想の持ち主を政治犯として捕えたが，その範囲は国民党に従順でない市民の言動全般へ拡大し，市民に恐怖を与えた（「白色テロ」）。

国際社会における地位の激変

アメリカは大戦中から国民党を援助しており，戦後もその関係は続いた。アメリカにとって，中華民国は中華人民共和国を封じ込めるうえで重要な拠点であったためである。しかし，ベトナム戦争の長期化と泥沼化はその東アジア戦略の再考を余儀なくし，70年代に入るとアメリカは中華人民共和国に急接近する。

　「二つの中国」をめぐる国際情勢は，1971年に大きく転換した。アルバニア決議により，中華人民共和国が国連の「中国代表権」を獲得したのである。これは国連が「正統な中国」と認める国家が中華民国から中華人民共和国に転換したことを意味し，中華民国は国連を脱退した。1972年9月29日には，日本と中華人民共和国の間に国交が結ばれる。いわゆる日中国交正常化であるが，同日に日本と中華民国は断交した。1979年にはアメリカと中華人民共和国が国交を樹立し，同国と中華民国も同様に断交した。一連の動きにより，中華民国の国際社会におけるメンバーシップは大きく後退し，世界の主要国との外交関係もほぼ失ったのである。

　1978年12月，中華人民共和国が改革開放政策を開始したことも，両者の位置づけに影響を及ぼした。資本主義先進国の経済活動に門戸を開き，人的往来を解禁したことは，同国の経済発展を促すとともに，国際社会における重要性を増すことにつながった。反面，経済活動における中台双方の補完・依存関係も，後につくられていく。

1-❶　戒厳令発布新聞記事

1-❸　バチカンの中華民国大使館

1-❺　緑島の女性政治犯

1-❷　「共産党のスパイ」検挙を奨励するビラ

1-❹　国連決議文（アルバニア案）

2758 (XXVI).　Restoration of the lawful rights of the People's Republic of China in the United Nations

The General Assembly,

Recalling the principles of the Charter of the United Nations,

Considering that the restoration of the lawful rights of the People's Republic of China is essential both for the protection of the Charter of the United Nations and for the cause that the United Nations must serve under the Charter,

Recognizing that the representatives of the Government of the People's Republic of China are the only lawful representatives of China to the United Nations and that the People's Republic of China is one of the five permanent members of the Security Council,

Decides to restore all its rights to the People's Republic of China and to recognize the representatives of its Government as the only legitimate representatives of China to the United Nations, and to expel forthwith the representatives of Chiang Kai-shek from the place which they unlawfully occupy at the United Nations and in all the organizations related to it.

1976th plenary meeting,
25 October 1971.

＊緑島（火焼島）は，台湾戒厳令解除（1987年7月15日）までは政治犯を収容する離島だった。写真の女性政治犯たちの制服の胸には「新生」の文字が見え，彼女たちが政治犯収容所「新生訓導処」の収容者であることがわかる。「新生訓導処」は2000人前後を収容し，刑期はだいたい10年以上であった。

2　香港：暴動から経済のテイクオフへ

香港暴動　第二次世界大戦後，日本軍政期の強制疎開から香港に帰還した人々に加え，中国大陸から逃れてきた難民で香港の人口は急増した。難民たちは香港を「仮住まいの場」と考えていたが，1949年，大陸に社会主義政権が成立すると，故郷帰還の可能性や時期は不透明になる。

　1950年代から60年代にかけ，香港の産業構造はこれら流入人口を活用した労働集約型製造業へと転換した。だが，厳しい労働条件に加えて物価上昇や劣悪な住環境が労働者を苦しめる。しかし香港政庁はそれらの問題を「私的事項」として放置し，労働者階層の不満が蓄積した。その結果が1966年の九龍暴動と翌67年の香港暴動である。一部の左派分子は過激化し，運動は中国大陸の文化大革命と連動しつつ「反英暴動」へと変質する。一般市民の安全が脅かされ，日常生活が滞るなか，暴動は10か月間に及び，死者51名など甚大な被害をもたらした。

社会政策の転換　事件の後，政庁は従来の政策を反省し，住民の香港への帰属意識を育む必要性を認識した。市民は，たとえ「仮住まいの場」であれ香港は安全でなければ困ると痛感し，共産政権を戴く「故郷」中国と自らの関係について再考した。香港に帰属感をもつ「香港アイデンティティ」もこの時期に萌芽した。

　こうして，1970年代の香港は大きな転換を遂げた。1971-82年のマクリホース総督在任期に議員・公務員の現地人化が始まったほか，住宅・教育・医療・社会福祉の改革が行われた。72年から10年計画で公共住宅の整備が始まり，80年代初めには永久居民の44％が公共住宅に居住するにいたった。公共住宅の整備は低所得者層への補助金支給に等しく，貧富の格差を縮小する再分配効果をも発揮した。71年には小学校6年が，78年には初級中学までの9年が義務教育化された。また，大規模な工業団地とそれに隣接するニュータウンの建設，海底トンネルや地下鉄など，産業・交通インフラの整備も進んだ。

経済のテイクオフ　香港は，戦前から造船など工業の基礎をもつ。戦後は朝鮮戦争にともなう対中禁輸により対中国中継貿易から脱却して加工貿易へ転換した。70年代には，アパレル・プラスチック・電子などの労働集約型製造業に依拠して，経済の急成長を遂げた。さらに70年代末には，金融・保険，不動産などの第三次産業へと構造転換した。金融の面では，60年代に銀号や銭荘など伝統的金融機関に代わって近代的銀行が出現し，70年代には銀行の国際化・多機能化が進んだ。また，1969年に華人資本を受け入れる遠東交易所が設立され，証券取引所の現地化が実現した。

　各種の公共政策，社会基盤・産業基盤の形成と経済発展が相まって，この時期の香港は総合的機能をもつ都市社会へと変貌する新段階に入ったといえよう。

1-**❻** 戦後香港の人口
の推移

年	人口
1945	650,000
1946	1,550,000
1951	2,015,300
1956	2,614,600
1961	3,174,700
1966	3,732,400
1971	4,045,300
1976	4,443,800
1981	5,154,000

1-**❼** フェリー運賃値上げ反対運動
に参加する若者（1966年）

＊庶民の生活を圧迫する値上げに反対する運
動は、九龍暴動のきっかけとなった。

1-**❽** 香港暴動

＊香港島・ノースポイント（北角）の華豊国貨公司前。1967年。

1-**❾** 建設中のニュータウン（新界・沙田，1977年）

1-**❿** 香港企業の株式発行・上
場の公告（1970年代初頭）

2　中国・台湾・香港の80年代

1　「振興中華」論

「振興中華」論とそのイデオロギー

「振興中華（中華を盛りたてよう）」という語は，清末期の愛国運動以来，民族意識の高揚を図っ
てしばしばとなえられた。時代は下り，改革開放期の中国でこの語が再登場する。3中全
会の決定の1つに「階級闘争を大綱とする」スローガンの放棄があり，ついで，江沢民
（1926-）は第15回党大会（1997年）で共産党革命史を中華振興史に置き換え，孫文（1866-
1925）・毛沢東（1893-1976）・鄧 小平（1904-97）の3名を中華振興の3回の大転換を導いた
偉人と位置づけた。これらは「革命パラダイム」からの脱却といえる。それに代わる枠組
みとして「振興中華パラダイム」が想定された。それは，対内的には中華人民共和国の全
公民を中華民族として位置づけ，漢民族と55の少数民族を同一視する議論であった。また，
対外的には，中華人民共和国と台湾（中華民国）の両者を結びつけることをめざした。さ
らに，台湾のみならず香港・マカオ，それに世界各国の華僑・華人をもそのメンバーと位
置づけることで，内外の民族的紐帯をより強化し，中華民族のパワーを誇示することをね
らうものでもあった。

「中華民族多元一体論」とその政治性

中国の社会学・人類学の中興の祖である費孝
通（1910-2005）は，全国人民代表大会常務委
員会副委員長を務める1988年に香港中文大学で行った講演で「中華民族多元一体論」をと
なえた。それは，①漢民族と各少数民族は「中華民族」という民族実体のなかに包括され，
多元的でありながら一体であり，②その凝集の核心をなすのが漢民族で，③「中華民族」
内部には多言語的・多文化的な複合体が形成されている，というものである。この議論は
費の多年にわたる民族研究の集大成といえ，中華民族の総体的な研究に向けた大胆な試論
として内外で反響を呼んだ。また，政治的には「振興中華」論の論拠として用いられた。

　この説への批判として，まず，中華民族とは政治的概念であって民族学上の名称ではな
いという点がある。次に，中華民族は1つの民族とはいえず，一体とは呼べないという指
摘がある。また，民族と国家を混同している，つまり文化アイデンティティと政治アイデ
ンティティを同一視しているという批判もある。実際，費の議論は各民族の平等な関係を
貫くことに腐心し，漢民族の相対化に成功したとも評価されているが，にもかかわらず漢
民族中心主義的な視点が抜きがたく存在する。この説の政治性のゆえんもそこにあるとい
えよう。

2-❶ 民族の図案の人民元紙幣

* 1987-88年に発行された。1角：ミャオ
族・満州族，5角：ミャオ族・チワン族，
5元：チベット族・回族，10元：漢族・
モンゴル族。

2-❷ 費孝通

2-❸ 江沢民

2-❹ 中国共産党第15期全国代表大会（第15回党大会）

2　台湾：経済成長と民主化・本土化

戒厳解除と民主化の始まり

蔣 介石 (1887-1975) の息子・蔣 経国 (1910-88) は，1970年代を通じて父の代わりとして指導的地位に就いていたが，1978年に総統職を継承した。在任中，蔣経国は米中接近による外交危機への対処，国内のインフラ建設（十大建設）などを行ったほか，それまで外省人が独占していた党や政府の要職に本省人エリートを登用した。これを政治の「台湾化」と呼ぶ。

国民党と意見を異にする政治的勢力は「党外」と総称され，非合法の存在であったが，1986年，党外勢力から台湾独立を主張する民進党が発足すると，蔣経国は政党設立の解禁を打ち出した。ついで1987年，38年間続いた戒厳状態が解除される。それは，台湾の人々を長らく恐怖にさらした白色テロの終わりであり，政治の民主化の始まりでもあった。白色テロの犠牲となって収監された政治犯の釈放が始まり，翌88年には新聞の新規発行禁止も解除された。

1988年，蔣経国の死去にともない，本省人の副総統・李登輝 (1923-) が，「中華民国憲法」に従って総統に昇格した。本省人が最高指導者の位置に就いたことは台湾にとって画期的な転換点であった。

台湾の本土化・脱中国化

1980-90年代は台湾社会が急速な変貌を遂げた時期である。それは，台湾の独自性への関心の高まり（「本土化」），ひいては台湾アイデンティティの形成という形をとった。たとえば，国民党が公用語に定めた中国語（「国語」）でなく本省人の土着言語である台湾語を用いる気運が高まり，文学や流行歌，本省人政治家の演説などに使われ始めた。また1989年には，長年タブーとされてきた「二・二八事件」（1947年，国民党が台湾の市民を大規模に弾圧し，1万8000人の犠牲者を出した事件）を描いた映画『悲情城市』（ホウ・シャオシェン〔侯孝賢〕〔1947-〕監督）が公開された。

政治犯の釈放は，国民党統治の弱体化の産物というだけでなく，多様な思想の持ち主が社会に復帰したことで国民党の思想的影響力をいっそう弱めることにつながった。他方，蔣経国の経済政策により80年代の台湾は急速な経済成長を遂げ，「アジア四小龍」の一員と呼ばれるようになった。これ自体は国民党政治の成果であるが，経済力の増強は「独自の発展をとげる台湾」という意識を生み，台湾アイデンティティの形成につながった。

一連の動きは，国民党政権が称揚してきた「中華民国」イデオロギーの虚構性・神話性が明らかになる過程，ないしは本省人が多数を占める台湾市民の声が社会に発せられる過程であったといえる。

2-❺ 国防部緑島感訓監獄

＊1951年から65年までは「新生訓導処」の一部であったが，1972年に国防部緑島感訓監獄（別名・緑州山荘）となり，全国の政治犯を収容した。2003年，政府が島に「緑島人権文化公園」を設け，かつての収容所は展示などを通じて白色テロの歴史を後世に伝える役割を担っている。

2-❻ 映画『悲情城市』

2-❼ 雑誌『美麗島』（創刊号）

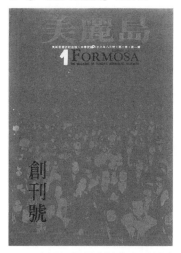

＊1979年創刊，創刊号発行部数が10万冊突破したことは，台湾の雑誌発行では未曾有の記録である。雑誌社は全島各地に支社と「服務所」（サービスセンター）を設置，すでに政党の原形ができあがった。

2-❽ 二・二八事件について謝罪する李登輝（1995年）

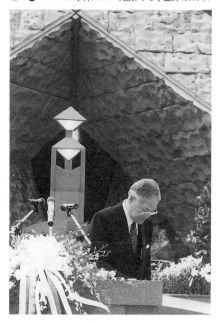

3 中英共同声明後の香港：「過渡期の13年」の幕開け

過渡期の13年　「香港問題に関する共同声明」（中英共同声明）が発効した1984年12月から香港の主権が中国へ返還された1997年7月1日までの約13年間を，「過渡期の13年」という。返還交渉に際しては，中英両国に加えて香港の代表をも交渉主体に迎える案（「三脚の椅子」論）をイギリスが主張したが，中国はこれを拒絶した。この結果，香港人は返還交渉の当事者になれず，香港の民意は排除された。ともあれ，中英共同声明には一国二制度が盛り込まれた。それは特別行政区設置（外交と国防は中央政府），高度の自治権承認，資本主義制度の維持，諸外国の経済的利益保護の4原則からなり，97年以降50年間はこれを保障するとした（「五十年不変」）。

代議制の導入と天安門事件　イギリスは主権返還前に香港に民主政治を導入することをもくろみ，代議制政治の手始めとして区議会議員の直接選挙を実施した。1982年に部分実施されたのち，1985年に全面実施となる。それまで，香港の選挙は限られた資格の選挙民による制限選挙が基本であり，選挙制度改革直前の選挙民登録者数は3万5000人程度であった。ちなみに，1981年の香港の総人口は515万人余りである。

　1989年6月4日，北京で天安門事件が発生すると，香港人は動揺した。弾圧された学生・市民を支援する集会は100万人もの香港市民を集めた。中英共同声明調印以来，中国への返還を嫌って海外へ移民する人が増えていたが，天安門事件を契機にその数は激増した。英連邦内のカナダやオーストラリアが主な移民先となった。移民するか否かの選択を含め，この時期の香港人の多くが自分たちの将来について不安を抱えていた。

香港人にとっての「中国」　この時期の香港人にとって，中国のもつ意味は矛盾をはらんでいた。中国は，理論上はかれらの故郷だが，すでに1965年には香港生まれの住民が人口の過半数に達し，70年代には香港に帰属感を抱く「香港アイデンティティ」が形成された状況にあっては，故郷としての実像は結びがたかった。かれらは，中華民族の文明・文化など中国の誇らしい面には帰属感を抱けたが，共産党政権の腐敗や人権抑圧などの後進的な面には反感が強く，天安門事件以降は後者への忌避感が特に強化された。このように，中国に対しては種々の感情が複雑に交錯し，しかしそれにもかかわらず，香港人にとって中国が自分たちの「親」であることは否定しえない事実である。そこから，中国への主権返還に対して「無奈」（いかんともしがたい）とする諦観にも似た意識が香港人の間に共有されていった。

2-❾ 中英共同声明の概要

前文

1条・2条	中国が1997年7月1日に香港に対して主権を回復
3条	中国政府が香港に主権を回復した後に実行する基本方針，政策
4条	移行期（1997年6月30日まで）においてイギリス政府が香港の行政管理に責任を負い，中国政府が協力
5条	共同声明発効時に中英合同連絡小委員会を設立
6条	土地契約およびその他の関連事項（付属文書3にもとづいて処理）
7条	前記の諸声明と付属文書をすべて実施することへの同意
8条	批准書交換の日から発効。批准書は一九八五年六月三十日以前に北京で交換
付属文書1	中華人民共和国政府の香港に対する基本方針，政策についての具体的説明
付属文書2	中英合同連絡小委員会について
付属文書3	土地契約について

2-❿ 天安門事件抗議デモ（ビクトリア公園）

2-⓫ 中英交渉に臨むサッチャーと鄧小平

2-⓬ 香港・台湾・中国からカナダへの移民の推移（1972-2008年）

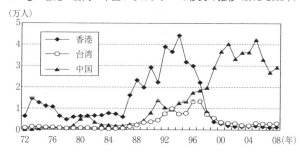

3 | 台湾・香港の90年代

1 台湾：多様な声の台頭

民主化・「本土化」の進展と政治変動

1990年代には，国民党が約50年前に大陸から持ち込んだ「国家統治の虚構」の終結ないし瓦解が進んだ。たとえば，国民党の台湾移転前に選出された立法院・国民大会の議員が終身在任していたが（「万年議員」），台湾の民意を反映しないとの批判を受けて1991年から92年にかけて一掃された。1998年には，実態を失っていた「台湾省」が凍結された。また，1997年からは台湾史を扱う中学教科書『認識台湾』（歴史篇）が採用され，中国大陸と中華民国の歴史が教えられていた従来の歴史教育に大きな変化をもたらした。これらは，1996年の総統直接選挙で初の本省人総統・李登輝が誕生した象徴的な事件と共鳴しつつ，「本土化」の進展という点で台湾社会に相乗的な効果を及ぼしたといえよう。

政治勢力の多元化も進み，特に外省人の既得権益勢力としての国民党に対して本省人の利益を代表する民進党が対峙する形で，異なるエスニック・グループ（族群）がそれぞれ異なる政治勢力として立ち現れた。こうした状況をエスノポリティックスと呼ぶが，この時期の台湾ではそれが可視化・顕在化した。それは1990年代を通じて台湾政治に作用し，2000年の政権交代への道程となった。

市民運動の隆盛と多文化主義

1990年代には，80年代後半から勃興した各種の市民運動がいっそう高揚した。それは原住民族の権益主張，フェミニズム，労働運動，性的マイノリティの権利獲得など多岐にわたる。このように，社会的少数者・弱者を含む社会の多様な成員が声をあげだしたことも，自由な発言の空間を得た台湾の姿を象徴する。また，政府が原住民族の運動を受けて多文化主義を基本国策化したのも90年代であった。

新たな中台関係の模索

1999年，李登輝は「中国と台湾は特殊な国と国の関係にある」と発言した。この「二国論」は「一つの中国」の否定に等しいとして，中国政府は李登輝を分裂主義者と非難した。民進党など本省人勢力の政治的主張の高まりも，台湾の独自性の誇示だとして中国の警戒心を煽った。台湾内部でも，「本土化」意識の高まりは国民党政権が一貫して掲げてきた「祖国統一」の大義名分と国民の現実的認識の間に乖離を生んでおり，政権は中台関係の新たなパラダイムを模索する必要性に迫られた。こうした流れが，2000年の政権交代へいたる地殻変動を準備したともいえよう。

3 - ❶　万年議員の退職を要求する群衆

3 - ❷　『認識台湾』（歴史篇）

3 - ❸　原住民族運動

3 - ❹　フェミニズム運動：「女性が女性を議会へ送ろう」

3 - ❺　刑法100条の撤廃を求める運動

＊「予備または除謀内乱罪」を裁く刑法100条は，戒
　厳解除後にも存続した。学者や市民らの運動によ
　り，1992年に同条文の削除が実現した。

2　香港：激動の主権返還前夜

社会不安と中英の綱引き　　1989年の天安門事件後に香港で起きた100万人抗議集会後，政界では親中派や民主派などがそれぞれの立場から，中国政府との関係をいかにとるべきかを模索していた。市民の間には，返還後の香港は中国に抑圧されるだろうという悲観的な予測が広がった。たとえば，報道の自由の喪失，民主派の活動の規制，海外渡航の自由の制限，固有の文化の抑圧，解放軍の武力介入，出産の制限など，様々な領域において不安が増幅していた。

　最後の香港総督となったパッテン（1944-，1992-97在任）は，香港に民主的な政治制度を導入しようと，直接選挙制度の実施などを主張した。これは中国の怒りを買い，北京政府やその支持者から「千古の罪人」と呼ばれた。

香港特別行政区基本法の制定　　香港特別行政区基本法は中国返還後の香港の基本方針を定めたもので，香港の「ミニ憲法」と呼ばれる。香港（23名）と中国（36名）の委員からなる起草委員会が1985年から制定作業を行い，90年に成立した。基本法の特徴は，各領域の枠組みをおおまかに定めているだけで，それぞれの具体的条項は別途定める点である。具体的条項を実際に制定する際には，立法の主体は香港政府であるにもかかわらず北京の中央政府の意向が色濃く反映されがちであり，たとえば23条立法をめぐる問題が後に顕在化した。

「香港人」意識と「中国人」意識の二重性　　この時期の香港の人々は，自らを「香港人」とみなす意識と「中国人」とみなす意識をあわせもち，両者は複雑な相互関係にあった。「香港人」意識は，中国の好ましくない部分を自分たちと切り離したい心理に由来する。自由や人権を抑圧する社会主義，官僚の腐敗などの後進性を嫌悪し，国家を統治する中国共産党を否定するのがその特徴であった。他方，「中国人」意識は中国の好ましい面と自らの民族的属性を同一視する心情によっており，中国の歴史と文明への誇りや帰属感を特徴とする。

　主権返還まで1年を切った1996年9月，尖閣諸島の領有権が中国にあることを主張する反日運動が起きた。「保衛釣魚島（略称：保釣）」と呼ばれるこの運動は1970年代初頭にも高揚したが，今回の運動はこの時期の香港人の不安心理が表れたものとみることができる。つまり，共通の外敵としての日本に対抗することで中華民族の一員としての自己を確認し，そのことを通じて共産政権に対する不安や抵抗を打ち消そうとする意識があったのではないだろうか。

3-❻　香港特別行政区基本法の概要

序文
第１章　総則
第２章　中央と香港特別行政区の関係
第３章　居民の基本的権利および義務
第４章　政治体制
第５章　経済
第６章　教育，科学，文化，体育，宗教，労働，社会
　　　　奉仕
第７章　対外事務
第８章　本法の解釈と改正
第９章　付則
付属文書１　香港特別行政区行政長官の選出方法
付属文書２　香港特別行政区立法会の選出方法と表決
　　　　　　手続き
付属文書３　香港特別行政区の実施する全国的法律

3-❼　パッテン総督のカレンダー（1997年）

＊最後の香港
　総督・パッ
　テンの肖像
　を掲げた
　1997年のカ
　レンダー。
　6香港ドル
　の値札付き。

3-❽　香港で発売された『国旗・国章・国歌』カセットテープ付き書籍

3-❾　パッテンと董建華<ruby>董建華<rt>とうけんか</rt></ruby>（1937-）

3-❿　香港市民のアイデンティティ推移（1997-2018年）

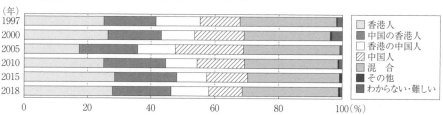

□ 香港人
■ 中国の香港人
□ 香港の中国人
▨ 中国人
▦ 混合
■ その他
■ わからない・難しい

第5章　グローバル化の時代：21世紀の中国

1　グローバリゼーションと成長パターンの模索

1　新たな経済秩序形成への動き

近隣諸国との経済関係　2001年に WTO に加盟した中国は，グローバル経済のなかでプレゼンスを高めるとともに，近隣諸国との新たな経済秩序形成の動きを進めてきた。中国と ASEAN の間では，2002年に FTA 締結に向けて「包括的経済協力枠組み合意」が調印され，2015年には域内のすべての国々に対して関税が撤廃された。日中韓 FTA に ASEAN とインド，オーストラリア，ニュージーランドを加えた16か国での RCEP（東アジア地域包括的経済連携，Regional Comprehensive Economic Partnership）の締結も注目すべき動きである。これらの動きの背景には，アジア域内貿易の活発化がある（図1-❷）。

　一方，ロシアおよび中央アジア諸国との経済関係の枠組みになるのが，2001年に中国，ロシア，カザフスタン，キルギス，タジキスタンの5か国（「上海ファイブ」）にウズベキスタンを加え，エネルギー資源開発やテロ対策を目的に設立された「上海協力機構」である（2015年にインドとパキスタンが加盟）。上海協力機構の設立により，経済面でもロシアの影響を強く受けていたが中央アジアの国々は，次第に中国との貿易額が増加している（図1-❸）。これらの近隣諸国との経済関係の枠組みは，中国が進める「一帯一路」政策とも密接なかかわりをもっている。しかし，これらの近隣諸国には，域内の経済大国として中国の影響力があまりに大きくなりすぎることへの反発もあるとみられる。

AIIB と積極的な対外資本輸出　中国政府は2014年頃から，経済が「新常態」と表現される安定的成長段階に入ったとし，従来の経済システムや成長パターンの根本的な見直しを進めている。新たな成長パターンの1つとして注目されているのが，「一帯一路」に代表される海外への積極的な資本投資である。この対外資本輸出構想は，過剰な国内資本や外貨準備を，海外に「逃がし」，従来型の経済成長パターンのなかで顕在化した供給能力の過剰を緩和するという側面をもっている。さらに中国政府は，AIIB（アジアインフラ投資銀行）の設立など，国際金融秩序の構築という面でもプレゼンスを高めている。日本は，米国とともに AIIB のガバナンスの透明性や，投資供与国の政府との中立性の確保などに懸念を示し，一貫して参加に慎重な姿勢を示している。しかし，英国をはじめとした西側の先進諸国が相ついで参加を表明し，2019年1月での参加国は93か国を数えている。

1-**❶**　一帯一路概念図

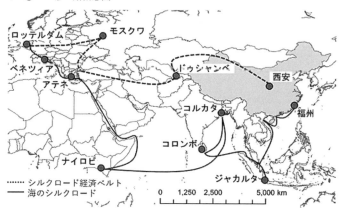

1-**❷**　中国の対 ASEAN 貿易

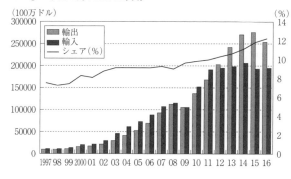

1-**❸**　中ロと中央アジア諸国の貿易

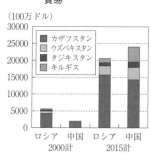

資料：Global Trade Atlas

1-**❹**　AIIB 初代総裁金立群（1949-）氏

1-**❺**　GMS（大メコン圏）の道路網

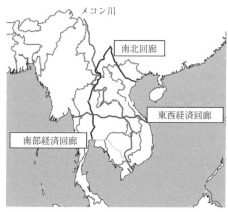

2 環境，エネルギー問題への対処

深刻化する環境破壊

多様な側面をもつ中国経済は，直面する環境問題もまた多様である。PM2.5をはじめとした大気汚染，河川や湖沼の汚染，牧草地や農村で進む大地の荒漠化といった，新興国ならではの急速な工業化によって引き起こされる環境問題に加えて，さらには温暖化対策に代表される地球規模での環境負荷の増大といった，先進国型の環境問題に対しても，政府は対応を迫られている。特に，2013年頃をピークに深刻化した直径2.5マイクロメートル以下の粒子状物質であるPM2.5による大気汚染は，大都市における石炭依存と自動車の排ガス増加などが重なった複合的汚染として海外からも注目を集めた。その後，政府は「大気汚染防治行動計画」によって主要なエネルギー源である石炭への依存度を引き下げる，電気自動車などの新エネルギー車の普及を進めるなど，都市部の排出削減に本格的に取り組み，大都市の大気汚染はかなりの程度改善しつつある。

グローバル化と温暖化ガス削減への取り組み

2007年に中国のCO_2排出量が世界一になったことを受け，国際社会のなかでも経済大国中国に対し温室効果ガス削減の責任が厳しく問われるようになった。中国政府は，2009年には初めて20年までの温室効果ガス排出削減の行動目標を発表し，単位GDPあたりCO_2排出量を05年比で40％から45％削減するとした。また2016年には地球温暖化の新しい枠組みとなる「パリ協定」を批准した。その後2017年に誕生したトランプ政権がパリ協定を離脱するなか，中国政府によるこの問題へのコミットメントにますます注目が集まっている。

エネルギー問題への対応

中国は高度成長の結果，資源の対外依存が急速に高まってきた。石油輸入量が大きく拡大する一方，主要エネルギーである石炭でさえ，2009年からは純輸入に転落している。このようなエネルギー需給の悪化に対し，中国はエネルギーの利用効率を大幅に引き上げ，省エネルギーを実現することによって対応してきた。その結果，2015年には同じGDPを1978年の4分の1以下のエネルギー量で生産できるようになった。もう1つの対応は，資源の輸入先の多様化と拡大である。2000年代に入り，中国は中央アジア諸国ならびにアフリカ諸国への経済援助を増加させていくが，背景には原油や天然ガスなどの開発を進め，安定的な供給源にしていこうという戦略的な意図がうかがえる。ただし，中国からの積極的な資源開発への援助に依存した結果，それらの国々では工業化が阻害されるなど，中国の資源外交は「新植民地主義」ではないかという批判も生んでいる。また，近年の成長減速によって石炭や電力はむしろ供給過剰状態に陥っており，2016年頃からは過剰能力削減政策が進められている。

1-❻ 砂漠化する内モンゴル自治区ホルチン砂漠(2006年8月)

1-❼ 土壌汚染の状況 (2014年)

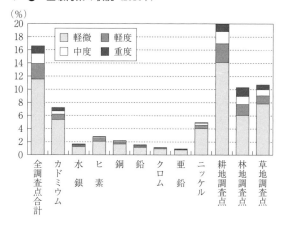

1-❽ 各国の二酸化炭素排出量 (2014年)

1-❾ 中国・日本の対アフリカ貿易

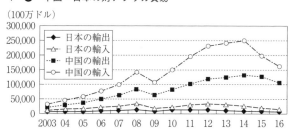

1-❿ 石油の生産量と輸入量

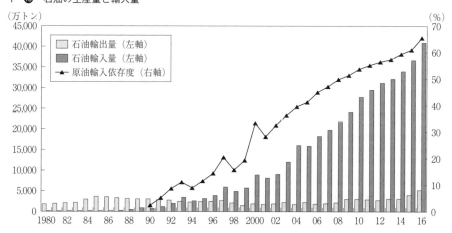

3　テクノロジーの進化と米中摩擦

米中貿易戦争の勃発 GDP世界第2位となり，深圳を中心に活発なイノベーションをもたらしてきた中国の経済的な台頭は，米国との間の深刻な貿易摩擦をもたらした。2018年3月，トランプ米大統領は中国の政府・企業による知的財産権の侵害により米企業に損害が出ているとして，米通商法301条に基づき，中国製品を対象に最大600億ドル相当の輸入品に25％の関税を課すと宣言，その後も双方による関税引き上げの応酬が続いた。

トランプ政権は，中国政府による知的財産権侵害の「手口」として，次の4つをあげて批判している。①外資規制により米企業に技術移転を強要している，②技術移転契約で米企業に対し差別的な扱いを行っている，③中国企業を通じて先端技術をもつ米国企業を買収している。④人民解放軍などが米国企業にサイバー攻撃を行っている。このように，米中貿易摩擦の背景にはハイテク産業分野での主導権争いが見逃せない。

米国政府に狙い撃ちされたのは国際特許出願数で常時世界のトップ3に入るなど高い技術力を誇る華為技術（Huawei）である。2018年12月には孟晩舟（1972-）CFOがカナダのバンクーバーで逮捕，米国，オーストラリアなどが次世代通信規格「5G」通信網から華為の製品を排除することを決定，日本の通信会社も追随する動きをみせている。しかし，電子通信機器は，東アジア域内で複雑なサプライチェーンを確立しており，貿易摩擦の長期化は，日本経済と日本企業にも少なからぬ影響を与えるだろう。

米国の対中政策の転換と日本 2018年10月4日，米国のペンス（1959-）副大統領が保守系シンクタンクで行った演説は，米中対立が単なる貿易摩擦を超えてより長期化するのではないか，という悲観的な見方を強めた。ペンス演説には貿易問題のほか，政治，軍事，人権問題まで，中国への厳しい見方が包括的に含まれる，「中国異質論」のトーン一色に染められていたからだ。

それまでの「関与」から「抑止」へと，百八十度の転換を遂げたかにみえる米国の対中政策だが，じつはこの2つの立場は，ある認識においては奇妙な一致をみせている。すなわち，現在欧米に存在する政治経済体制が唯一の普遍的なあり方であり，それ以外の体制はそこに向かって「収斂」しているかぎりは存在が認められるが，そうではない「異質な体制」は存在してはならない，という二項対立的な認識である。

米中対立の時代に直面する私たちは，権威主義的な中国の現政権に同調するのでもなく，米国の二項対立的な中国論に追随するのでもなく，WTOやRCEP（東アジア地域包括的経済連携）などの多国間の枠組みを通じて，経済的な相互利益を追求していく道を探るべきだろう。

1-⓫　第45代米大統領ドナ
　　　ルド・トランプ氏

1-⓬　華為技術創業者の
　　　任正非（1944-）氏

1-⓭　DJI 社製のドローン

1-⓮　国際特許出願件数の推移

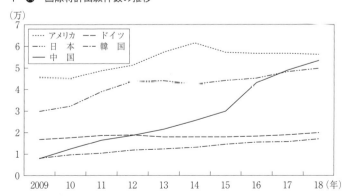

2 経済改革とグローバル・ガバナンス

1 高まる国際社会でのプレゼンス

中国脅威論と国際協調
　中国は冷戦崩壊後の世界を「一超多強」（1つの超大国と多くの強国）構造と捉え，自らも「多強」の1つとみなしたうえで，国際問題に対する過剰な関与を避ける「韜光養晦」（光を隠して人知れず自らを磨く）路線をとり，資源外交を活発化させた。1993年制定の新軍事戦略において，防衛範囲を大陸国土から海洋国土（東シナ海・南シナ海）に拡大，その海洋権益の防衛を明示してそれに見合う軍事力構築を進めた。一方の米国は，唯一の超大国候補として台頭しつつある中国に対して，人権・軍拡・台湾問題などをめぐる戦略的警戒と経済的関与への意欲という相反する2つの関心の間でゆれ動く。中国は，このような中米関係の不安定性を前提として，一党統治を堅持しながら顕著な経済発展をとげつつあることによる国際社会の中国異質論・中国脅威論を抑える必要があった。1996年，江沢民（1926-）政権は相互信頼，相互利益，平等・協力をめざす「新安全保障観」を提起した。

2000年代の中国
　中国は2001年のWTO加盟によって「新興国」的台頭論から「平和的台頭」論に転じ，さらに2005年には「和諧世界」論を提起した。2000年代の中国は，BRICs（ブラジル，ロシア，インド，中国）と呼ばれる新興国の1つとして世界経済を牽引する役割を期待されるようになった。さらに2008年の世界金融危機に際して，中国は有力メンバーとしてG20経済会合に出席するとともに，米国国債を買い支え，米国との間で戦略・経済対話を開始した。

　2010年，中国はGDPで日本を抜き世界第2位の経済大国となった。中国と日本の経済規模をGDP（名目USドル換算）で比較すると，2000年が1：4，2005年が1：2であり，21世紀最初の10年間において中国のグローバル大国化が現実化したといえる。2018年における中国の経済規模は日本の2.7倍となったが，1人あたりのそれは4分の1である。

大国主義の台頭
　2009年のCOP15（気候変動枠組条約第15回締約国会議）での先進国との対決，南シナ海での米海軍調査船に対する妨害と東南アジア諸国の漁船に対する取り締まり強化，10年の尖閣諸島での中国漁船衝突事件など，中国外交はそれまでの「韜光養晦」を基調とする国際協調から対外強硬姿勢に転換した。この背景には，2008年の世界金融危機をいち早く克服して世界経済のけん引役となった。同時にそれは，1990年代以降の中国における愛国主義の強調と，特殊利益集団（電力・交通・電信・エネルギーなど独占企業）や人民解放軍の動向に規定されていた。

2-❶　中国主要指数の世界順位の推移（1980-2018年）

指標	80	85	90	95	00	01	02	03	04	05	06	07	08	09	10	11	12	13	14	15	16	17	18
国内総生産(GDP)世界順位	11	8	11	8	6	6	6	6	6	4	4	4	3	3	2	2	2	2	2	2	2	2	2
1人あたりGDP世界順位	126	125	132	133	124	118	118	116	117	122	122	118	112	103	98	95	90	86	82	76	75	74	70
貿易額世界順位	26	11	15	11	8	6	6	4	3	3	3	3	2	2	4	3	1	1	1	1	1	1	1

2-❷　アジア太平洋地域における国際的枠組み

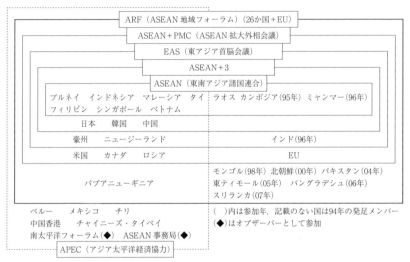

2-❸　周辺海域における中国の主な活動

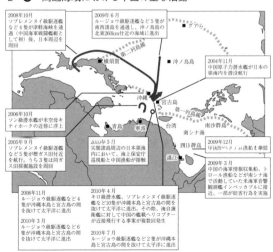

2 「三つの代表」と和諧社会の建設

ポスト革命時代　21世紀の中国は，革命社会からポスト革命社会に転換した。現行の1982年憲法はこれまで五度の改正が行われた（1988, 93, 99, 2004, 18年）。このうち99年改正では，「依法治国」と法治国家の建設を確認するとともに，「反革命活動」という文言を憲法の条文から削除した。さらに04年改正では，公民の合法的私有財産の不可侵や人権の保障を明示している。

「三つの代表」　一党統治の政治体制において，政治改革は党そのものの改革でもある。1980年代以来の経済発展の到達点としてWTOに加盟した2001年，中国共産党創立80周年にあたって，江沢民総書記は，先進的生産力，先進的文化，人民の根本的利益を代表する政党として中共を再定義した（「三つの代表」）。この「人民の根本的利益」には民間の企業経営者の利益も含まれ，かれらの入党を許容することになった。このことは，中共の労働者・農民の前衛党から「国民政党」あるいは包括政党への転換という方向を示していた。その後「三つの代表」論は，中共16全大会（02年）で「党規約」に，04年の憲法改正で「序言」に明記された。

和諧社会の建設　2002年に発足した胡錦濤（1942-）政権は経済発展とともに顕在化した社会格差に着目し，弱者の救済を重視する姿勢を打ち出した。03年，「人を根本とし，全面的，協調的，持続可能な発展をはかる」べきだと提起した（科学的発展観）。すなわち，都市と農村，沿海部と内陸部，経済成長と社会発展，発展と生態系，国内の発展と対外進出などの間の均衡のとれた発展をめざし，調和のとれた社会（和諧社会）の実現である。こうした観点から，三農（農業・農村・農民）問題解決のための投資の拡大，農業税廃止，出稼ぎ労働者の待遇改善，不法な土地収用の防止，省エネ・環境保護の推進，西部大開発や東北旧工業基地の振興，公平を重視した再分配制度の導入，社会保障制度の拡大，道徳教育の強化などの諸課題が設定された。

村民委員会　1989年の天安門事件のあと政治改革がおしなべて停滞したなかで，民主的な選挙による村民委員会の選出が推進された。村民委員会の公正な運用がどのように担保されるのかという問題とともに，直接選挙で選出された村民委員と党の村支部書記の関係については，党と選挙という2つの正統性の緊張関係と調整が求められている。同時に，社会の基層から始まった民主選挙が徐々に上級機関に波及することが期待された。しかし一部で郷長選挙などの実験が行われたものの，現時点では広範な展開をみせていない。

2-❹　中国共産党組織図（2017年）

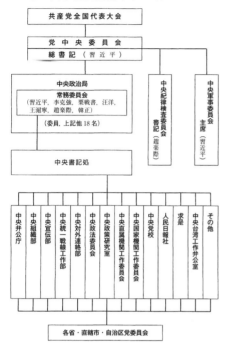

```
共産党全国代表大会
    │
党 中 央 委 員 会
総 書 記（習近平）
    │
┌─────────────┬──────────────┬──────────────┐
中央政治局        中央紀律検査委員会    中央軍事委員会
常務委員会          書記（趙楽際）      主席（習近平）
（習近平，李克強，栗戦書，汪洋，
王滬寧，趙楽際，韓正）
（委員，上記他18名）
    │
中央書記処
    │
┌──┬──┬──┬──┬──┬──┬──┬──┬──┬──┬──┬──┬──┐
中央弁公庁
中央組織部
中央宣伝部
中央統一戦線工作部
中央対外連絡部
中央政法委員会
中央政策研究室
中央直属機関工作委員会
中央国家機関工作委員会
中央党校
人民日報社
求是
中央台湾工作弁公室
その他
    │
各省・直轄市・自治区党委員会
```

2-❺　中国国家機関組織図（2018年）

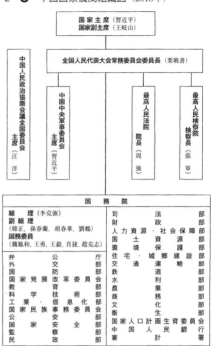

```
国家主席（習近平）
国家副主席（王岐山）

中国人民政治協商会議全国委員会　主席（汪洋）

全国人民代表大会常務委員会委員長（栗戦書）
    │
┌────────────┬──────────────┬──────────────┐
中国中央軍事委員会      最高人民法院      最高人民検察院
主席（習近平）        院長（周強）      検察長（張軍）

国 務 院
総 理（李克強）
副 総 理（韓正，孫春蘭，胡春華，劉鶴）
国務委員（魏鳳和，王勇，王毅，肖捷，趙克志）

外交部　司法部　国防部　財政部　公安部　人力資源・社会保障部　教育部　国土資源部　科学技術部　環境保護部　工業・情報化部　住宅・城郷建設部　国家民族事務委員会　交通運輸部　国家信息総局　水利部　公安部　農業部　国家安全部　商務部　国家監察部　文化部　国家衛生・計画生育委員会　人口計画　中国人民銀行　審計署
```

2-❻　中国共産党の党員数

1997（15回大会）：5900万人
2002（16回大会）：6400万人
2007（17回大会）：7300万人
2010　　　　　：8000万人
2017　　　　　：8950万人

2-❽　河南省許昌県のある村での村民委員会選挙

2-❼　中華人民共和国憲法の改正

1982年公布・施行（1988, 1993, 1999, 2004, 2018年に修正）
【1999年改正】「鄧小平理論」を挿入（前文）；中華人民共和国は依法治国を実行し，社会主義法治国家を建設する（第5条）；法律範囲内での固体経済・私営経済などの非公有制経済は社会主義市場経済の重要な構成部分である（第11条）；「反革命活動」を「国家の安全に危害を加える活動」に訂正（第28条）
【2004年改正】「三つの代表」（社会主義事業の建設者）を挿入（前文）；土地収用の際の補償（第10条）；非公有制経済の合法的権利と利益の保護（第11条）；公民の合法的私有財産の不侵犯（第13条）；経済発展水準に応じた社会保障制度（第14条）；人権の保障（第33条）
【2018年改正】「習近平による新時代の中国の特色ある社会主義思想」，胡錦濤の「科学的発展観」を挿入（前文）；国家主席，国家副主席の任期制限を撤廃；国家監察委員会の新設

＊村民委員会組織法（1998施行）：18歳以上の村民による直接選挙→村民委員会主任・委員を選出（情報公開，村自治・行政の透明化）a. 農業税廃止（付加税としての費用徴収ができなくなる）；b.「一事一議の手続き」（プロジェクトごとに徴収額・徴収方法を決定する）

3　習近平政権と「中国の夢」

薄熙来事件と反日デモ　2012年3月の薄熙来（はくきらい）（1949-）・重慶市党委員会書記（政治局員）の失脚および尖閣諸島国有化を契機として各地で起こった9月の反日デモは，21世紀の中国政治が1つの転換点にあることを示していた。10年にわたる胡錦濤（こきんとう）の執政を誰が継承するのかという権威主義体制下におけるポスト鄧小平（とうしょうへい）政治の課題とともに，日中関係もまた1972年の国交正常化以来，最も厳しい局面を迎えた。1990年代の全面的市場化のもとで不足の経済を脱却した中国は，21世紀の急速な経済発展によって2010年には世界第2の経済大国となった。この間，モータリゼーションと高速道路・鉄道網の拡大や携帯電話の普及によって，政府と社会の関係が新たな質を有するようになった。2012年10月の中共18全大会によって習近平（しゅうきんぺい）（1953-）新指導部が発足した。

腐敗撲滅キャンペーンと社会の管理　習近平政権は徹底した「腐敗撲滅」と貧困地域に巨額を投じる大規模開発によって人々の支持を獲得するとともに，国境で遮断されたネット空間における政治批判を封じる情報統制によって，習近平に対する権力集中を図った。同時に，電子決済によるキャッシュレス化にみられるようなIT技術を活かしたイノベーションは，人々の生活に顕著な変化を招来した。

　中共18全大会は，中国社会主義の指導力・先進性を示す「社会主義核心価値観」を12の標語で定義した。現在中国の街角のいたる所で見られるこれらの標語──①国家が目標とすべき価値：富強，民主，文明，和諧；②社会面で大事にすべき価値：自由，平等，公正，法治；③1人ひとりが守るべき価値：愛国，敬業，誠信，友善──は，急速な経済発展がもたらした日常生活での利便性や快適さとともに，異議申し立てに対する不寛容が併存するありようを政府の側から宣揚しようとしたものである。

「一帯一路」と「二つの100年」　習近平は，2021年の中共結党100周年における全面的な「小康」社会の実現と，2049年の人民共和国100周年に総合国力で米国と肩を並べる社会主義強国の実現をめざすという「中国の夢」を掲げ，中国とヨーロッパを陸路と海路で結び，緩やかな経済協力関係の構築をめざす国家戦略たる「一帯一路」構想を提起した。21世紀中国におけるグローバル大国化と社会格差の顕在化は，いずれも鄧小平が提唱した「先富論」がもたらした必然的帰結であったということができる。この点からすれば，習近平が掲げる「二つの100年」は，改革開放を先導した鄧小平の遺産をふまえてどのような将来を展望しうるのかという課題に対する1つの解答であった。2017-18年，中共19全大会と全人代は，「習近平の新時代中国的特色を有する社会主義思想」を党規約と憲法序文に明記した。

2-❾ 「T字型発展戦略」構想と上海の地下鉄網

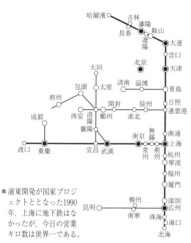

＊浦東開発が国家プロジェクトとととなった1990年，上海に地下鉄はなかったが，今日の営業キロ数は世界一である。

2-❿ 中国の高速鉄道網

2-⓫ 中国の高速道路網

2-⓬ 2012年，反日デモ

＊尖閣国有化に起因して中国全土で反日デモが発生，毛沢東像が掲げられた。(→265頁)

3 階層分化と社会意識の変化

1 階層分化の21世紀段階

市場経済化と格差の拡大

　中国共産党は資産階級（ブルジョアジー）と無産階級（プロレタリアート）の格差を根絶すべく社会主義国家を建設したが，市場経済化以来，階級パラダイムは大きく変化した。陸学芸（1933-2013）らが「階級」に代わって「階層」概念を提示したほか，共産党の「三つの代表」論も階級論との決別という点で画期となった（→244頁）。だが，市場経済化の進展は階層間や地域間の格差の増大をもたらした。都市と農村の格差は，所得のほか産業・文化・生活環境・教育・情報アクセス・平均寿命など幅広い。21世紀には都市住民の多くは物質的豊かさを享受し，自家用車や旅行など各種消費が爆発的に成長している。しかし他方，都市部にも貧困層が存在する。都市近郊農村が都市化の波に呑みこまれてインナーシティ（城中村）が出現し，非正規労働者や農民工の集住地区となるが，劣悪な居住環境が問題である。都市住民と農民工の格差も大きく，なかでも農民工の子女がこうむる教育面の格差は貧困の再生産というリスクをはらむ。開発による土地収用で農地を失い，自活の手段を奪われた「失地農民」の問題も深刻である。

「平等」，競争，「不平等」

　毛沢東（1893-1976）の時代には，皆が貧しさを分かちあう「結果の平等」が追求されたが，反面，出身階級による差別，統一職業分配など「機会の不平等」が制度化された。改革・開放期には競争原理の導入で「機会の平等」が実現したかにみえるが，逆に競争の過程で有力な人脈が求められる現象もある。つまり，「結果の平等」が放棄されたうえに「機会の平等」も実現していない。また，競争は経済と社会の活性化のためには必要であったが，勝者・強者に価値をおくあまり，社会の多様な成員が共生する可能性を軽視してもいる。たとえば，労働市場において出産や育児を「非効率」とする論理はむき出しの女性差別を助長し，農村では出稼ぎの留守をあずかる女性の自殺率が突出して高い。

「新世代農民工」とその苦境

　80年代に出現した農民工（→216頁）は，40年余りを経て，次の世代に交代しつつある。新世代の農民工は，故郷である農村や生業としての農業に必ずしも帰属意識を抱かず，都市の若者に近い生活体験や価値観をもつ。故郷に錦を飾るため出稼ぎの苦労をしのんだ親世代とは違い，都市での成功をめざし，情報リテラシーや権利意識は親世代に勝るが，成功への道半ばにあっては農民でも都市住民でもない寄る辺なき立場に悩んでもいる。21世紀に入って労働争議・労働災害・労働者の自殺等が増加し，かれら新世代農民工はその厳しい状況に直面している。

3-❶　都市・農村消費水準比較（1978-2017年）

年	金額（元）			都市/農村
	国民全体	都市住民	農村住民	
1978	184	405	138	2.9
1980	238	490	178	2.7
1985	440	750	346	2.2
1990	831	1,404	627	2.2
1995	2,330	4,769	1,344	3.5
2000	3,721	6,999	1,917	3.7
2005	5,771	9,832	2,784	3.5
2010	10,919	17,104	4,941	3.5
2015	19,397	27,210	9,679	2.8
2017	22,902	31,032	11,704	2.7

3-❷　100世帯あたり保有台数推移（2000-17年）

年	自家用車		携帯電話	
	都市	農村	都市	農村
2000	0.5	—	19.5	4.3
2005	3.4	—	137.0	50.2
2010	13.1	—	188.9	136.5
2011	18.6	—	205.3	179.7
2012	21.5	—	212.6	197.8
2013	22.3	9.9	206.1	199.5
2014	25.7	11.0	216.6	215.0
2015	30.0	13.3	223.8	226.1
2016	35.5	17.4	231.4	240.7
2017	37.5	19.3	235.4	246.1

3-❸　中国国内旅行客数の推移（2001-17年）

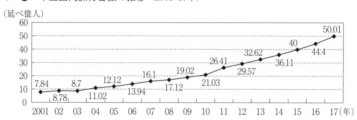

（延べ億人）

3-❹　中国からの出国者数推移（2001-17年）

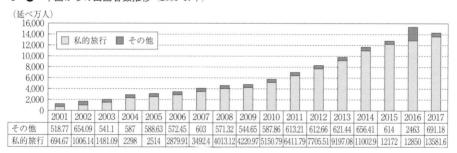

（延べ万人）

	2001	2002	2003	2004	2005	2006	2007	2008	2009	2010	2011	2012	2013	2014	2015	2016	2017
その他	518.77	654.09	541.1	587	588.63	572.45	603	571.32	544.65	587.86	613.21	612.66	621.44	656.41	614	2463	691.18
私的旅行	694.67	1006.14	1481.09	2298	2514	2879.91	3492.4	4013.12	4220.97	5150.79	6411.79	7705.51	9197.08	11002.9	12172	12850	13581.6

3-❺　農民工博物館（広東省広州市）

＊2012年開館。

2 「人権」概念の21世紀的展開

人権論の「中国化」：近代以降のプロセス

中国では1915年以降，「個人主義」「個性の解放」「独立自由」などを推進する新文化運動が勃興した（→78頁）。西洋起源の「天賦人権説」に立脚するこの運動は，しかし程なく命脈を絶たれる。代わって人権論の中心を占めたのは「救亡図存」論，つまり中国の「危亡」を救い「自存」を図ることをより重視する考えであった。人権論の「中国化」といえる。

時代は下り，1989年の天安門事件における武力制圧を人権侵害だとして欧米が厳しく批判した。中国はこれに対し，イギリスが清を攻撃したアヘン戦争を例に反論した。鄧小平（1904-97）は「西側諸国は我々が人権を侵害したと言うが，その実，彼らこそが人権を侵害してきた」「彼らに人権を語る資格はない」「国権は人権より一層重要である」などと述べ，「救亡図存」論との連続性がみられる。

21世紀の権利論の諸相

現在，広義の個人の権利は，市場経済化の影響のもと，次のような複雑な諸相をもつと考えられる。①西洋的概念と共通する「天賦の人権」。②政府当局のいう「中国的人権」。たとえば，生存権を人権とみなす考え。③政府の統治・管理と対立する権益。たとえば，開発事業にともなう土地収用や立ち退きをめぐって住民が居住権などを主張する際の根拠。④消費者としての権利意識。商品経済の発展にともない，「お客様は神様」の認識が浸透した。また受益者負担の増大と呼応し，負担に見合う対価を求める意識も高まった。⑤物品や資産の所有権。憲法改正（2004年）や物権法制定（2007年）を制度的根拠とする。

③は①と④の中間に位置して両者の要素を帯びる。また，物質的経済的権利である④⑤が普遍的権利としての①にしばしば優先しているようにみえる。さらに，①と②の間の距離がNGO（→252頁）の誕生をもたらしたともいえる。

こう考えると，「人権とは天賦の権利か，国家が国民に与える権利か」という問いは，現在もなお有効であろう。グローバリゼーションや中国社会の変化とともに，国権が個人の権利に優先する論理は揺らぎつつある。だが，個人の普遍的権利は自立した個人の存在を前提とする。かつて国家と人民が「統治・管理－依存」の関係にあった社会主義制度下の精神構造（→172頁），あるいは皇帝に民が依存した伝統中国の精神構造との連続性を，現在の中国は依然有するともいえ，この点が今後の人権論の鍵を握る。

社会的弱者の損なわれた権利と尊厳を擁護して法に基づき救済を図る少数の法律家は，国外で「人権派弁護士」と呼ばれる。「自立した個人」の確立にとって重要な存在だが，この数年，かれらが国家政権転覆扇動罪などの理由で当局に拘束される事件が頻発し，中国の人権のゆくえが憂慮される。

3-❻ 「顧客は神様」ポスター

3-❼ 北京のスラム（2006年2月）

＊北京市朝陽区十八里店・弘善寺社区。推定約5万人が居住
していたが，06年春より段階的にクリアランス（取り壊
し・立ち退き）が進められ，07年夏にはすべて完了した。

3-❽ 人権派弁護士

3-❾ 立ち退き

3-❿ 陳情

3　NGO（社会組織）の出現と課題

NGO の歴史　結社の起源は秦以前にさかのぼるといわれる。伝統社会に結社は存在したが，結社の自由はなく，秘密結社が数多く活動した。

　現代的文脈の NGO（中国語で社会組織）が普及したのは1990年代以降である。最初の草の根 NGO は1994年設立の環境保護団体「自然之友」で，この分野の公共性，政治的敏感度の低さ，政府の理念との一致などゆえ，環境分野の団体が多数誕生した。その後，社会的弱者支援，コミュニティ支援など，NGO は多様な分野で急増している。

官製 NGO と草の根 NGO　国の民政部門に登記した社会組織を「官製 NGO」「法定NGO」と呼ぶ。これらは政府に直接管理され，政府の一部門に近い性格を帯びる場合もある。この登記をしない団体は「草の根 NGO」と呼ばれ，NGO の本来的性質である非政府性がより強い。政府の資金援助を受けられるのは官製NGO のみである。草の根 NGO の数に関する統計はないが，2004年前後の時点で800万団体を超えるという説もある。登記しない団体が多い理由は，登記に求められる基準が厳しいためで，なかでも主管単位（当該 NGO を管轄しその活動に責任を負う政府・準政府機関）の審査と同意を得ることは，大半の草の根 NGO にとって相当に困難である。そこで，既存の登記済み団体の内部団体として登記したり，企業として工商登記をしたりするほか，登記を行わない例が多い。

NGO の展開と課題　とはいえ，NGO にとって政府との関係は重要である。草の根NGO は「政治的に危険ではない」ことをアピールして政治的合法性の確保を図るほか，人脈を駆使して国家的権威とつながりをもつことで一定の行政的合法性を得ようとする。官僚や学識者からなる「顧問団」の設置はその典型であろう。

　資金調達も切実な課題である。草の根 NGO の主な資金源は創立者らの寄付と海外からの助成金だが，持続的発展のためにはビジネス（社会的起業）の手法を要する。また，成功した草の根 NGO は，いわゆるカリスマ創立者の個人的資質や知名度，政府当局との人脈などに頼るところが大きい。リーダーの属人性に依存しすぎない組織運営が求められる。

海外 NGO の規制　2017年に「海外 NGO 国内活動管理法」（中文：境外非政府組織境内活動管理法）が施行された。海外 NGO は，政府の監視・批判を含む唱道・政策提言（アドボカシー）役割を重視するが，同法はこうした団体の中国国内での活動に対する管理を強化する趣旨である。中国の法律遵守義務のほか，中国の国家統一・安全・民族の団結に危害を及ぼすことの禁止などが定められた。特に民主化・人権・民族・宗教などの分野で活動を展開してきた海外 NGO が，今後中国での活動を縮小あるいは停止することが危惧される。

3-⓫　官製（法定）NGO 団体数推移（2000-17年）

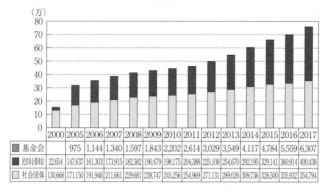

	2000	2005	2006	2007	2008	2009	2010	2011	2012	2013	2014	2015	2016	2017
■ 基金会	975	1,144	1,340	1,597	1,843	2,202	2,614	3,029	3,549	4,117	4,784	5,559	6,307	
■ 民弁非企業単位	22,654	147,637	161,303	173,915	182,382	190,479	198,175	204,388	225,108	254,670	292,195	329,141	360,914	400,438
□ 社会団体	130,668	171,150	191,946	211,661	229,681	238,747	245,256	254,969	271,131	289,026	309,736	328,500	335,932	354,794

3-⓬　官製 NGO と草の根 NGO の性質の違い

	官製 NGO	草の根 NGO
合法律性	○	○ または×
政治的正当性	○	× 一部のみ○
社会的正当性	×	×
価値規範的正当性	×	○

3-⓭　NGO の法的地位による分類

法定 NGO 〔 ・社会団体　・基金会　・民弁非企業単位 〕社会団体法人

草の根 NGO 〔 ・工商登記（企業として登記している組織）
・法人格なし 〔・社区公益性組織（コミュニティで活動する公益組織）
・農村非営利組織（農村の各種互助組織，組合）
・付属組織（独立性をもたずに，既存の組織に付属した組織） 〕〕

準 NGO 〔 ・民営化された「事業単位」（計画経済下で社会サービスの機能を担ってきた国営組織）
・住宅オーナー委員会，ネット上のアソシエーションなどの新しいタイプの組織

その他　　　政治性／宗教性組織，宗族組織，農村村民委員会，都市居民委員会

3-⓮　NGO の組織の性質と体制による分類

共益型——会員制組織 〔 ・経済性団体（業界の協会，商会，職業団体，労働組合）
・社会性団体（学会，同窓会，愛好会，趣味のサークル）
・互助組織 〕 ※このうち民政部門に登記できたものが「社会団体」

公益型 〔 会員制公益型組織　※うち，民政部門に登記できたものが「社会団体」
非会員制公益型組織 〔 ・基金会　※すべてが法定 NGO
・社会サービスを提供する事業
（民間の学校，営利目的ではない病院，研究所，文化会館，福祉機構など） 〕 ※このうち民政部門に登記できたものが「民弁非企業単位」 〕

3-⓯　海外 NGO 国内活動管理法（抜粋）

（2017年 1 月 1 日施行）

第 2 条　本法律が適用される海外 NGO は，海外で合法的に設立された財団，社会団体，シンクタンク等の非営利の民間組織である。

第 5 条　海外 NGO が中国国内で活動する際は中国の法律を順守し，中国の国家統一・安全・民族団結に危害を及ぼしてはならず，中国の国家利益・社会の公益・公民と法人その他組織の合法的権益を侵害してはならない。中国国内で営利活動・政治活動への従事または資金援助を行ってはならず，また宗教活動への不法な従事または資金援助を行ってはならない。

第10条　代表機構の設立登記ができるのは，(1)海外で合法的に設立され，(2)独立して民事責任を負うことができ，(3)定款に定める目的と業務範囲が公益事業の発展に役立ち，(4)海外で 2 年以上実質的な活動を行い，(5)その他関係法に定める条件を満たす NGO である。

第11条　海外 NGO が代表機構の設立登記を申請するにあたっては，業務主管部門の同意を得なければならない。

第24条　海外 NGO は中国の統一会計制度を実施しなければならず，財務会計報告は中国国内の会計事務所による監査を受けなければならない。

4 21世紀の台湾・香港

1 台湾：二大政党制状況の形成

「脱中国」対「親中国」路線

2000年，民進党の陳水扁（ちんすいへん）（1950-）が総統に当選した。台湾初の本省人かつ「台湾独立」派の総統である。民進党は立法院（国会）の少数与党であったが，陳は「台湾化（脱中国化）」を進め，中華民国のパスポートに "TAIWAN" の標記を加えた。僅差で再選された2期目（2004-08）には，台湾政治は不安定さを増した。中国は陳の路線を批判し，2005年3月に「反国家分裂法」を制定して，台湾の独立主張に対する武力行使を示唆した。野党・国民党は，北京政府との関係を実績として国民に訴えた。財界は対中ビジネス重視の立場から国民党支持の傾向が強い。陳水扁はのちに経済面の失策と本人・家族の汚職で失脚した。

2008年から16年までの2期は，国民党の外省人・馬英九（ばえいきゅう）（1950-）が総統になった。馬は「一つの中国」を掲げて現状維持路線をとり，対中関係と国内政治の安定を重視した。

ひまわり運動

中台の両政府は2010年に「経済協力枠組み協定（ECFA）」を締結し，2013年6月には具体化協議の1つ「海峡両岸サービス貿易協定」に調印した。双方の市場開放・貿易自由化を促進するものだが，台湾では経済や安全保障の脅威となるとして反対論が噴出した。2014年3月18日，反対派の学生300人ほどが国会議事堂に相当する立法院の議場を占拠した。これを機に展開した運動は大規模化し，シンボルとなった花にちなみ「ひまわり運動」と呼ばれる。運動の結果，2019年11月現在，同協定は発効にいたっていない。

2016年には民進党の蔡英文（さいえいぶん）（1956-）が総統に当選し，台湾初の女性総統となった。このように，21世紀の台湾では民進・国民両党の間で8年ごとに政権が交代し，二大政党制の状況が出現した。親民進党陣営は緑色を，親国民党陣営は青をシンボルとし，国政・地方選挙のたびに全土が2色に塗り分けられる選挙戦が展開する。

近年の台湾は，環境保護・反原発などの分野で意識の高さが顕著である。2019年5月には，同性の婚姻を認める法案がアジアで最初に成立した。

国際機関への参加要求

国連脱退以降，台湾は主要な国際機関にメンバーシップをもたない。中華人民共和国が台湾の主権国家としての加盟を承認しないためである。しかし台湾は国際機関への加盟を模索し続け，APEC（アジア太平洋経済協力会議）に「地域経済体」として，WHO（世界保健機関）にオブザーバーとして参加している。WTO（世界貿易機関）には2002年，「台湾・澎湖・金門・馬祖個別関税領域」との名称で加盟した。

4-❶ 台湾総統選挙・候補者別得票数と得票率（2000-16年）

	民進党	国民党	その他野党，無所属		
2016年 得票数 得票率	蔡英文【当】 6,894,744 56.1%	朱立倫 3,813,365 31.0%	宋楚瑜（親） 1,576,861 12.8%		
2012年 得票数 得票率	蔡英文 6,093,578 45.6%	馬英九【当】 6,891,139 51.6%	宋楚瑜（親） 369,588 2.8%		
2008年 得票数 得票率	謝長廷 5,444,949 41.6%	馬英九【当】 7,659,014 58.4%			
2004年 得票数 得票率	陳水扁【当】 6,471,970 50.1%	連　戦 6,442,452 49.9%			
2000年 得票数 得票率	陳水扁【当】 4,977,737 39.3%	連　戦 2,925,513 23.1%	宋楚瑜（無） 4,664,932 36.8%	許信良（無） 79,429 0.6%	李敖（新党） 16,782 0.1%

4-❷ 台湾住民のアイデンティティ推移（1992，1994-2017年）

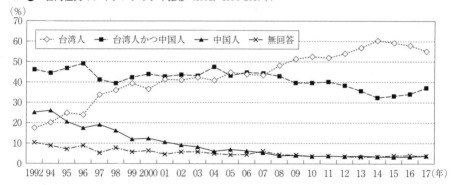

4-❸ WTO ウェブサイトにおける台湾の紹介

2 香港：「一国二制度」下の緊張関係

特別行政区と中国　　1997年7月1日，香港の主権がイギリスから中国に返還され，香港は中華人民共和国香港特別行政区（香港特区）となった。

大方の予想に反し，返還当初10年ほどの中国・香港関係は良好であった。両者を引き離す遠心力と結びつける求心力のうち，「香港の繁栄と安定」という目標を中央政府・香港政府・香港市民が共有しえたことで求心力が増したと考えられる。

だが，中国に対する香港市民の警戒が消失したわけではない。2002年に香港基本法第23条（国家転覆活動の禁止条項）立法化への反対が起き，03年7月1日には50万人規模のデモが行われた。2010年代になると遠心力が強まる。中国本土の観光客や出産をもくろんで香港入りする妊婦が香港市民の生活空間と資源を蚕食するとの非難に続き，「国民教育科」必修化に反対する反国民教育運動（2012），普通選挙の実施方法に抗議する雨傘運動（2014），逃亡犯引渡し条例に反対する反送中運動（2019）が起きた。

香港基本法は特区の運営の大枠のみを定め，細部については全人代常務委の解釈に決定を委ねる。全人代常務委は基本法解釈を5回行っているが，この過程で香港に約束されたはずの「高度の自治」が侵されているとの批判がある。

遠い民意　　普通選挙の実現は香港の重要な政治課題である。中央政府は2007年（行政長官選挙）・08年（立法会議員選挙）の普選導入を示唆していたが，2004年に全人代常務委が基本法解釈を行ってこれを否定し，市民を失望させた。その後，全人代常務委は2017年の行政長官選挙について普選の実施を認めたが，2014年8月31日に出た「普選実施決定」は親中派以外の立候補が事実上不可能な内容であり，「偽りの普選」だとして市民の激しい反発を招いた。9月28日から市街で学生・市民の大規模な抵抗運動が起き，警官隊の催涙ガスを防ごうと用いられた傘にちなみ「雨傘運動」と呼ばれた。香港政府は選挙制度を管轄する立場にないため無力であり，中央政府は「民意を反映した真の普選」要求を一顧だにせず，79日間続いた雨傘運動はゼロ回答に終わった。

これに前後して，香港には第3の政治勢力が生まれた。「本土自決派」と総称され，香港人による自己決定を訴える「自決派」，「香港は中国と別個な存在」と強調する「本土派」，中国からの離脱・独立をとなえる「独立派」を含む。かれらの主張は，一国二制度を前提に民主化をめざす既存民主派の路線とは異なり，中国を祖国とみなす立場自体を共有しない。少数派であれ，こうした勢力の登場は瞠目に値する。

反送中運動は2019年6月から続き，11月現在，混迷の一途をたどる。警察の暴力的な取り締まりが激しい反発を呼び，一部運動側の過激化を招いた。社会の亀裂は深まり，香港市民－香港政府－中央政府の関係は主権返還以来最も危険な状態にある。

4-❹　香港特別行政区・歴代行政長官と選出方法

期	代	氏名(任期)	選出方法
1	1	董建華 (1997-2005)	香港地区の全人代代表・政協委員と香港特別行政区準備委員会（全人代常務委員会が任命）から選ばれた400名の推薦委員会が推薦し，中央政府が任命。
2	代行	曽蔭権 (2005)	董建華の辞任に伴い，基本法の規定に基づき政務司司長・曽が行政長官代行に就任。その後，後任行政長官に立候補のため辞任。
	代行	唐英年 (2005)	曽蔭権が行政長官立候補により政務司司長・行政長官代行を辞任したため，一時的に代行に就任。
	2	曽蔭権 (2005-07)	補欠選挙にて選出（全人代の基本法解釈により，通常任期の5年ではなく前長官の余剰期間が任期とされた）。
3		曽蔭権 (2007-12)	定数800名の選挙委員会（業界・職能団体代表，政界などで構成）が選出し，中央政府が任命（全人代の基本法解釈[2004年]により普通選挙を実施せず）。
4	3	梁振英 (2012-17)	定数1200名の選挙委員会（業界・職能団体代表，政界などで構成）が選出し，中央政府が任命（立候補には選挙委員100名以上の推薦を要する。親中派以外の立候補は困難）。
5	4	林鄭月娥 (2017-現在)	全人代常務委「普選実施決定」に基づく香港政府案を立法会が否決（2015.6.18）。普通選挙を実施せず。

＊任期5年，1回のみ再選可能。

4-❺　雨傘運動

＊座り込みのテント。「資質高き香港人がんばろう」2014年10月12日。

4-❻　反送中運動

＊「香港を取り戻せ　時代の革命だ」2019年10月1日。

4-❼　全人代常務委の香港基本法解釈(1997-2017年)

年月日〈テーマ〉	解釈名称	採択会議
1999.6.26 〈移民〉	香港基本法22条4項および24条2項3号に関する解釈（居留権事件に関する解釈）	第9回全国人民代表大会常務委員会第10回会議
2004.4.6 〈民主化〉	香港基本法付属文書1の7条および付属文書2の3条に関する解釈（行政長官および立法会の普通選挙に関する解釈）	第10回全国人民代表大会常務委員会第8回会議
2005.4.27 〈民主化〉	香港基本法53条2項に関する解釈（行政長官の任期に関する解釈）	第10回全国人民代表大会常務委員会第15回会議
2011.8.26 〈中国のアフリカ投資〉	香港基本法13条1項および19条に関する解釈（コンゴ事件に関する解釈）	第11回全国人民代表大会常務委員会第22回会議
2016.11.7 〈民主化〉	香港基本法104条に関する解釈（立法会議員宣誓事件に関する解釈）	第12回全国人民代表大会常務委員会第24回会議

4-❽　本土自決派の主な政治団体

分類	自決派	本土派	独立派
特徴	・リベラル ・グローバル（世界標準） ・エリート ・非暴力不服従	・香港ナショナリズム ・ローカル ・反エリート ・武闘派	・中国からの離脱，独立
主な団体 (成立年)	香港衆志(2016) 小麗民主教室(2014) 土地正義連盟(2011)	本土民主前線(2015) 青年新政(2015) 熱血公民(2012)	香港民族党(2016)

4-❾　香港市民の中央政府に対する信任度（1993-2019年）

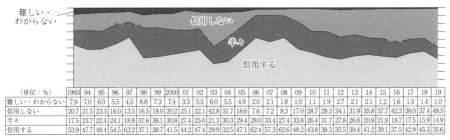

(単位：%)	1993	94	95	96	97	98	99	2000	01	02	03	04	05	06	07	08	09	10	11	12	13	14	15	16	17	18	19
難しい・わからない	7.9	7.0	6.0	5.5	4.5	8.8	7.3	7.4	3.3	5.5	6.0	5.5	4.9	2.0	2.1	1.8	1.0	1.1	5.9	4.0	1.8	1.0	1.5	1.4	1.0
信用しない	20.7	21.5	23.3	16.0	13.5	16.5	18.0	20.2	25.1	22.1	42.8	31.7	18.6	7.6	7.2	8.3	17.0	28.7	28.2	34.1	31.9	35.8	37.7	42.2	38.0	37.4	48.5
半々	17.5	23.7	22.4	24.1	18.8	37.6	36.1	30.8	27.4	25.0	21.3	30.3	29.4	28.0	33.4	27.4	33.8	26.4	31.7	27.8	26.6	20.9	21.9	18.7	17.5	15.9	14.9
信用する	53.9	47.7	48.4	54.5	63.2	37.1	38.7	41.5	44.2	47.4	29.9	32.5	47.1	62.4	57.3	62.6	48.2	43.8	35.5	39.4	41.2	39.1	37.5	42.0	45.3	35.6

3 台湾・香港の経済と大陸との関係

中国経済との結びつきを強める台湾企業　21世紀に入り，特に民進党政権のもとで政治的には中国とのあつれきが強まるものの，経済面では製造業の積極的な対中投資をはじめ，台湾企業の中国との結びつきは強まっている。21世紀に入ると半導体受託製造メーカーや液晶パネルメーカーの投資も本格化するなど，投資対象となる産業の高度化が進んだほか，サービス業の投資も増加しつつある。台湾の対中輸出額は2000年の255億米ドルから16年には1401億米ドルへと5.5倍に拡大，台湾の対中輸入額は同期間中に62億米ドルから440億米ドルへと7.1倍に拡大した。台湾企業の対中直接投資認可額も00年の26億ドルから11年には131億ドルに増加している（その後はやや減少）。2010年に台湾の馬英九政権は，中国と台湾相互で多くの品目を関税撤廃の対象とする ECFA（両岸経済協力枠組み協定）を中国と結んだ。しかし，2013年に締結された海峡両岸サービス貿易協定に関しては，市民や学生の反発が強く，いまだ批准されていない。その後，政権の座についた民進党の蔡英文は，対中経済依存への警戒感からASEAN 10か国，南アジア6か国，オーストラリア，ニュージーランドとの間で，経済，文化・教育など多様な分野で双方向の交流を深めようとする「新南向政策」を志向している。

香港：物流と金融のセンター　中国の経済大国化，特に21世紀に入ってからの高度経済成長と貿易・投資活動の活発化にともない，実体経済の面において，香港の相対的地位は低下しつつある。まず，中国の港湾・航空インフラの整備にともない，海運・航空貨物等の「中継地」としての香港の地位は次第に低下した。また国際金融センターとしての機能にしても，香港証券取引所の2015年末における株式市場時価総額は3兆1514億米ドルと，上海証券取引所の4兆5267億米ドルに水をあけられている。

　とはいえ，国際基準の法規・制度，多くの会計事務所や法律事務所の存在，金融分野の高スキル人材を輩出する教育システム，完全に自由な資本取引制度など，金融センターに必要なソフト・インフラでは香港が上海をリードしている。また，2009年以降には，いち早くオフショア市場が設置され，上海・香港株式・債券市場間の相互乗り入れ制度が導入されるなど，資本市場の自由化ならびに人民元国際化の実験場としての香港の役割には新たに注目が集まっている。2017年3月に中国政府は珠江デルタ9都市と香港・マカオを含むベイエリアを一大都市圏に発展させる「粤港澳大湾区都市群発展計画」構想を提起している。今後も，香港経済は中国経済との結びつきを強めながら，独自の存在感を示していくことが期待される。

4-❿ 香港と台湾の産業構造

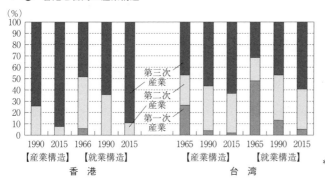

【産業構造】【就業構造】 香港　　　　【産業構造】【就業構造】 台湾

＊香港では鉱業は第一次産業に含めている。

4-⓫ 台湾の対中貿易依存度

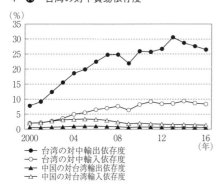

- ●— 台湾の対中輸出依存度
- ○— 台湾の対中輸入依存度
- ▲— 中国の対台湾輸出依存度
- △— 中国の対台湾輸入依存度

4-⓭ コンテナ取扱量上位の港湾（単位：万 TEU）

	1990年		2000年		2013年	
1	シンガポール	522	香港	1,810	上海	3,362
2	香港	510	シンガポール	1,704	シンガポール	3,224
3	ロッテルダム	367	プサン	754	深圳	2,328
4	高雄	349	高雄	743	香港	2,235
5	神戸	260	ロッテルダム	628	プサン	1,769
6	プサン	235	上海	561	寧波	1,735
7	ロサンゼルス	212	ロサンゼルス	488	青島	1,552
8	ハンブルグ	197	ロングビーチ	460	広州	1,530
9	ニューヨーク	187	ハンブルグ	425	ドバイ	1,364
10	基隆	183	アントワープ	408	天津	1,301

4-⓬ 香港・マカオ・広東省を結ぶ港珠澳大橋

参考文献・史料

天児慧『中華人民共和国史［新版］』岩波新書，2013年。

上原一慶『民衆にとっての社会主義─失業問題からみた中国の過去，現在，そして行方』［シリーズ中国にとっての20世紀］青木書店，2009年。

ヴォーゲル，エズラ・F・（益尾知佐子・杉本孝訳）『現代中国の父 鄧小平』（上・下）日本経済新聞出版社，2013年。

梶谷懐『現代中国の財政金融システム─グローバル化と中央・地方関係の経済学』名古屋大学出版会，2011年。

梶谷懐『日本と中国経済─相互交流と衝突の100年』ちくま新書，2016年。

梶谷懐『中国経済講義─統計の信頼性から成長のゆくえまで』中公新書，2018年。

梶谷懐・藤井大輔編『現代中国経済論（第2版）』ミネルヴァ書房，2018年。

加藤弘之・陳光輝『アジア長期経済統計12 中国』勁草書房，2002年。

加藤弘之・久保亨『進化する中国の資本主義』岩波書店，2009年。

加茂具樹・林載桓編著『現代中国の政治制度─時間の政治と共産党支配』慶應義塾大学出版会，2018年。

久保亨『社会主義への挑戦─1945-1971』［シリーズ 中国近現代史④］岩波新書，2011年。

倉田徹『中国返還後の香港』名古屋大学出版会，2009年。

倉田徹・張彧暋『香港』岩波新書，2015年。

高文謙（上村幸治訳）『周恩来秘録─党機密文書は語る』（上・下）文芸春秋，2007年。

周婉窈（濱嶋敦俊監訳ほか）『図説台湾の歴史（増補版）』平凡社，2013年。

世界銀行『世界開発報告2009：変わりつつある世界経済地理』一灯社，2008年。

高原明生・前田宏子『開発主義の時代へ─1972-2014』［シリーズ 中国近現代史⑤］岩波新書，2014年。

土屋英雄『中国の人権と法』明石書店，1998年。

西村成雄・小此木政夫『現代東アジアの政治と社会』財団法人放送大学教育振興会，2010年。

沼崎一郎『台湾社会の形成と変容』東北大学出版会，2014年。

服部龍二『日中国交正常化─田中角栄，大平正芳，官僚たちの挑戦』中公新書，2011年。

日野みどり『現代中国の「人材市場」』創土社，2004年。

日野みどり『20世紀後半の中国』（中国の歴史・現在がわかる本：第1期第2巻）かもがわ出版，2017年。

毛里和子『現代中国政治［第3版］』名古屋大学出版会，2012年。

楊継縄（伊藤正ほか訳）『毛沢東大躍進秘録』文藝春秋，2012年。

李妍焱『中国の市民社会』岩波新書，2012年。

ワン・ジョン（伊藤真訳）『中国の歴史認識はどう作られたのか』東洋経済新報社，2014年。

＊　＊　＊

日本国際問題研究所中国部会編『新中国資料集成』（5巻），日本国際問題研究所，1963-1971年。

太田勝洪ほか編『中国共産党最新資料集』（上・下），勁草書房，1985-1986年。

矢吹晋編訳『チャイナ・クライシス重要文献』（3巻），蒼蒼社，1989年。

日中新時代の見取図

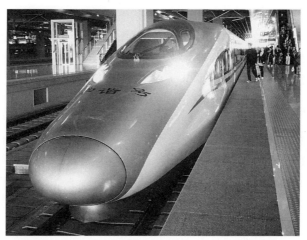

上海虹橋駅に停車する高速鉄道専用車「和諧号」。日本のＥ2系1000番台
の新幹線車両をベースに川崎重工業が設計し，一部は完成品を輸出，他
の一部は四方機車車輌がライセンス生産した。

1　グローバル化のなかの日中経済

中国市場の重要性

「周知の通り中国（原文では支那―以下同じ）が列国の商品の販売，原料供給市場及び投資市場として持つ価値は，世界経済恐慌以来特に重要なものとなっているが，中国が列国の関心を呼ぶ他の重要なる原因として忘れてはならないのは，中国の持つ潜在的市場としての価値である」（尾崎秀実『現代支那論』復刻版127頁）。

　この文章は1939年初出の本に書かれたものだが，「世界経済恐慌」を「2008年のリーマン・ショック」に置き換えれば，この文章が21世紀に書かれたといっても十分通用するだろう。過去から現在にいたるまで，中国市場は一貫してその重要性を保っているといえるが，1978年の改革開放以来，30年の高度成長を経た今日の中国は，世界経済のなかでその存在感を際立たせている。中国市場の動向が世界経済の好不況を左右する時代が到来したといっても，それほど大げさな表現ではないだろう。

深化する日中経済関係

中国経済のグローバル化とともに，日中経済関係は深化を続けてきた。図終-❶で示したように，改革開放以来，日中貿易額は着実に増大した。日本にとって中国は第1位の，中国にとっての日本は第2位の貿易相手国である（2009年数字）。日本の対中投資が世界の対中投資に占める割合は4.6％（第4位）だが，対中投資シェアが大きい香港やバージン諸島からの投資が日本を含めた多国籍企業の迂回投資であることを考慮すると，日本の中国におけるプレゼンスはこの数字よりも大きいといえる。人的交流も活発である。日本は2010年に141万人の観光客と8万6000人の留学生を中国から受け入れた。一方，日本からは373万人が観光やビジネス目的で中国を訪れ，1万5000人の留学生が中国で学んでいる。

終-❶　日本の対中貿易の推移

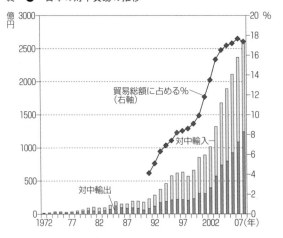

身の回りにあふれる中国製品　中国の高度成長は，中国製品の輸入という形で私たち日本人の生活に深く入り込んでいる（丸川知雄『「中国なし」で生活できるか』PHP研究所，2009年）。タケノコの89％，落花生の74％，そばの57％，ハマグリの92％，ウナギの60％，割り箸の97％，仏壇の57％までもが中国産である。また，点数ベースで計算した衣料品の中国依存は85％を超えている。さらに，家電製品をみると，DVD・ビデオレコーダーの79％，電気カミソリの74％，電気掃除機の65％，電話機の51％などの製品で中国依存が50％を超えている（2007年数字）。中国製品といってもすぐに見分けがつかないものもある。日本やアメリカのブランド名がついていても，重要部品を除く汎用部品のほとんどは中国で生産され，中国で組み立てられて世界に輸出されるという構造が形成されているからである。したがって，家電製品に代表される組み立て産業についていえば，中国製部品をまったく使わない「チャイナ・フリー」の製品を探すことは容易なことではない。

中国脅威論を超えて　清末以来100年の日中交流史を振り返ってみても，今日の日中関係は歴史上最も緊密な時期にあるといってよい。グローバル化の進展と中国経済の躍進が今後しばらく続くとすれば，日中間での相互依存が深まることはあっても，その逆はありえないだろう。ところが，経済的な相互依存が高まる一方で，両国国民の相互理解には大きな隔たりがある。平均的な日本人は中国人に親近感をもたず，中国が日本を押しのけてアジアに君臨する恐れを抱き（「中国脅威論」），極端な場合には，様々な問題に直面した中国が「崩壊」することを期待するような言説（「中国崩壊論」）さえみられる。平均的中国人の対日観も大同小異である。

　日本人が陥りやすい「中国脅威論」の罠をあえてひと言で表現するなら，それは中国に対する無知，無理解のうえに，ある種の優越感の裏返しの心理が付け加わったものといえる。そこには，「遅れた」中国が「進んだ」日本を追い越すことに我慢できないという屈折した感情が見え隠れしている。改革開放30年の成功により自信をもち始めた中国が，日本と対等の関係に立とうとするのは当然のことである。時にその自信が暴走するようにみえることがあるとしても，長年，中国を教え導く日本という構図で考えることに慣れてきた日本の方にも問題があると考えるべきだろう。ともに近代化を進めたアジアの隣国として，日本がわずかに先を進み，近年急速に中国がキャッチアップした過程としてこの100年間を振り返るなら，中国に対する優越感に根拠がないことは明らかである。ここにきて，日本人が日清戦争以来もち続けてきた対中認識を抜本的に改める時期にきたといえる。

2 政治改革の行方と日本

1980年代初め，文革の教訓をふまえた鄧小平（1904-1997）の改革は党と国家の権限の分離，および各級党委員会の意思決定の民主化を主張していた。同時に彼は，「4つの基本原則」を提示することによって政治改革を一定の枠内に制御しようと試みた。「ブルジョア自由化」への対策を批判され総書記を解任された胡耀邦（1915-89）に代わって指導者となった趙紫陽（1919-2005）も積極的に政治改革を推進，1987年，中共13全大会は包括的な政治改革案（党政分離，政企分離，公務員制度，大衆との対話制度，人民代表大会の改善，法体系の整備，党内民主の拡大など）を採択した。この構想は既得権の侵害に対する党内の強い反発を受け，89年の天安門事件を契機としてとん挫した。

南巡講話に始まる全面的市場化は，鄧小平にとって，冷戦後国際政治のなかで中共が一党統治を堅持する1つの手段であった。江沢民（1926-）政権は，共産主義イデオロギーに対する信念の危機を補完するため愛国主義を強調した。江沢民の「三つの代表」論は，中共が労働者・農民の前衛という政治エリートと民間企業経営者という経済エリートとの融合を志向していた。顕著な経済成長は著しい格差を生み，様々な社会騒乱を招来した。胡錦濤（1942-）の「和諧社会」建設は，党内民主，制度改革および個人の権利拡大によって，中共一党統治に対する新たな正統性獲得の試みである。

一党統治と国際政治
2001年のWTO加盟によって，中国は「グローバル・スタンダード」への適応が求められることになった。中国は政府の経済への介入を縮小するための行政改革を自らの政策として実施することになった。一方，09年に呉邦国（1941-）全人大常務委員長が「（西側の）多党政権交代，三権分立，両院制は絶対採用しない」と述べた。2010年ウェブ上で中共一党統治を批判し，政治改革を呼びかける「〇八憲章」を発表した劉暁波（1955-2017）に対する懲役11年の判決が確定した。背景とする組織もなく活動もともなわない言論活動に重刑が科せられたことは，欧米諸国の強い反発を招いた。同年，劉はノーベル平和賞を受賞した。

中華人民共和国は連邦制を否定し，少数民族に対する優遇政策と民族地域に居住する漢族の政治的権利の保障をめざす中央集権的な民族区域自治制度をとっている。中国には「中華民族」という1つの民族しかなく，そのもとに漢族やチベット族など56族があるとし，そのもとで国家，民族，歴史の共有意識を生み出す教育が行われている。冷戦後，民族問題が国際政治を流動化させる不安定要因として浮上した。2008年のチベット騒乱や09年のウイグル騒乱に対して，国際社会は中共の一党統治と関連づけて理解するようになった。

両岸三地の政治体制　1980年代，改革開放下の中国が中台統一構想として提起した「一国二制度」は，返還後の中国と香港との関係として現実化した。1997年の主権回復後の香港では中立的な司法制度と直接選挙に基づく代表制度による政権運営が求められている。一方，1990年代台湾における競合的政党政治の確立は，中国アイデンティティと台湾アイデンティティの相克とともに台湾社会を独自の多元的社会とする自己規定を生み出した。今日，中国の急速な経済発展とグローバル大国化によって中台関係は質量ともに拡大傾向にあるが，香港を含めた両岸三地の統合問題の帰趨が今後の中国政治改革の質を規定するかもしれない。

習近平の政治課題　1990年代の全面的市場化による国家 - 社会関係の変容によって，今日の中国社会は，労働者・農民対資本家という毛沢東（1893-1976）時代の「階級的身分」はもはや有効性をもたなくなり，国家・社会管理階層や私営企業主層を上層・中上層とし，農業労働者層・産業労働者層を下層・中下層とする階層区分として把握されるようになる。このことは，社会の中層・下層に位置する大多数の国民に対してどのように統治の正当性を担保しうるのかという新たな課題の出現を意味する。習近平（1953-）指導部では，戸籍改革を全面的「小康」社会の建設に関わる緊要な政策課題と位置づけ，「戸籍上の身分」が公民としての権利を阻害するものと捉えられるようになった。だが，中共執政そのものに由来する「就業身分」と「官本位制」については，「腐敗」撲滅キャンペーンとともに中共の指導性が強調され，21世紀中国社会の実態に即した代表 - 委任関係の構築という「民主」の構想は明示されていない。

21世紀の中国と日本　2012年，中国各地で展開された反日デモにおいて人々が掲げた毛沢東像（→247頁）には，以下の含意があったように思われる。
　(1)今日の中国政治において，「毛沢東」は中共一党統治のシンボルであるとともに，アヘン戦争から中華人民共和国成立にいたる「近代中国100年」の屈辱を雪いだ民族の英雄である。1990年代，東西冷戦瓦解による社会主義の減価をおぎなうために強調された愛国主義において，「毛沢東」はその象徴的なシンボルと位置づけられた。(2)全面的市場化にともなう国家 - 社会関係の変容のなかで，社会の底辺におかれた多くの人々にとって，1950-70年代の毛沢東時代は格差のない理想的な社会であったとみなされた。(3)21世紀，日中関係が歴史問題を内包しながら悪化したとき，人々は「日本軍国主義」による中国侵略に抗議するとともに，毛沢東像を掲げることによって権力と財力を握る支配層に対する異議申立を行った。私たちには，日中条約締結後の40年が日中関係においてもまた中国政治においてもそれ以前とは異なる質を有していたことを確認するとともに，いま，どのような思考が有意で生産的であるのかについての熟慮が求められている。

3 個人レベルから発想する日中関係

悪化する日中両国の相互イメージ

近年の日中関係は，国交回復当時と比べて良好とはいえない。領土問題・エネルギー資源問題・軍備など国家間の問題だけでなく，国民が抱く印象も悪化している（図終 - ❷）。日本においては，2000年代以降，中国の反日デモや食の安全に関する事件などにより，中国に対して「怖い」「危険」などマイナスの印象が増大した。中国の側でも，日本の国連安全保障理事国入りへの野心・再軍備強化傾向などが報じられ，対日感情は悪化した。近年の日本では，一党独裁体制下の中国で民主や人権が損なわれる問題をメディアが取り上げる際，冷静さを欠く扇情的な姿勢に偏ったり，もしくは番組側の報じ方は冷静であっても番組の受け手が中国に対する嫌悪・忌避の感情を増幅する解釈に偏ったりするきらいもある。

人的交流の増大

にもかかわらず，日中両国が互いに欠かせない存在であることはいうまでもない。改革開放政策以来，双方の経済面の関係は深い（→262-263頁）。人的な交流も重要であり，多くの中国人留学生が日本で学んだ20世紀初頭（→60頁，63頁）から1世紀を経た現在，両国の人的交流は再び活発化・多様化している。2017年現在，中国に住む日本人は12万4千人余りにのぼる。日本に住む中国籍の人は2007年に韓国・朝鮮籍を抜いて在日外国人最多となり，2018年には93万人余りに達した。日本で学ぶ中国人留学生は2000年に留学生全体の50％を超え，その後は50-60％台を推移している（2018年には11万4950人，留学生全体の55.0％）。改革開放以降に日本に来た「新華僑」のなかには，定住する人や日本国籍を取得した人も少なくない。いまや，日本の学校・職場・地域社会に中国人がいることはめずらしくなく，かれらは日本社会を構成する一員となっている。

　筆者の調査では，日本の大学生の中国に対する印象は，事実かどうかはさておき，「汚い，雑，不潔」「報道の偏向」「海賊版」「人を大切にせずでたらめ」など，否定的なものが多い。中国人に対するイメージも，「自己主張が強そう」「マナーが悪い」などが目立つ。ところが，留学生，アルバイト仲間，教員など実際に接触した中国人については，「積極的」「努力家，勤勉，熱心」「人との距離が近い」など，評価はずいぶん好転する。国家や社会など，個人の顔の見えない集合体にはネガティブな解釈をしがちだが，個人と接触する機会があると，印象は変わるようである。

深化する相手国認識の経路

2010年代半ば以降，中国の富裕層・中間層の訪日観光が急成長した（図終 - ❸）。訪日中国人が急増した当初は，かれらの旺盛な買い物が日本人を驚かせた。日本の洗浄機能付き便座・炊飯ジャー・医薬

品・化粧品などを大量に購入する行為は「爆買い」の言葉を生んだが，数年もせずにこうした「モノ消費（商品の購入）」は「コト消費（体験の購入）」へとシフトし始めた。個人旅行の増加も相まって，公共交通機関の利用，レンタル和服姿での写真撮影，日本人の生活空間により近づく各種体験など，訪日旅行客の行動は多様化した。さらに，かれらがその体験をSNS（インターネット上のソーシャルメディア）に発信することで，日本社会や日本人についての等身大の情報が増加し共有されている点は重要である。加えて，日本在住の中国人による同様の発信も忘れてはならない。いうまでもなく，こうした形での相手国の情報の増大および認識の深化は，スマートフォンをインターフェースとする情報通信技術（IT）の普及によるところが大きい。当然，日本人についても同じことがいえ，留学や仕事などで中国に滞在する日本人が中国での見聞・経験を発信している。

　さらに，ファッション・音楽・映画・ドラマ・アニメなど，両国のサブカルチャーの相互浸透も目覚ましい。「相互」浸透の段階に到達している点が重要であり，改革開放政策初期にみられた「西側社会の文化が中国に紹介され」て人気を博した現象とは次元の異なる文化交流が進展している。

終-❷　中国に対する親近感の推移（1978-2018年）

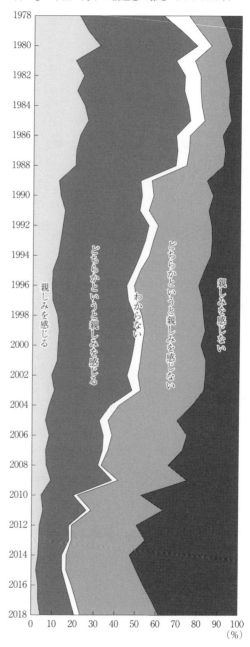

終 - ❸　訪日中国人目的別推移 (2004-18年)

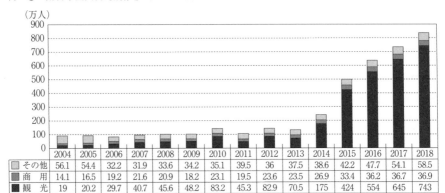

（万人）	2004	2005	2006	2007	2008	2009	2010	2011	2012	2013	2014	2015	2016	2017	2018
その他	56.1	54.4	32.2	31.9	33.6	34.2	35.1	39.5	36	37.5	38.6	42.2	47.7	54.1	58.5
商　用	14.1	16.5	19.2	21.6	20.9	18.2	23.1	19.5	23.6	23.5	26.9	33.4	36.2	36.7	36.9
観　光	19	20.2	29.7	40.7	45.6	48.2	83.2	45.3	82.9	70.5	175	424	554	645	743

IT の普及と日中間交流の多様化

　IT の発達・普及を起爆剤とする21世紀の経済社会は激変している。このような状況のなか，中国ではスマートフォンを用いたキャッシュレス決済やシェアリングエコノミーが発展し，こうした領域では日本をはるかに凌駕している。若い世代に人気の動画シェアアプリ TikTok のように，中国企業が開発・提供するサービス製品が世界的に普及する状況も出現している。IT サービスがその「出自」を問わず普及することは文字どおりのグローバル状況の出現といえ，中国の技術はそこで主要なアクターとして活躍している。

　IT の発展・普及は，日本人と中国人の経済活動や交流にも影響を及ぼしつつある。日本人が IT 関連分野で起業する場所として深圳（しんせん）が選ばれている，あるいは，訪日中国人向けのインバウンド観光ビジネスに日本在住中国人の参入がめだつなどの実態は，双方の人々の活動の空間が相互に浸透しあっていることを示す。

隣国どうしとして在ることの21世紀的意義

私たちは日中の近現代史を振り返るとき，戦争や搾取が交流の動機であった時代の不幸を思い，同時に，平和裏に交流を行える時代の幸運を認識すべきである。21世紀の現在，日中両国は災害対策・衛生医療・環境問題など国家の枠を超えて協力すべき課題に囲まれている。また，国を問わず，政権当局が強権的な統治を強める傾向に対して私たちは鋭敏であるべきであり，権利を侵害される当事者がいればかれらに心を寄せ連帯する姿勢が求められる。さらには，日中二国間の枠組み内でのみ日中関係を考える段階を打ち破り，グローバルな視野をもって，21世紀的パラダイムのもとで隣国・中国との関係を再構築する努力が私たちには必要である。

4 歴史認識

歴史学と教科書・メディア 歴史学はいうまでもなく歴史事実に立脚する学問で，実証が重視される。すなわち，過去を直視し，正確に把握することから始まり，その後，論理化する。では，歴史認識とは何か。それは，各国家内，各民族内などで一定程度以上，共有される歴史判断と一応定義できる。元来，それは各国内での伝言，初等教育・中等教育，マスメディアなどにより培われ，いつしか潜在意識となり，国民の共通認識となる。歴史教科書問題が繰り返し，火を噴くのも歴史認識の相違によるものである。各国政府が「国益」などの観点からマスメディア，教育を通じて一方的に自国に有利な点のみを強調し，各国国民が無意識のうちにそれを信じ込む。これを放置しておくと，未来において紛争や戦争を生み出す種となる。したがって，そうした危険性を未然に防止するためにも，国境を越えた相互理解を深める必要性が高まった。

欧州の動向 欧州では共同研究・共通歴史教科書の重要性が認識された。たとえば，独仏間では1951年という早期にゲオルク・エッカート国際歴史教科書研究所により先駆的に研究調査が開始され，両国首脳の合意もあり，2006年共通高校歴史教科書として結実した。また，ドイツ政府はナチス時代の「負の過去を克服」するため，周辺各国間での歴史認識の対立解消を図ってきた。1970年，西ドイツ首相ブラントがワルシャワのユダヤ人犠牲者追悼碑の前で謝罪した。これが歴史和解の契機となり，1972年共通教科書作成をめざしてドイツ・ポーランド教科書委員会が設立されている。

日本の立ち後れと「加虐史観」 欧州の動向に比して日本は立ち後れている。1945年の敗戦後，日本は平和憲法に沿った建設を進めた。その反面，当時，日本人自ら戦犯を裁く能力がなく，アメリカ中心の東京裁判にゆだねた。このことは日本人の歴史認識に歪みを与えた。「勝者による裁判」のみが喧伝され，被害者的側面が強調され，日本による中国侵略，台湾・朝鮮の植民地化など加害者たる側面が軽視された。確かに日本は，1972年に日中国交正常化，1978年には日中平和友好条約を結んだが，侵略や植民地支配で被害を受けたアジア諸国との間で歴史認識をめぐって対立してきた。そのうえ，「日本人の誇り」を鼓吹する勢力まで現れ，侵略戦争や植民地支配を美化し，「加虐史観」に陥り，政治運動化した。他方で，歴史的事実を客観的に認識しようとする歴史家・教師などを「自虐史観」と非難した。また，日本政府が「過去の清算」を誠実にしてこなかった結果，特に日本と中国，韓国との間で歴史認識をめぐる問題が生じている。かくして，中国で学生デモがたびたび発生したが，日本のマスメディアは日本側の問題点を捨象し，学生による「反日デモ」の要因は「反日愛国教育」，経済格差の拡

大などにあり，その「ガス抜き」的要素があり，むしろ中国国内問題にあると論じた。

日中歴史共同研究

東アジアでもやっと2006年10月日本首相安倍晋三と中国国家主席の胡錦濤との間の合意によって，12月に政府レベルの日中歴史共同研究が開始された。共同研究は2009年12月に終わり，『第1期報告書』が2010年1月に戦後史の部分を除き，公開された。また，近年，日中，日韓，そして日中韓の間で民間レベルの歴史共同研究も継続している。なお，安倍が従軍慰安婦問題を否定すると，アメリカの批判を招いた。将来，太平洋戦争，東京裁判の総括をめぐり，それらを「正義」と考えるアメリカとの間にも矛盾をはらんでいる。なお，中国における日本軍による性暴力，いわゆる「慰安婦」問題を包括する広い視点からの研究が進んでいる（小浜正子・秋山洋子『現代中国のジェンダー・ポリティクス』勉誠出版，2016年参照）。注目しておく必要があろう。

歴史認識の相違

現在，いたるところで歴史認識が鋭く問われている。たとえば日本の敗戦理由も，①中国との泥沼戦争，②アメリカの広島・長崎の原爆投下，③日ソ不可侵条約破りのソ連の出兵，④日本の自滅，⑤それらが複合的要因となって敗北したのか。歴史認識問題は特に領土・国境争いの主要因となる。たとえば，尖閣諸島（中国名は釣魚島）問題で日中双方とも「自国固有の領土」と称し，歴史認識の相違を如実に示した。日本は1895年1月の閣議決定により尖閣列島を「固有の領土」としており，「領土問題」は存在しないとの立場をとる。しかし，歴史を学ぶ人間はすぐに気づくようにこれは日清戦争（1894-95）の最中のことであり，1895年4月の下関条約との関連も想起させる。これもまた歴史認識の問題である。私たち1人ひとりが日中両政府双方の主張や根拠を吟味し，各種史料に向き合い，熟考，分析する必要があろう。

歴史認識の形成

では，どのように歴史認識を形成すればよいのか。第1段階は，事件の発生，経過，結果という歴史の基本的な事実の客観的認識である。第2段階は，その背景，原因，影響，および歴史的意義と限界の考察で，歴史的評価をともなう。この段階には論争が発生するが，経なければならない道なのである。第3段階では，日本，中国，韓国・北朝鮮の自国史，国家史を超えた東アジア歴史像の再構成と再認識を必要とする（笠原十九司編『戦争を知らない国民のための日中歴史認識』勉励出版，2010年，18-21頁参照）。それだけでは足りない。第4段階は，アジア史全体に東アジア史を位置づけ，さらに第5段階では，アジア史を梃子に欧米，中南米，アフリカ，オセアニア各国史を包括する地球規模での歴史認識を確立することにある。このようにすれば，各国が自国中心の我田引水的な現在の狭い「国史」や「世界史」から初めて脱却できよう。

5 | 中国のイノベーションと日本

中国の「新常態」とイノベーション

中国政府は2014年に中国経済が「新常態」と表現される安定的成長段階に入ったとし，市場メカニズムを重視した改革の継続や，投資に依存した粗放的な成長路線からの転換をめざす方針を明らかにした。成長パターンの展開で重視されるのがイノベーションの活性化である。中国政府は，経済成長の新たな原動力を求めて15年より「大衆創業，万衆創新（大衆による起業，イノベーション）」という政策を打ち出し，中央だけでなく地方政府のレベルでも創業やイノベーションを奨励している。また同年には国務院通達の形で「中国製造2025」と題されたレポートが出され，IT技術と製造業が融合したイノベーションを通じて世界の「製造強国」の仲間入りを果たす，という方針が示された。

中国が進めようとしているイノベーションの中心になっている都市が，1980年代の対外開放政策でいち早く経済特区が設けられ，労働集約的な産業の加工貿易などで急成長した広東省深圳市である。その後，深圳は電子部品を供給するための「専業市場（卸売業者や製造業者がブースを並べる雑居ビル）」が急速に整備されるなど，電子産業の集積地としての顔をもつようになった。

深圳市における電子産業の大きな特徴は，イノベーションと深いつながりをもつ知的財産権の保護に関して，考え方のまったく異なる企業群が共存している点である。やや乱暴にまとめてしまえば，深圳の電子産業ではその知的財産権への姿勢において，山寨品を売る企業のようなプレモダン層（まったくの無視），華為技術のようなモダン層（特許を通じた保護），そして，技術をインターネットなどで無料で公開し，イノベーションを促進しようとするポストモダン層（オープンソースによる開発），という3つのまったく異なる姿勢が混在している。そういった「上から」の設計によっては生まれてこない偶然に生じた多様性が，深圳の強みとなっているといってよい。

変化する日中経済関係の担い手

特に，中国でのイノベーションの一翼を担っているメイカー・ムーブメントは，深圳という街をアジアのなかでも有数の，世界に向けて開かれた場所に変えつつある。近年ではこのムーブメントに注目し参加する日本人も次第に増えてきており，インターネットを通じて定期的にベンチャー企業を対象とした観察会の呼びかけなども行われている。

注目したいのは，こういったムーブメントに参加する日本人たちは，これまでの日中経済関係を主導してきた人々とはその行動パターンやメンタリティの点で明らかに一線を画す，日中経済関係を担う新たな層の誕生を体現しているように思える点だ。彼（女）たち

終-❹　Maker Fair Shenzhen 2016にて

は日中友好のためでも，会社の方針で仕方なくでもなく，何よりもモノづくりの面で常に新しいことが起きており，わくわくする場所だからこそ深圳，そして中国に引き寄せられる。そういった，いわばテクノロジーを媒介にしたギーク（オタク）どうしのつながりが，深圳を中心にした新しい日中間の人的ネットワークの核になっている。

　日本企業の多くが厳しい状況におかれるなか，これからの中国でのビジネスチャンスをものにするために必要なのは，個人が国籍にかかわらずお互いの能力を認めあって，既存の発想にとらわれず競争あるいは協力を展開する，メイカー的，あるいはオタク的なマインドをもつ人材だといえるかもしれない。少なくとも深圳では，日中関係のようなナショナルな観点から中国でのビジネスを論じる視点そのものが意味をもたないような空間が確かに生じつつあるように思える。

イノベーションと権威主義的な政府との関係

　日本に住む私たちが現在中国で生じているイノベーションの動きについて理解するうえでは，イノベーションの担い手である民間企業と，権威主義的な政治体制との関係についても注目する必要がある。従来の主流経済学では，言論の自由が抑圧される権威主義体制のもとでは，自由な発想に基づくイノベーションもまた持続的なものにならない，というのが常識だからだ。

　しかしながら，現在の中国の政治経済体制は，権力が定めたルールの「裏」を積極的にかく，民間企業の自由闊達さを許容するだけでなく，それがもたらす「多様性」をむしろ体制の維持に有用なものとして積極的に利用してきた。すなわち，強力な知的財産権不在のもとでイノベーションが生まれてくるのは，権威主義的な政府と非民主的な社会と自由闊達な民間経済とが，ある種の共犯関係にあるからかもしれない。

　もしそうだとすれば，今後日本に住む私たちは，イノベーションの担い手である民間企業も含め，中国（人）との経済関係によって得られる利益と，人権や民主主義といった普遍的な価値の擁護とのバランスをどうとっていけばよいのだろうか。ナショナルな観点にとらわれない，新しい日中経済関係の担い手が生まれつつある今だからこそ，私たちはこういった難しい問題についても，きちんと向き合い考えていく必要があるだろう。

あ と が き

　本書は，田中仁・菊池一隆・加藤弘之・日野みどり・岡本隆司『新図説中国近現代史—日中新時代の見取図』（2012年3月）の改訂版で，「第3編　現代中国の軌跡」の「第5章　グローバル化の時代：21世紀の中国」を全面的に書き改めた。また2016年に死去した加藤弘之氏が執筆した部分については，梶谷懐氏が引きついだ。

　本書の旧版は，池田誠・安井三吉・副島昭一・西村成雄『図説中国近現代史』（法律文化社，1988年）の後継本として企画・執筆された。

　中国との本格的な交流が可能となった1980年代，関西地区を拠点とするインターカレッジの研究会「中国現代史研究会」（http://modernchina.rwx.jp/）は，1982年「中国近現代史学術雑談会」を中国社会科学院経済研究所（北京）・南開大学歴史系（天津）・上海社会科学院経済研究所（上海）で開催，87年には共同研究の成果として『抗日戦争と中国民衆—中国ナショナリズムと民主主義』を出版した（池田誠編著，法律文化社）。『図説中国近現代史』は，このような研究会活動の延長線上で88年に執筆・発行された。同書は多くの読者を獲得し，93年に新版，2002年に第2版，09年に第3版と版を重ねてきた。

　『図説中国近現代史』の改訂が中国現代史研究会に参加する次世代の研究者に託され，清末史が専門の岡本隆司，中華民国史と20世紀中国政治を研究対象とする菊池一隆と田中仁，現代中国研究の加藤弘之（経済学）と日野みどり（人類学）による5人のチームを編成した。私たちは，本文と図版による見開き2頁という旧版のコンセプトを継承するとともに，項目数（紙数）も概ね従来どおりとすることにし，大まかな執筆分担を定めて内容の全面的刷新を行った。

　本書の執筆分担は，岡本隆司（序章，第1編），菊池一隆（第2編1章・2章，5章1・3，終章4），田中仁（第2編3章・4章，5章2，第3編1章1，5章2，終章2），加藤弘之／梶谷懐（第3編1章2・4，2章1・2，3章，5章1・4，終章1・5），日野みどり（第3編1章2・3・4，2章3，3章2，4章，5章3・4，終章3）である。

　最後に，本書の企画から編集にあたって，私たちを激励し，かつ周到な編集作業によって支えてくださった田靡純子社長，ならびに編集部のみなさまにお礼を申しあげます。

　　2019年10月

執筆者を代表して

田 中　仁

図版出典一覧

番号は節ごとの図版番号を示す。「図説」は池田誠ほか『図説
中国近現代史〔第3版〕』法律文化社，2009年をいう。

▼序　章
扉：狭間直樹・長崎暢子『世界の
歴史27　自立へ向かうアジア』中
央公論新社，1999年，26頁
①❶図説17頁〔1-15〕❷図説19
頁〔2-2〕❸図説27頁〔2-11〕
❹池田誠「中国近現代史における
断絶と分期問題再論」『立命館法
学』173号，1984年
②❶『世界史B』東京書籍，2007
年，216頁❷岡本隆司『中国「反
日」の源流』講談社選書メチエ，
2011年，48頁❸岡本隆司『世界の
なかの日清韓関係史』講談社選書
メチエ，2008年，28頁❹岡田英弘
ほか『紫禁城の栄光　明清全史』
講談社学術文庫，2006年，206頁
❺ウィリアム・シャング（安田震
一）『絵画に見る近代中国』大修
館書店，2001年，77頁❻岡田ほか
『紫禁城の栄光』275頁

▼第1編第1章
①❶岡田ほか『紫禁城の栄光』
275頁❸宮崎市定『中国文明の歴
史9　清帝国の繁栄』中央公論新
社，2000年，111頁❹図説31頁
〔2-19・20〕❺図説27頁〔2-13〕
❻岡本『中国「反日」の源流』64頁
②❶同上❷図説33頁〔2-23〕❸
山田賢『移住民の秩序』名古屋大
学出版会，1995年❹並木頼寿・井
上裕正『世界の歴史19　中華帝国
の危機』中央公論新社，1997年，
17頁
③❶図説39頁〔3-1〕❷並木・
井上『世界の歴史19』47・49頁❸
図説41頁〔3-6〕・45頁〔3-16〕
❹図説45頁〔3-14〕❺並木・井
上『世界の歴史19』59頁❻可児弘
明編『もっと知りたい香港』弘文

堂，1984年，30頁

▼第1編第2章
①❶張海鵬編著『中国近代史稿地
図集』地図出版社，1984年，21・
22頁❷図説43頁〔3-10・11〕❸
岡本『中国「反日」の源流』140頁
❹J. O. P. Bland and E. Backhouse,
*China under the Empress
Dowager*, J. B. Lippincott Co.,
1910❺岡本『中国「反日」の源流』
143頁❻図説47頁〔3-20〕❼図説
49頁〔3-21〕
②❶並木・井上『世界の歴史19』
195頁❷左：図説51頁〔3-22〕，
右：『曾恵敏公手写日記』中国史
学叢書，台湾学生書局，1965年❸
図説55頁〔3-28〕❹坪井善明
『近代ヴェトナム政治社会史』東
京大学出版会，1991年，10頁❺吉
澤誠一郎『シリーズ中国近現代史
①　清朝と近代世界』岩波新書，
2010年，195頁❻図説55頁〔3-
29〕❼同上〔3-30〕
③❶岡本隆司・川島真編『中国近
代外交の胎動』東京大学出版会，
2009年，53頁❸赤嶺守『琉球王
国』講談社選書メチエ，2004年，
7頁❹韓国教員大学歴史教育科
（吉田光男監訳）『韓国歴史地図』
平凡社，2006年，148-149頁❺岡
本『世界のなかの日清韓関係史』
61・96頁❻岡本『中国「反日」の
源流』193頁❼岡本『世界のなか
の日清韓関係史』150頁❽並木・
井上『世界の歴史19』225頁❾図
説59頁〔4-5〕❿図説61頁〔4-
6〕⓫図説240-241頁⓬図説61頁
〔4-7・8〕

▼第1編第3章
①❶図説63頁〔4-9〕❷岡本『中
国「反日」の源流』221頁❸図説
241頁❺並木・井上『世界の歴史
19』247頁❻図説81頁〔5-6〕❼
図説65頁〔4-14〕❽図説63頁〔4
-10〕❾図説87頁〔5-12〕❿図説
65頁〔4-13〕⓫図説241-242頁
②❶蘇輿編『翼教叢編』光緒24年
序❷木村幹『高宗・閔妃』ミネル
ヴァ書房，2007年❸木村『高宗・
閔妃』289頁❹島田虔次編訳『梁
啓超年譜長編』第2巻，岩波書店，
2004年❺図説75頁〔4-23・24〕
❻F. E. Younghusband, *India and
China*, John Murray, 1910, p. 256
❼島田『梁啓超年譜長編』❽梁啓
超『飲冰室文集』六，林志鈞編
『飲冰室合集』中華書局，1989年
重版❾梁啓超『飲冰室専集』四
③❶『中国近代史稿地図集』81頁
❷❸図説242頁❹宮崎市定『科挙』
中公文庫，1985年，142頁❺鍾叔
河編著『走向世界叢書』岳麓書社，
2008年❼図説79頁〔5-5〕❽図
説69頁〔4-16〕・83頁〔5-8〕
❾図説83頁〔5-8〕
④❶図説71頁〔4-18〕❷並木・
井上『世界の歴史19』319頁❸
Bland and Backhouse, *op. cit.* ❹
並木・井上『世界の歴史19』355
頁❺図説71頁〔4-17〕❻図説73
頁〔4-19〕❼同上〔4-20〕❽同
上〔4-21〕❿『孫中山全集』第2
巻，中華書局，1982年，2頁

▼第2編　第1章
①❷毛注青『黄興年譜』湖南人民
出版社，1980年❺姫田光義ほか
『中国近現代史』上巻，東京大学
出版会，1982年❻図説95頁〔6-

6〕❼図説93頁〔6－5〕❽図説97頁〔6－8〕❾同上〔6－9〕❿同上〔6－10〕⓫横山英編訳『ドキュメンタリー中国近現代史』亜紀書房，1973年⓬図説95頁〔6－7〕⓭図説99頁〔6－14〕⓮同上〔6－16〕⓯同上〔6－15〕⓰同上〔6－17〕⓱陳独秀「敬告青年」『青年雑誌』創刊号，1915年9月⓲同上2巻5号，1917年1月⓳同上5巻5号，1918年11月⓴魯迅（竹内好ほか訳）『現代中国文学全集　魯迅編』第1巻，河出書房，1954年㉒ハン・スーイン著・松岡洋子編訳『毛沢東』毎日新聞社，1975年㉓彭明『五四運動史』1984年から菊池作成㉔「北京学生告日本国民書」『五四愛国運動』科学出版社，1959年

[2]❶図説105頁〔6－27〕❷同上〔6－25〕❺図説101頁〔6－19〕❻劉家泉『宋慶齢伝』中国文芸出版公司，1988年❼図説105頁〔6－28〕❽陳徳仁・安井三吉『孫文と神戸』神戸新聞出版センター，1985年❾図説105頁〔6－29〕❿図説107頁〔6－31〕⓫陳元方ほか編著『西安事変与第二次国共合作』長城出版社等，1986年⓬図説103頁〔6－22〕⓭『張学良世紀伝奇』山東友誼出版社，2002年⓮図説109頁〔6－38〕⓯『日本侵華図片史料集』新華出版社，1984年

▼第2編第2章

[1]❶❷『旧社会』第2巻，羊城晩報出版社，2000年❸張憲文ほか『中華民国史』第2巻，南京大学出版社，2005年❺林泉編『抗戦期間廃除不平等条約史料』正中書局，1983年❻台湾で購入の絵葉書❼厳中平『中国近代経済史統計資料選輯』科学出版社，1955年❽図説101頁〔6－20〕❾図説103頁〔6－23〕⓫菊池撮影⓬図説111頁〔7－4〕⓮国際問題研究所編『中国共産党史資料集』4，1972年⓯図説111頁〔7－1〕

[2]❶張学良「西安事変懺悔録」中国の会『中国』103，1972年❷帝国在郷軍人会本部『満洲事変大鑑』1936年❸朱成華編『中国朝鮮族移民史』民族出版社，2009年❹図説109頁❼陳立夫『西北最近十年来史料』1931年❽菊池一隆「戦争史の時期区分と日中八年戦争」『歴史地理教育』716号，2007年7月❾図説113頁〔7－5〕❿同上〔7－6〕⓫『日本植民地史　満州』第2巻，毎日新聞社，1978年⓭蔣介石「革命軍的責任是安内攘外」1933年5月8日，『蔣総統思想言論集』16巻，中央文物供応社，1966年⓮図説119頁〔7－19〕⓯－⓱菊池一隆『中国抗日軍事史』有志舎，2009年

[3]❷菊池撮影❸『抗日解放の中国』サイマル出版会，1986年❹『毛沢東選集』第1巻，外文出版社，1968年❺『中央銀行月報』10巻5号，1941年5月・『中国近代金融史』1985年から菊池作成❻図説119頁〔7－23〕❼『孔祥熙和宋靄齢』中国檔案出版社，1994年❽図説119頁〔7－22〕❾図説115頁〔7－13〕❿⓫『日本侵華図片史料集』⓬李新主編『中国新民主主義革命時期通史』第2巻，人民出版社，1980年⓭池田誠編著『抗日戦争と中国民衆』法律文化社，1987年⓮沙千里『七人之獄』三聯書店，1984年⓰童小鵬編『第二次国共合作』文物出版社，1985年⓱李建彤『劉志』文化芸術出版社，1984年⓲図説123頁〔7－27〕⓳⓴陳元芳史礎農編著『西安事変与第二次国共合作』長城出版社他，1986年㉑童小鵬編『第二次国共合作』人民出版社，1978年㉒㉓陳元芳　史礎農編著『西安事変与第二次国共合作』

▼第2編第3章

[1]❶図説125頁〔8－1〕❷❸図説247頁❹図説127頁〔8－7〕❺図説247頁❻図説125頁〔8－4〕❼同上〔8－5〕，1999年❽図説129頁〔8－10〕❾同上〔8－11〕❿図説163頁〔10－5〕

[2]❶田中作成❷図説247-248頁❸❹図説248頁❺安井三吉『中国近代史年表』❻伊佩霞『剣橋挿図中国史』山東画報出版社，1999年❼図説137頁〔8－23〕❽図説131頁〔8－13〕❾同上〔8－14〕❿図説170-171頁〔10－14〕⓫図説171頁〔10－15〕

[3]❶柴田三千雄ほか『世界現代史』山川出版社，1984年❷図説143頁〔8－34〕❸同上〔8－35〕❹林能士『中国現代史』❺図説248-249頁❻図説249頁❼図説145頁〔8－36〕❽Yahoo百科事典❾データベース・世界と日本❿黄仁宇『従大歴史的角度読蔣介石日記』時報文化出版，1994年

▼第2編第4章

[1]❶戴月芳主編『20世紀中国全記録』錦繡文化企業，1992年❷図説11頁〔1－10〕❸田中仁『原典で読む20世紀中国政治史』白帝社，2003年，104頁❹徐宗懋『走過百年』台湾書房，2010年❺図説151頁〔9－3〕❻童小鵬編『第二次国共合作』❼田中『原典で読む…』101-103頁❾戴主編『20世紀中国全記録』❿図説153頁〔9－4〕⓫図説137頁〔8－25〕⓬⓭戴主編『20世紀中国全記録』⓮『中国人民解放軍戦史』第三巻，軍事科学出版社，1987年

[2]❶❷陳振江・江沛主編『中国歴史　晩清民国巻』高等教育出版社，2001年❸久保亨ほか『現代中国の歴史』東京大学出版会，2008年❹戴主編『20世紀中国全記録』❺張憲文ほか『中華民国史』第4巻，南京大学出版社，2005年❻郭利民『中国新民主主義革命時期通史地図集』中国地図出版社，1993年❼❽朴漢済編著『中国歴史地図』平

凡社，2009年❾❿張憲文ほか『中華民国史』第4巻⓫安井『中国近代史年表』⓬田中『原典で読む…』91・92頁⓭−⓯当代中国研究所編『中華人民共和国史編年1949年巻』当代中国出版社，2004年⓰田中『原典で読む…』31頁

▼第2編第5章
①❶『台湾警察現労図』1932年などから菊池作成❸−❺『日本植民地史　台湾』第3巻，毎日新聞社，1978年❼❽『旧社会』第1巻❾❿関礼雄『日佔時期的香港』三聯書店，1993年⓫『日本侵華図片史料集』⓭−⓯『日本僑民在上海』上海辞書出版社，2000年⓰−⓳『日本侵華図片史料集』㉒図説113頁〔7−10〕㉓同上〔7−8〕㉔『日本植民地史　満州』第2巻㉕『日本侵華図片史料集』㉖『日本植民地史満州』第2巻㉗図説113頁〔7−9〕②❶❷『中国国家博物館館蔵文物研究叢書　歴史図片巻』上海古籍出版社，2006年❸図説165頁〔10−8〕❹伊佩霞『剣橋挿図中国史』❺朴漢済編著『中国歴史地図』❻西村成雄・田中仁編『現代中国地域研究の新たな視圏』世界思想社，2007年，172頁❼久保ほか『現代中国の歴史』❽❾佐藤忠男・刈間文俊『上海キネマポート』凱風社，1985年❿田中『原典で読む…』132-133頁⓫田原史起『二十世紀中国の革命と農村』山川出版社，2008年⓬田中『原典で読む…』143頁⓭図説167頁〔10-10〕⓮張憲文ほか『中華民国史』第4巻③❶❷森八男氏提供❸−❺田中剛氏提供❻平松幸彦『蒙古』アルス，1942年6月⓭満鉄調査部『支那抗戦力調査報告』三一書房復刻版，1970年・『浴血長空』航空工業出版社，2006年から田中作成⓮廖東凡・張暁明・周愛明編著『図片西蔵古今』三聯書店，1998年⓯中国第二歴史檔案館，中国蔵学研究中

心合編『九世紀班禅内地活動及返蔵受阻檔案選編』中国蔵学出版社，1992年⓰The Newark Museum, *Tibet-A Hidden World*, A book of postcards, 1996⓱⓲菊池撮影⓳菊池作成⓴黄漢民『福建土楼』三聯書店，2003年㉑許雲樵ほか編（田中宏ほか訳）『日本軍占領下のシンガポール』青木書店，1986年㉕『旧社会』第2巻

▼第3編第1章
①❶❶『中国共産党歴史』第2巻上，中共党史出版社，2011年❷関西中国女性史研究会編『中国女性史入門』人文書院，2005年❹久保ほか『現代中国の歴史』❺伊佩霞『剣橋挿図中国史』❻『中国共産党歴史』第2巻上❼柴田ほか『世界現代史』❽朴漢済編著『中国歴史地図』❾図説249頁②❶加藤弘之・陳光輝『アジア長期経済統計12　中国』勁草書房，2002年❷http://www.crt.com.cn❸加藤・陳『アジア長期経済統計12』❹http://blog.soufun.com/❺加藤・陳『アジア長期経済統計12』❻同上から加藤作成❼加藤弘之『シリーズ現代中国経済6　地域の発展』名古屋大学出版会，2003年❽http://pmgs.kongfz.com/❾加藤作成❿http://blog.19lou.com/⓫http://www.chinaelections.org/⓬http://news.xinhuanet.com/⓭日野作成⓮日野撮影⓯賈蕙萱・石毛直道『食をもって天となす』平凡社，2000年，66・85-86頁③❶❷呉亮・高雲『日常中国：50年代老百姓的日常生活』江蘇美術出版社，1999年❸『偉大的十年』36頁の表を日野がグラフ化❹歩平ほか（鈴木博訳）『若者に伝えたい中国の歴史』明石書店，2008年❺久保ほか『現代中国の歴史』❻上原一慶『民衆にとっての社会主義』青木書店，2009年❼図説193

頁〔11-21〕
④❶http://hxd.wenming.cn❷http://blog.cntv.cn❸http://big5.xinhuanet.com❹丸川知雄「中国の『三線建設』再論」『アジア経済』43巻12号，2002年❺http://finance.hnce.com.cn❻❼呉亮・高雲『日常中国』（60年代）❽陳耀林氏撮影❾図説197頁〔11-27〕❿−⓬呉亮・高雲『日常中国』（60年代）⓭図説197頁〔11-29〕

▼第3編第2章
①❶http://tuku.news.china.com❷http://bbs.tiexue.net❸http://news.iqilu.com❹http://www.hudong.com/wiki❺http://www.jjzy.cn❻http://www.stdaily.com❼http://www.hudong.com/wiki❽http://www.storecn.net❾ODA白書2007年版❿http://www.eemap.org⓬http://otona.yomiuri.co.jp/history/090227.htm⓭加藤撮影⓮http://ja.wikipedia.org/wiki⓯AP通信
②❶❷http://news.sina.com.cn❸梶谷懐・藤井大輔編『現代中国経済論（第2版）』ミネルヴァ書房，2018年，3章❹http://news.newexpo.com❺加藤作成❻加藤弘之『シリーズ現代中国経済6　地域の発展』名古屋大学出版会，2003年❼https://commons.wikimedia.org❽梶谷・藤井編『現代中国経済論（第2版）』2章❾https://commons.wikimedia.org❿梶谷懐『現代中国の財政金融システム』名古屋大学出版会，2011年⓫世界銀行『世界開発報告2009』一灯社，2008年，276頁⓬百度図片 https://image.baidu.com/⓭加藤・陳『アジア長期経済統計12』⓮梶谷・藤井編『現代中国経済論（第2版）』12章③❶丸田孝志氏提供❷Wikipedia❸南亮進・牧野文夫『中国経済入門』日本評論社，2001年❹外務省ウェブ，G8 Information Centre

ウェブ

▼第3編第3章

1❶『百年潮』2002年第3期ほかより加藤作成❷https://commons.wikimedia.org❸関志雄「中国経済新論」(RIETIウェブサイトにて連載)❹梶谷懐『日本と中国,「脱近代」の誘惑』太田出版, 2015年❺加藤作成❻梶谷懐『日本と中国経済』ちくま新書, 2016年❼梶谷・藤井編『現代中国経済論(第2版)』序章❽http://www.shxb.net❾梶谷・藤井編『現代中国経済論(第2版)』5章❿http://info.qipei.hc360.com⓫大森信夫「中国における産業クラスターの立地の変化」『アジア研究』62巻3号, 2016年⓬梶谷・藤井編『現代中国経済論(第2版)』5章⓭『中国統計年鑑』ほかより加藤作成

2❶梶谷・藤井編『現代中国経済論(第2版)』4章❷梶谷懐『中国経済講義』中公新書, 2018年❸乔纳森・安德森(Jonathan Anderson)『走出神話』中信出版社, 2006年❹http://www.my1510.cn❺梶谷・藤井編『現代中国経済論(第2版)』4章❻https://commons.wikimedia.org❼南亮進・牧野文夫編著『アジア長期経済統計3 中国』東洋経済新報社, 2014年❽http://www.tianya.cn❾http://njbyxx.cn/list.asp?unid=79❿⓫梶谷・藤井編『現代中国経済論(第2版)』9章⓬梶谷『中国経済講義』⓮-⓱日野撮影⓲石海慧・鄒崇銘『鏡頭当嘴巴』楽施会, 2004年

3❶梶谷『中国経済講義』❷『中国統計年鑑』2018年度版❸"China's Hukou Reform Plan Start to Take Shape," CHINA REALTIME, Aug 4❹https://commons.wikimedia.org❺『Forbes JAPAN』(https://forbesjapan.com/articles/detail/23610)❻Transparency International (https://www.transparency.org/news/feature/corruption_perceptions_index_2017)❼-❾https://commons.wikimedia.org❿http://tyugokuboudou.blog6.fc2.com⓫⓬https://commons.wikimedia.org⓭梶谷『中国経済講義』⓮⓯https://commons.wikimedia.org

▼第3編第4章

1❶人権之路編集委員会『人権への道』陳文成博士記念基金会, 2007年❷周婉窈(濱嶋敦俊監訳)『図説台湾の歴史』平凡社, 2007年❸❹Wikipedia❺周婉窈『図説台湾の歴史』❻-❾高添強『香港今昔(新版)』三聯書店, 2005年❿馮邦彦『香港金融業百年』三聯書店, 2002年

2❶日野撮影❷佐々木衛『費孝通』東信堂, 2003年❸「新華網」ウェブ❹「中国共産党新聞」ウェブ❺「台湾人権緑島園区」パンフレット❻DVDジャケット❼❽人権之路編集委員会『人権への道』❾廣江倫子『香港基本法の研究』成文堂, 2005年❿Chris Patten, *East and West*, Macmillan, 1998⓫高添強『香港今昔(新版)』⓬西村成雄・小此木政夫『現代東アジアの政治と社会』財団法人放送大学教育振興会, 2010年

3❶人権之路編集委員会『人権への道』陳文成博士記念基金会, 2007年❷Wikipedia(中文)❸若林正丈『台湾』ちくま新書, 2001年❹台湾女性史編纂委員会『台湾女性史入門』人文書院, 2008年❺人権之路編集委員会『人権への道』❻廣江『香港基本法の研究』❼❽日野撮影❾Patten, *East and West*❿「香港大学民意研究計画」ウェブ(https://www.hkupop.hku.hk/chinese/popexpress/ethnic/eidentity/halfyr/datatables.html)より日野作成

▼第3編第5章

1❶-❸梶谷・藤井編『現代中国経済論(第2版)』14章❹https://commons.wikimedia.org❺加藤弘之・上原一慶編著『現代中国経済論』ミネルヴァ書房, 2011年, 290頁❻竹歳一紀氏撮影❼梶谷・藤井編『現代中国経済論(第2版)』11章❽GLOBAL NOTE (http://www.globalnote.jp/post-1621.html)❾梶谷・藤井編『現代中国経済論(第2版)』14章❿同上10章⓫https://publicdomainq.net⓬https://commons.wikimedia.org⓭https://publicdomainq.net⓮Patent Cooperation Treaty Yearly Review, WIPO

2❶IMF (World Economic Outlook Databases), 国家統計局ウェブ(国家統計数拠庫)などより田中作成❷外務省ウェブ(ASEAN地域フォーラムの概要)❸防衛省防衛研究所ウェブ(東アジア戦略概観2011)❹❺国分良成『中国は, いま』岩波新書, 2011年より田中改訂❻❼田中作成❽田原史記『二十世紀中国の革命と農村』山川出版, 2008年❾陸大道「2000年我国工業布局総図的科学基礎」1986年❿⓫Wikipedia「中国の高速鉄道網」「中国の高速道路網」⓬http://toychan.net/archives/2012/09/19_0835.php

3❶-❹『中国統計年鑑』各年版より日野作成❺宮内肇氏撮影❻「中国掛図網」ウェブ❼松村嘉久氏撮影❽-❿映画『709の人たち』(盧敬華監督, 2016年)⓫『中国統計年鑑』(各年版)より日野作成⓬古賀章一『中国都市社会と草の根NGO』御茶の水書房, 2010年⓭⓮李妍焱編著『台頭する中国の草の根NGO』恒星社厚生閣, 2008年⓯中国憲治網 http://www.calaw.cn/article/default.asp?id=12985

4❶小笠原欣幸「2004年台湾総統選挙分析」「2008年台湾総統選挙

分析」「2012年台湾総統選挙と立法委員選挙の分析」より日野作成❷国立政治大学選挙研究センターのデータより日野作成❸WTOウェブ❹倉田徹・張彧暋『香港』；廣江倫子『香港基本法解釈権の研究』信山社，2018年より日野作成❺❻小野尚美氏撮影❼廣江『香港基本法解釈権の研究』4頁❽容應萸「香港人・本土意識・本土自決派」日本華南学会2017年研究大会報告（東京大学）；倉田徹「雨傘運動とその後の香港政治」『アジア研究』63巻1号，2017年より日野作成❾「香港大学民意研究計画」ウェブ（https://www.hkupop.hku.hk/chinese/popexpress/index.html）より日野作成❿⓫梶谷・藤井編『現代中国経済論（第2版）』13章⓬https://commons.wikimedia.org⓭梶谷・藤井編『現代中国経済論（第2版）』13章

▼終　章
❶財務省貿易統計ほかより加藤作成❷「内閣府・外交に関する世論調査」より日野作成❸❹日本政府観光局（JNTO）統計より日野作成❺梶谷撮影

索　引

＊漢語は日本語読みで排列した。慣用にしたがったものもある。本文で
現地音をルビで記したものについては，同じくルビを付した。＊西洋人
の人名には原綴を付した。＊年表・参考文献からはとっていない。

■ **執筆者紹介**（執筆分担はあとがきを参照）

田中　仁（たなか　ひとし）大阪大学大学院法学研究科教授

菊池　一隆（きくち　かずたか）愛知学院大学文学部教授

加藤　弘之（かとう　ひろゆき）〔故人〕元神戸大学大学院経済学研究科教授

日野みどり（ひの　みどり）愛知大学国際問題研究所客員研究員

岡本　隆司（おかもと　たかし）京都府立大学文学部教授

梶谷　懐（かじたに　かい）神戸大学大学院経済学研究科教授

Horitsu Bunka Sha

新・図説 中国近現代史〔改訂版〕
——日中新時代の見取図

2012年3月30日　初　版第1刷発行
2020年2月29日　改訂版第1刷発行

著　者　　田中　仁・菊池一隆
　　　　　加藤弘之・日野みどり
　　　　　岡本隆司・梶谷　懐

発行者　　田靡純子

発行所　　株式会社法律文化社

〒603-8053
京都市北区上賀茂岩ヶ垣内町71
電話 075(791)7131　FAX 075(721)8400
https://www.hou-bun.com/

印刷：共同印刷工業㈱／製本：新生製本㈱
装幀：白沢　正

ISBN978-4-589-04055-8
©2020 H. Tanaka, K. Kikuchi, H. Kato, M. Hino,
T. Okamoto, K. Kajitani Printed in Japan

丸川哲史著
中国ナショナリズム
―もう一つの近代をよむ―
四六判・236頁・2400円

特異な近代化過程をたどり経済発展の原動力となっている中国ナショナリズムを通史的に俯瞰し総合的に考察。革命や党、帝国的な統治といった社会基盤や政治指導者の思想を手がかりに、現代中国国家形成の独自性を原理的に解明する。

田中 仁編
21世紀の東アジアと歴史問題
―思索と対話のための政治史論―
A5判・228頁・3000円

グローバル大国化した中国の出現による21世紀東アジアの構造変動を基調に、その内実を通時的・共時的に再構成し、日本と中国・台湾・韓国との関係性を照射。東アジアに通用する「歴史の語り」を構想するための素材を提供する。

菊池一隆著
東アジア歴史教科書問題の構図
―日本・中国・台湾・韓国、および在日朝鮮人学校―
A5判・380頁・6000円

日・中・台・韓・在日朝鮮人学校の歴史教科書は史実にどのようにアプローチし、いかなる論理構成で評価を与えているか。各国の特色や共通性／差異を示し、東アジア史の中での日本の位置と相互の有機的関連を構造的に考察する。

西村成雄編
中国外交と国連の成立
A5判・286頁・3500円

東アジアにおける中国「大国化」の歴史的起源を太平洋戦争中の国際連合の組織化過程にみる。対日政策との関連や戦争下の外交行動など、中国側のアーカイブズを利用して実証的に検証。第二次大戦末期の国際関係を立体的に再構成する。

西村成雄著
中国近代東北地域史研究
A5判・524頁・8000円

中国近代の歩みのなかで、近代的民族運動とその思想形成という視角から、具体的な歴史過程の実証を通じて東北地域における政治的変革主体形成の諸段階をあとづける。中国近代政治史研究の一環としての東北地域政治史を試論的に提起した労作。

――法律文化社――

表示価格は本体（税別）価格です